# メディア地[illegible]学

ごみ・鉱[illegible]
人新世[illegible]



ユッシ・パリッカ
[illegible] 訳

# A GEOLOGY of MEDIA

[illegible]SSI PARIKKA

FILM ART
フィルムアート社

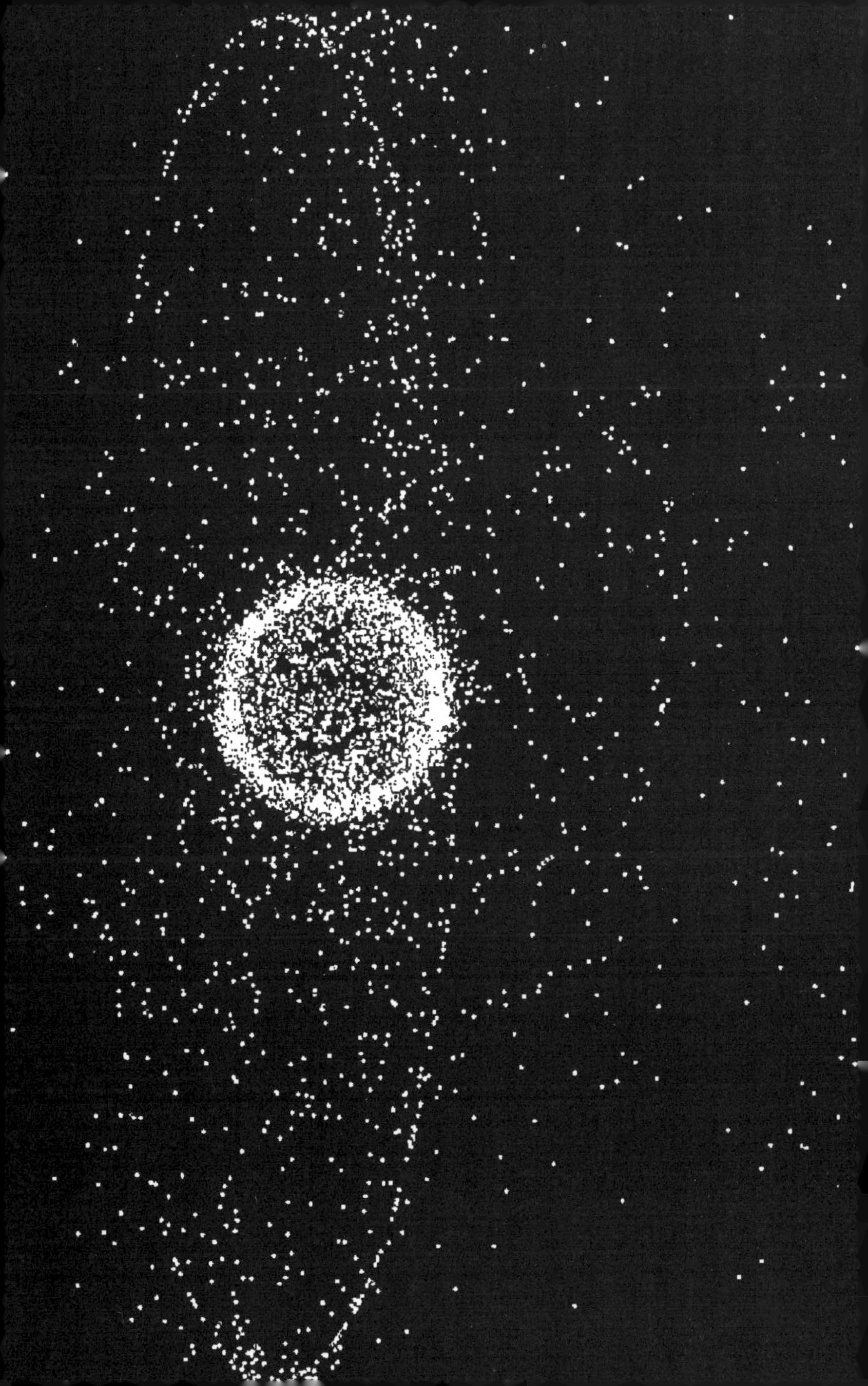

A GEOLOGY OF MEDIA

by Jussi Parikka

# メディア地質学

ごみ・鉱物・テクノロジーから人新世のメディア環境を考える

# 日本語版への序文

Netflixのヒット映画『Don't Look Up』（二〇二一）で、視聴者と文化批評家はハイテク複合企業の描写を楽しんだ。この映画では、地球へと突進する小惑星が、金銭的価値の高い金属を含む巨大な岩塊であったため、まさかの一儲けの機会になる。だが無理に宇宙に行かなくても、地球という惑星のあちらこちらでも採掘作業はある。地球での採掘作業には、根本的な地政学の争点（金銭的価値の高い鉱物を押さえる者、手を伸ばす企業、結ばれる協力関係）と、父祖伝来の土地を焦点とする作業にみられるような物質をめぐる倫理的関係、この両方が反映される。地球自体が巨大な岩塊で宇宙空間を横断して突進しているということは、化石燃料に依存する宇宙船地球号としてバックミンスター・フラーが描き出した内容とぴったり合うだろう。

もし私たちが、「宇宙船地球号」の上に数十億年にわたって保存された、この秩序化された貯金を、天文学の時間でいえばほんの一瞬にすぎない時間に使い果たし続けるほど愚かでないとすれば、科学による世界を巻き込んだ工業的進化を通して、人類すべてが成功することもできるだろう。これらのエネルギー貯金は「宇宙船地球号」の生命再生保証銀行口座に預けられ、自動発進機能《セルフ・スターター》が作動するときにのみ使われる。「宇宙船地球号」に積み立てられた化石燃料は、自動車でいえばバッテリーに当たるもので、メイン・エンジンのセルフ・スターターを始動させるためにエネルギーを貯えておかなければならないものだ。だから私たちの「メイン・エンジン」、つまり生命の再生プロセスは、風や潮汐や水の力、さらには直接太陽からやってくる放射エネルギーを通して、日々膨大に得られるエネルギー収入でのみ動かねばならない。[1]

この引用が与える印象は、原著が出版された一九六八年と二〇二二年の今とでは、少し異なっている。メディアテクノロジーによって地図化される有限の資源で進む同じ宇宙船に私たちは依然として乗船しているとしても、だ——メディアテクノロジーには、この世界[2]とこの惑星と同様に、限りがある。『メディア地質学』が意図するところは、二〇一五年の初版でも、この日本語版でも変わらない。この本は、気候変動の時代におけるメディアと文化の理論のあるべき姿の一つを示唆している。すなわち、物質という観点を大いに取り入れること、それゆえにメディアと文化の理論の語彙をアップデートすること、Netflixその他の消費メディアのプラットフォームにとどまらない、広きにわたるメディアテクノロジーの争点を理解することである。『Don't Look Up』の場合、そこでは気候変動に対する鷹揚な態度が示す自己安定化のアイロニーについては多くのことが語られているが、この映画を流すNetflixというプラットフォームがどのような物質に依拠しているのかについてはあまり語られてはいなそうだ。

本書のタイトルが示すところにアプローチするときに、助けになりそうな二つの入口《エントリポイント》がある。一つはメディア学者のパースペクティヴ、もう一つは地質学者のパースペクティヴである。私自身がこのカテゴリの一方と大きく共鳴するのは間違いない。そして、もう一方のカテゴリ〔＝地質学者のパースペクティヴ〕は、近代世界の専門的知識にかかわり、特定の科学的時代を示す歴史的参照点として付いて回る。どちらのカテゴリも、メディアを支える物質、デジタル文化まで支える物質にかんする本書の主題を検討する際には重要である。地質学的パースペクティヴをとれば、鉱山からデスクトップコンピュータまでの現代文化を構成する物質について理解できる。AIから電気自動車のバッテリーまでのテクノロジー装置やインフラストラクチャーの背景となる物質リストは、リチウムやコルタンといったレアアースが発見・採掘される領土の文脈と関連する。一連の理論的・実践的な学説としての地質学は、数百万年におよぶ非宗教的な地球史への時間的パースペクティヴを備え、原材料《マテリアル》および採取主義〔3〕産業と操作的な関係にある近代世界を築くのに中核的な役割を果たす。こうして、地質学は魅力的な分類と層序学（依然として完新世なのか、それとも人新世に移行したのかという論議）にかかわるだけではなくなるのだ。地質学は、資源を地図化して調査し、道具化して最大限に利用しようとする機関によるさまざまな規模の探査にもかかわるのである。地質学には、この惑星の表層について行われる、そして表層にとどまらないリモートセンシングが付き物だ。それは、マルチスペクトルでハイパースペクトルなイメージングの技法として拡張されたメディア地質学であり、ギョクチェ・エナル*1が呼ぶところの「採取の視界が生むメディアエコロジー」の一部である。

メディア理論の言説とデジタル文化の学者は、両方ともテクノロジーにかかわる化学と地質学にさほど精通してはいないかもしれない。だが、上述の深い時間がもたらした非宗教的な時間性が意味するところや、依然としてメディア文化の一部であるような広範囲におよぶコロニアリズム的関係と採掘をめぐる採取主義的文脈が接続することを、メディア理論の言説とデジタル文化の学者は詳述できるだろう。批判的なメディア理論研究者にとって、コルタンという希土類鉱物はその採掘の文脈（コンゴ民主共和国）と使用（電子メディアのタンタルコンデンサー）ゆえに、数年にわたり繰り返し登場するトピックであった。今では同じことがリチウムにも言えるだろう。リチウムはテスラの電気自動車用バッテリーなどに欠かせない。それはこの序文の最初のほうで引用したバックミンスター・フラーが語る車のバッテリーのメタファに対する一種の捻りを加える。この種の鉱物は両方とも人間の媒介行為を可能にする媒介物質として語ることができるだけでなく、それらは風景の改変において重要な役割を演じもするのだ。この点については、多くのアーティストと学者とアクティヴィストとともに、サミール・ボウミックが論証している通りである。リチウムがもたらす風景とは、メディアテクノロジー的に重大な移行が生じていることをこの惑星の表面で示す記号なのである。*2

　媒介行為をめぐるすべてのスケールを検討できるようにせよというのは、メディア理論に難題を押し付けることになるだろう。だが、複雑で困難なタスクはとても刺激的で重要な探求にもつながる。具体的には、化学的で地質学的であるけれども、政治美学的でもあるデジタル文化へのパースペクティヴを検討する手法を発展させること、手の中のデバイスと生産のために変形した風景とを往き来できるようにすること、データにかかわる抽象《アブストラクション》＝抽出と具体的な採取《エクストラクション》の場について語れるようにすることにつながるのだ。本書の場合、「メディア自然」という術語で指し示そうとしたのは、こうした複数のパースペクティヴとスケールの連続体である。

　以上の意味で、『メディア地質学』は人新世時代のメディア理論についての本である。とはいえ、人新世という——〔その指し示すところについて〕異論が出ては何度も修正されて、この惑星の変形をめぐる植民地時代の歴史と資本主義の文脈を考慮するようになっている——術語が本書で目玉となることはそう多くはない。だが、争点に似通ったところがあるのは明らかである。両者は、エコロジーとテクノロジーだけでなく主観性の生産も文脈化する環境の変動に対して人文科学が主導する探究に目を向けて、そうした探究同士を横断しながらつなげる《リンク》要素を理解しようとする点で通じている。*3 ここで問題となる主観とは、物質の変形にかかわる持続の多様な水準で分節化される。もしくは、それは、断固として非人間中心的で、インターセクショナル〔4〕なポストヒューマン的フェミニズムのさまざまなパースペクティヴを真剣に受け止めることに全面的にかかわり、*4 生きられる経験とエピステーメーにかかわる抽象概念〔還元主義が生み出す敵ではあるけれども、惑星スケールのメディア理論のための変化する参照スケールを理解する助けとなるツールでもある〕とを粘り強く調停《メディエイト》する。

『メディア地質学』はこのような理論的パースペクティヴの文脈だけでなく、アート（および設計《デザイン》）をめぐる実践との対話でも陶冶される。ベルリンで開催されるアートとデジタル文化のフェスティバルであるトランスメディアーレのような制度的な文脈のおかげで、ソフトウェアとハードウェアの開発《プロジェクト》の背後にある地質学的で化学的な力のスケールに、アートの言説が取り組むための窓口ができた。本書もこうした文脈のいくつかを組み込みはしたが、この種の開発《プロジェクト》〔を扱うアート〕についての美術史としては十分ではない。だが、私の興味は、取り上げたアートプロジェクトが方法論上の秘訣を用いて提供してくれる内容にある。例えば、本書の第3章で「心理地球物理学」という術語について特筆しているが、その要点は、心理地理学は間違っているのでドゥボールらを読むのをやめるべきということではなく、心理地理学という成果を参照するためのスケールは複数あり、この点を踏まえれば心理地理学はロバート・スミッソンの「抽象的地質学」とも共鳴するということなのだ。私たちの精神、私たちのコレクティヴ、私たちの政治の内側にも、抽象的地質学はある。

最後に、『メディア地質学』は私の他の著作たちのように、それ自身のストーリーで充足することを目指してはいないという自省的な註釈を添えておきたい。『メディア地質学』はプラットフォームになることを目指している。後方支援《イネーブリング》とさらなる展開を目論んでいるのだ。一冊の本が手助けとなって思考や訂正、変異や見解が現れ出て、特異なパースペクティヴや方向性が生まれる。私見ではそれが最良の結果である。すでにいくつかのアート作品や展覧会が、この本を参照点にしてくれた。願わくば、この新たに翻訳された日本語版によっても、理論的著作ならびに創造的実践が誘発されんことを。

二〇二二年三月、デンマークのオーフスにて

**原註**

1 Gökçe Önal, "Media Ecologies of the 'Extractive View': Image Operations of Material Exchange," *Footprint: Delft Architecture Theory Journal* Vol. 14 No. 2 (2020): Issue # 27 (2021). Online at https://journals.open.tudelft.nl/footprint/article/view/4694.

2 Kate Crawford, *Atlas of AI: Power, Politics, and the Planetary Costs of Artificial Intelligence* (New Haven: Yale University Press, 2021).

3 Félix Guattari, *Chaosmosis: An Ethico-Aesthetic Paradigm*, trans. Paul Bains and Julian Pefanis (Bloomington: Indiana University Press, 1995).〔フェリックス・ガタリ『カオスモーズ』宮林寛・小沢秋広訳、河出書房新社、二〇〇四年〕

4 Rosi Braidotti, *Posthuman Feminism* (Cambridge: Polity, 2022).

## 訳註

1 バックミンスター・フラー『宇宙船地球号マニュアル』芹沢高志訳、ちくま学芸文庫、二〇〇〇年、一二七頁。

2 原文ではCubit 2016の表記のみ。おそらく以下の文献と思われる。Sean Cubit, *Finite Media: Environmental Implications of Digital Technologies* (Duke University Press, 2016).

3 採掘主義とも。本書ではminingを採掘と訳しているため、区別するため採取の訳語を当てている。採取＝採掘される対象（資本主義の「外部」）が論者によって異なることから、一律の訳語を当てることの困難さを北川眞也と箱田徹は指摘している（北川眞也＋箱田徹「採掘－採取、ロジスティクス――現代資本主義批判のために」、『思想』、二〇二一年二月号、一一頁）。サンドラ・メッザードラとブレッド・ニールソンは「概念としての採取主義は、採取活動の拡大と激化に支えられた経済・政治・社会構造の大まかな特徴を捉える一つの方法」と述べている（サンドラ・メッザードラ＋ブレッド・ニールソン「多数多様な採取フロンティア――現代資本主義を掘り起こす」、『思想』、二〇二一年二月号、一四頁）。箱田も述べるように、採取主義はそれを可能にするロジスティクスや金融と結びついているため、必ずしも狭義の資源採掘にはとどまらない概念である（箱田徹「「多数多様な採取フロンティア――現代資本主義を掘り起こす」訳者解題」、『思想』、二〇二一年二月号、一三頁）。

4 下地ローレンス吉孝によれば「インターセクショナリティとは、人種、階級、ジェンダー、セクシュアリティ、ネイション、アビリティ／ディサビリティ、エスニシティ、年齢などさまざまな要素の交差する権力関係と社会的立場の複雑性を捉える概念である」（下地ローレンス吉孝「日本の社会とインターセクショナリティ」、パトリシア・ヒル・コリンズ＋スルマ・ビルゲ『インターセクショナリティ』小原理乃訳、下地ローレンス吉孝監訳、人文書院、二〇二一年、三四三－三四四頁）。

## 参考文献

Samir Bhowmik, "Lithium Landscapes: From Abstract Imaginaries to Deep Time and Multi-Scalar Topologies," *Media Fields journal*, May 21 (2021). Online at http://mediafieldsjournal.org/lithium-landscapes/.

# 目次

カバー図版／Honey Biba Beckerlee, *Cu in Circuit (Core Memory)*, 2019. Detail, Digital Matters, Kunsthal Charlottenborg, 2022.
Photo by David Stjernholm.
扉ページ図版／ＮＡＳＡによる軌道上のスペースデブリのイメージより。
Based on image from NASA Orbital Debris Program Office.

# 凡例

- 言及される文献や訳語にかんして日本語訳がある場合は、可能な限り参考にした。また、議論に合わせて適宜訳語等の修正を行った。邦訳文献の書誌情報は、各章末の原註内で原書の情報に続けて〔 〕内に併記した。
- 美術作品(プロジェクトを含む)のタイトルは《 》、書籍名、雑誌・新聞名、映画作品名は『 』、論文タイトル、シリーズ名、展覧会名は「 」で示した。
- 原文でイタリック体の語句(作品タイトル等を除く)は、名詞の場合は〈 〉で示し、それ以外には傍点を付した。
- 原文中のハイフンについては、人名の場合は全角ダブルハイフン(「Geoffrey Winthrop-Young」→「ジェフリー・ウィンスロップ=ヤング」など)、異なる語の並列の場合は二分ダーシ(「environmental-ecological」→「環境的−生態的」など)で示した。なお単語の区切りのためのハイフンは、特に明示する必要がない場合には日本語訳では省略していることがある。
- 全角イコールは一つの語が複数の意味を備えている場合に使用した。
- 文中の[ ]は、原著者による補足を表す。また、引用文中の[……]は中略を意味する。
- 文中の〔 〕は、訳者による補足を表す。
- 原文にみられる誤記等は、著者に確認し可能な限り修正を行った。原文からの変更点については、可能な限り記してある。
- 原註は*付きの数字、訳註は〔 〕付きの数字で示し、それぞれ各章末にまとめた。
- 本書ではthing、object、material、matter、the+形容詞(the environmentalなど)といった、日本語で「もの」と訳出できる用語が頻出する。それらにかんしては、原則として以下のように訳語を当てている。thing→「ものごと」もしくは「事物」、object→「物体」もしくは「対象」、material→「物質」、matter→「質料」もしくは「物質」、the+形容詞→「〜的なもの」。文脈によっては、訳語が重複する。これらに加えて、ルビを振るなどして対応した語句もある。上記の表記に従っていない箇所もある。
- 本書中で使用されるtechnologicalとtechnicalは、相違がない(もしくは無視できる)ことを著者に確認した。訳語は文脈に応じて「技術」「技術的」などとした。

# 序文

『地質学原理』で、チャールズ・ライエルは地質学という分野にかんする初期の定義の一つを次のように述べている。

地質学は、有機物および無機物からなる自然界で生じてきた継続的変化を探究する科学である。地質学はこれらの変化を調査し、それらが地球の表層と外部の構造を修正するのに発揮してきた影響を明らかにすることを目的とする。[*1]

この一八三〇年に世に出た象徴的《アイコニック》な見解では、惑星を探究する主たる学問領域の一つとして地質学の概略が語られて、道徳が人文科学の管轄として残される。それはアカデミアにおける分業の標徴であると同時に、私たちにとって中心的な関心事にならなかった系譜の記録でもある。地質学的なものは、地震や種の大量絶滅、地球の汚染、人新世についての議論に現れ、道徳と文化と地質学は結局のところ関係し合うことを例証している。本書が論じるのは、思考、五感、感覚作用、知覚、風習、実践、習慣そして人間の実体化の世界は、地質学とかかわる地層、気候、地球、私たちの些細な問題のタイムスケールをあざわらうかのような長大な変化が持続する世界と無関係ではない、という点である。それどころか、人間側の事情は明らかに一つの衝撃となっている。科学と工学が地球に重大な衝撃を与えているのだ。〔科学と工学にみられる〕理想化された知の対象〔という発想それ〕自体が、〔対象から〕距離を置くことを前提とした観察するまなざしを表している。〔だが〕地球工学《ジオエンジニアリング》はもつれ合った自然文化の一つの実践であり、目をつぶって記号《セミオティクス》（作用）に想いを巡らせても、私たちが自然科学と人文科学の境界を絶え間なく侵犯していることは無視できない。地球との関係でいけば、労働と開発＝搾取《エクスプロイテーション》という社会的諸関係も外せない。それらは十九世紀に台頭する産業資本主義の特徴でもあったし、採鉱とエネルギーを求める地政学と材料資源からコンピュータ機器生産工場にまでまたがる、二十一世紀のデジタル資本主義の特徴でもある。

　この小著では科学文化とテクノロジーをめぐる現実とアートの展望を扱う。メディア研究とメディアアート史に当てはまる一つの学際的文脈として、科学とテクノロジーに取り組む。本書は地質学とテクノロジーの関係を説明し尽くすものではない。しかしながら、本書による洞察は、メディア考古学を含む、メディアやアート、現代テクノロジーの研究といった領域に従事する私たちの多くに関係する。『メディア地質学』では、データマイニングよりも採掘《マイニング》が重要である。もっと具体的に言うと、メディアテクノロジー・メディアテクノロジーの物質性・ハードウェア・エネルギーと地球物理学的自然のつながりに関心があるのだ。金属と鉱物から廃棄物という負荷まで、自然はメディア文化の重みを供与《アフォード》し支えている。公的な地質調査は、メディア分析の出発点としては奇妙かもしれない。だが、それは、銅からウラン、石油からニッケル、ボーキサイト（アルミニウムには不可欠である）から大量の希土類鉱物までの資源を科学的に地図化することの地政学的重要性という、テクノロジー文化の来し方《バックストーリー》をくっきりと明るみに出してくれる。国民国家の利益、科学研究機関、そして当然だが軍事的要求は混ざり合い、十九世紀以降絶えず極めて緊密に連動していることもわかるだろう。それは、システマチックなラボと化す日常の文化を考えることにつながる。具体的に言えば、ありふれた瑣末なことさえ、太古の地下世界と洗練された科学的方法が混ざり合って生み出されるということだ。コルタン（タンタル）のような鉱物の重要性に文化とメディアの理論家たちが今は気がついているとしても、実のところデジタル文化にとっくに先行して、この特定の意味を備えた鉱物（コルタンはコンゴの紛争地帯で頻繁に採掘された）は、二十世紀の地球物理学的政治学の一部として地図化されるようになっていた。「アメリカ鉱山局によれば「一九五二年のアメリカ合衆国防衛計画にとって、これらの物質はレアメタルのなかでもっとも肝要だった」」。[*2] 特別な「高張力鋼合金」にとって、タンタル（およびコルンビウム）が有用だったからだ。[*3]

この本の大部分は二〇一三年から二〇一四年の初めにイスタンブールで書き上げた。私たちはテクノロジーを結集した計画と環境への惨憺たる影響が付いて回る諸論点に直面するが、イスタンブールではそのいくつかにとってそこでしか見ることのできない光景が広がっている。しばしばその根っこにあるのは、近視眼的で露骨なまでの開発＝搾取にかかわる政治的暴力である。この話つまり本書に取り組み出したのは、二〇一三年夏に起こったゲジ公園プロテストの最中である。ゲジ公園プロテストは環境をめぐる抗議を口火により広い政治状況に飛び火して、資本主義と宗教とテクノロジーと知と環境的なものをめぐる論点が折り重なり、複合的な歴史的出来事となった。イスタンブールは地殻変動の影響を受けやすい都市であり、さらなる大地震の恐れがある地質学的形成物の上に位置する。この都市は、地質学的に重要な大規模建設プロジェクトと切り離せない。準備済みのプロジェクトもあれば、構想段階のものもある。近頃開通したマルマライトンネルは、ボスポラス海峡の下を通ってヨーロッパ大陸とアジア大陸を結ぶ海底トンネルである。黒海とマルマラ海を結ぶ運河プロジェクトもある。大半のプロジェクトは国家主導のモダニティの工学をしのばせるのと同時に、今となってはこの地政学的要地への企業による資本投下でもある。まさにゲジ公園プロテストが際立たせていたのも、ロケーションを政治学へと結びつける側面、建設業などで企業が得る利益により権威主義的な統治権力が増大し、地球での生を拘束する側面であった。これらの出来事は、政治的なものごとを自然的なものごとから、地質学的なものごとを地政学的なものごとから切り離せないことを実証していた。この短期間の政治闘争は政治的自由に関係していただけでなく、新空港と第三の橋を含む巨大な建設プロジェクトがイスタンブール周囲の森林部を消し去り、都市の地下水源に深刻極まりないリスクを引き起こした場合の被害への自覚にも等しく関係していたのであった。

このような政治状況と、その資本主義との結びつきは、変化する生産様式についての十九世紀における評価にすでに登場していた。もちろん、自然環境をめぐる大災害を引き起こすのは資本主義の余波だけではない。二十世紀の「現実社会主義」が土壌や河川中の放射線と産業の痕跡として自然に刻み残したインパクトも無視すべきではないのだ。しかし、〔その場合でも〕成長を保証する新たな資源基盤へと進出する必要はあるので、生産様式の資本主義的強化と関係はする。自然環境をめぐる大災害として私たちが今現在理解している内容は、地球に対する人類のインパクトを示す「人新世」の名でときに語られ、それはある種の時代区分の仕方という点では、マルクスとエンゲルスが重大な政治経済的転換として物語風に語ったこととも符合する。一八四八年の『共産党宣言』をみてみよう。

> ブルジョワ階級は、百年にも満たない支配のうちに、過去のすべての世代を合計したよりも大量の、また大規模な生産力をつくり出した。人間による自然の力の征服、機械装置、工業と農業への化学の応用、蒸気船航海、鉄道、電信、皆伐による全大陸の耕地化、河川の運河化、大地から呼び出されたかのような全人口――これほどまでの生産諸力が社会的労働のなかにまどろんでいたとは、以前のどの世紀が予感しただろうか？[*4]

マルクスとエンゲルスによれば、資本主義の政治的特徴は科学と工学を動員し生産力とする方式にある。それは今では私たちが身をもって体験するところのものでもあり、その余波がつくり出したのが「人新世」というわけだ。自然を資源と理解して統治する近代のプロジェクトは、二つ――社会的なものと自然的なもの――を区分することをその根拠としたが、この区分には常に穴が空いていた。ブルーノ・ラトゥールが絶えず気づかせてくれるように、自然を文化から分けることはできない。自然と地球物理学の絡まり合いにはさまざまな名前がつけられており、ガイアや人新世もその一部だ。まさにこの両者は、自然と文化この二つを別々に名指そうとするどのような近代の試みも不十分であることを指し示す、新しいものの到来を仄めかしているのである。[*5]

しかし、必ずしもまったくなにも到来しなかったわけではないことは心に留め置く必要がある。じれったいほどゆるやかに刻まれる地質学的な過去。アントニオ・ストッパーニ（人間営為の時代（Anthropozoic）

とジョージ・P・マーシュによる、早くも十九世紀にみられる人新世到来以前の人新世の記述。[*6] 自然としてのこの惑星をグローバルなシステムとしてヴィジュアライズしモデル化した、気象学のような科学テクノロジーシステムの初期段階——それらがすでに到来していたのだ。[*7] 一八七三年に『地質学講座』で、テクノロジーによって陸海空に入り込み、地球の既存の地層を基にしながらその上に建設を行う発明者として、ストッパーニは人類の姿を活写している。[*8] 人間のテクノロジーと化学の痕跡が将来の化石層に刻み込まれることを、ストッパーニは分析済みである。人間は己の印を残し、地球はアーカイヴとしてその印を将来へと伝達するのだ。

予期せぬ出来事に思えた人新世は、もう到来していたのだ。地質学的緩慢さと不可分であるこれらの意外な事実によって、テクノロジーと廃棄物と時間にかんする言説の歴史層と資源の収集・処理場所である地質学的現実の両方へと視界が開ける。地球アーカイヴというストッパーニのビジョンは、科学テクノロジー文化の残光なのだ。この残光を放つのは、私たちの暮らしの只中にある廃物《トラッシュ》である。それは、私たちを構成する非人間的な同輩たちの真っ只中に人間の未来がある場合に備えて、私たちが方を付けなければいけない廃物なのである。

**原註**

1 Charles Lyell, *Principles of Geology* (London: John Murray, 1830), 1. Online facsimile at http://www.esp.org/books/lyell/principles/facsimile/.〔チャールズ・ライエル『地質学原理（上）』J・A・シコード編、河内洋佑訳、朝倉書店、四九頁〕

2 Michael T. Klare, *The Race for What's Left: The Global Scramble for the World's Last Resources* (New York: Metropolitan Books, 2012), 29.

3 Ibid.

4 Karl Marx and Friedrich Engels, *The Communist Manifesto* (London: Pluto Press, 2008), 40.〔マルクス＋エンゲルス『共産党宣言』大内兵衛・向坂逸郎訳、岩波文庫、二〇一〇年、四九頁〕

5 Bruno Latour, *An Inquiry into Modes of Existence: An Anthropology of the Moderns*, trans. Catherine Porter (Cambridge, Mass.: Harvard University Press, 2013), 10.

6 「ここまでみてきたように、人は有機的・無機的自然に作用を及ぼし、うまく折り合いがつかなければ、この世のわが家たる地球の物質構造を改変してきた。その反応を測定することは、多くの純粋に物理的な問題について議論する際だけでなく、心と物質との関連を正しく見抜く際にも明らかに重要な要素である」。George Perkins Marsh, *Man and Nature: Physical Geography as Modified by Human Action* (New York: Charles Scribner, 1865), 8.

7 Paul N. Edwards, *A Vast Machine: Computer Models, Climate Data, and the Politics of Global Warming* (Cambridge, Mass.: MIT Press, 2010).

8 Antonio Stoppani, "First Period of the Anthropozoic Era," trans. Valeria Federighi, ed. Etienne Turpin and Valeria Federighi in *Making the Geologic Now: Responses to the Material Conditions of Contemporary Life*, ed. Elizabeth Ellsworth and Jamie Kruse (New York: Punctum, 2013), 38.

第１章

# 物質性

## ――メディアと文化の土台

未来は永久凍土層の上にある

——トマス・ピンチョン『ブリーディング・エッジ』〔1〕

テクノロジーは［……］人新世の深淵を構成する

——エーリッヒ・ヘール

## オルタナティヴなメディア唯物論

自分は唯物論者だとラベルを貼ることが、必ずしも多くを意味するとは限らない。この術語については、その自力にのみ頼って説明するのでなく、発展的に解き明かしていく必要がある。哲学における唯物論と観念論の長きにわたる歴史は一つの基準点ではあるが、この術語の日常的な使用法も基準点となる。唯物論者という術語は、(消費社会の物質的側面への反感にみられるように)精神的なものや倫理的なものと対置して使用されたり、私たちの生活を構造化する機械とテクノロジーをめぐる現実に使用されたりする。政治思想・理論におけるマルクス主義の遺産により史的唯物論とはなにかということが示されてきたわけだが、同様のことがメディア理論の学者たちによっても行われている。メディア唯物論は、メディアテクノロジーをそれについての思考や使用にさえ還元できないものとして分析する必要性にかかわるということである。メディア唯物論は、存在論的・認識論的な意味でのアクティヴな作用因としてテクノロジーに言及するようになってきたのだ。換言すれば、世界における事物の存在の仕方、世界における事物の知られ方を、メディアは構造化する。実際、メディア分析は、不思議なことに物質性をまったく無理なく取り込んでいる「抽象的な概念［……］を私たちが記述する際に、物質の特殊性を加味できる[*1]」優れた方法である。

文化とメディアのための理論は、この数年に現れた物質性にかんするいくつかの説明から恩恵を被っている。メディア理論においては、唯物論には「ドイツメディア理論」という——方法は十人十色だが、物質という観点からメディア文化を解明しようとする広い領域にわたる学者たちのまとまりを指す——術語がしばしば付いて回る。[*2] この文脈でもっとも知られた参照点が、フリードリヒ・キットラーである。コンピュータ文化、ハードウェア、現代の私たちの生活を形づくるテクノロジーについてキットラーは挑発的に議論しだした。ここに潜んでいたのが、ある種の非人間的なパースペクティヴである。人とは、本来的にメディアテクノロジーがもたらす結果として形成される「いわゆる人間」であるということだ。初期の著作でミシェル・フーコーの考古学とアーカイヴの文化史を、新たなやり方で取り上げたため、キットラーはしばしばメディア考古学者とさえ言われた。[*3] キットラーをメディア考古学者と呼ぶことには、もっともなところがある。フーコーが理解した現代の生活を統治するもの——アーカイヴ——は本と図書館でみられる言明と規則にかかわっているだけではないことを確認すべき、という点をキットラーは譲らなかったのだ。むしろ、それはテクノロジーがもたらす機械と制度のネットワーク、そして教育と練習《ドリリング》のパターンに見出される。すなわち、伝統的な人文科学の理論が解釈学的意味について語り続けたり、従来の社会学的概念の操作に固執したりする場合には理解も把握もできない、権力の形式を実践する科学－工学の複合体にみられるというわけだ。キットラーは、人文科学者たちはテクノロジーを対象とすべきだと信じる、理論をめぐる心理作戦の〈扇動者〉だった。実際、彼自身そう信じていたのである。キットラーは未刊行の原稿だけでなくソフトウェアのマニュアルとハードウェアも残しており、それらは『遺稿』の一部となっている。ヤン＝ペーター・ゾンタークは、キットラーの一九七〇年代の初期シンセサイザーを復活させ、アートパフォーマンスに組み込んだ。このとき例証されたのがキットラーの変容である。このゲーテ学者はシンセサイザーおたくの手直し工作家《ティンカラー》に転身したのであった。毀誉褒貶を受けながら、キットラーに類する人々はメディア唯物論の象徴になった。メディアを研究するためには、私たちが生きる高度に洗練された構造のコンピュータ世界を統治する科学と工学の現実について的確に理解しなければならない、というわけだ。その際、技術メディア〔2〕はデジタル的なものから始まったのではない、という事実は無視できない。旧来の技術メディアは諸々の歴史と系譜で重要な役割を演じており、その考古学的な層が私たちの現在を条件づけている。この点をつねに強調してきた分野の一つが、メディア考古学なのである。

　キットラーにとっては、メディア研究が、解釈や記号論的コノテーション、表象様式の戯れに還元されることは決してなかった。それらは副次的な効果であり、二次的な現象に過ぎなかった。メディアは回路とハードウェアと電位差のレベルで作動する。エンジニアと軍諜報部と情報機関は、人文科学に先んじてこの点をじわじわと理解するようになっていた。だが、このような立論からは、なぜメディアが人間を記号レベルでも統治するのかを捉えようとする、広範囲にわたる政治的な研究が抜け落ちていた。物質性についてのどんな包括的な説明からも、多くの競合する見地は明らかに取り除かれているのではないかという疑惑は募って一つとなり、いったいなにが抜け落ちているのだろう？という疑問が生じてくる。注目に値する物質性のあり方は他にないのだろうか？　ジェンダー、セックス、実体化《エンボディメント》、情動《アフェクト》といった論点は？　労働、グローバル規模のロジスティクス、生産様式についてはどうだろう？　換言すれば、私たちの物質性という観念はどこから生じ、その土台はなんなのだろう？

メディア唯物論をめぐって、私たちが思うほど簡単には霧散しないもう一つのレベルがあるとしたらどうだろう？　メディア唯物論とは機械のみを見据えるものではないとしたら？　機械はどこから来るのか、機械が使用されなくなり機能不全に陥っても死を拒絶するデッドメディアになったのち、物質性とメディアという点でテクノロジーを構成するのはなんなのであろう？　この本では〈メディア地質学〉のようなものごとがあるという主張を中心に議論が組まれている。非人間的エージェンシーとしての機械やテクノロジーのネットワークをもっぱら焦点とする唯物論ではなく、異なる種類の時空間にかかわるメディア文化の唯物論について取り上げるというわけだ。この点はジョン・ダーラム・ピーターズの指摘と共鳴する。ピーターズによれば、時空間軸──ハロルド・イニスとマーシャル・マクルーハンというカナダのメディア論の伝統でもお馴染みの概念──は装置としてのメディアにかんする伝統的な観念に限定されるのではなく、宇宙論と地質学に差し戻すことができる。つまり、メディアとしての地球・光・空気・時間という観念は、地質諸科学と天文学によってすでに開かれているのである。[*4]

本書は──メディアテクノロジー文化の議論が置かれてしかるべきエコロジーの文脈に関連するという意味で──環境《グリーン》についての本であるのと同時に、汚物《ダート》と土壌にまみれている。この本では動物・テクノロジー・エコシステムについての彩ゆたかなメタファではなく、メディアと地球物理学的環境との関係の特定の面を強調する。キットラーのアジェンダは想定以上にラディカルで、回路からハードウェアを可能にするものごとまで網羅していたかもしれないという点が、ダグラス・カーンといった学者たちによって近年共有されるようになっている。ハードウェアを可能にするものごとは、環境をめぐる文脈やエネルギー消費問題にかかわるし、電子廃棄物にもかかわってくるだろう。これらは、物質という文脈における伝達と計算とストレージがなにを意味するのかという現代の私たちの悩みを縁取っている。[*5]

本書を導く概念の土台は地質学に関係している。地質学とは足下の大地、大地の歴史と組成にかんする科学で、地球を定義するさまざまな平野〔3〕・層《レイヤー》・地層《ストラータ》・内部構造の体系的研究である。地球の固体性を特定の方法で取り上げる地球工学《ジオエンジニアリング》と地質工学《ジオテクニクス》にかかわる研究だけでなく、私たちの生活を構成する環境について多くを知らせてくれる精密計測も、地質学には含まれる。ゆえに、地質学は、私たちのおぼつかない足取りを支えてくれる土壌と地殻と層にのみかかわるのではない。それは気候変動と産業〔工業〕生産とポスト産業〔工業〕生産の政治経済にも接続するテーマである。地質学は、生物を支える地球物理学的な生活世界にも伝達と計算とストレージのテクノロジー世界にも等しく関連するのだ。地質学は技術メディア世界の物質性を探究する方法となる。地質学は現代のものごとの文化史への概念的な進路、独創的な介入となる。

地質学および、関連する化学とエコロジーといったさまざまな学問領域や知の分野によって、近代世界は形づくられて適した科学的構造が与えられる。このような学問領域は、私たちのメディア文化的実践に送り込まれる科学テクノロジー文化の出現において強く仄めかされる。私は、この点において、メディアの通常の定義外でメディア唯物論の系統を発見することに関心がある。ラジオの代わりに、そうしたテクノロジーを可能にする構成要素《コンポーネント》と物質を考えるほうを私は好む。ネットワーキングの代わりに、そうした通信技術にとっての銅や光ファイバーの重要性を思い出すことが必要だ。「デジタル的なもの」について生煮えの議論をするのではなく、デジタル的なものをばらばらにすることが必要であり、そのうえで鉱物の耐久時間もデジタル的なものには不可欠だし、この点がアカデミアと社会と経済の利益関心を貫く極めて決定的な特徴であったことも思い出す必要がある。テクノロジー文化の存在に不可欠なメディア以前のメディア物質としてだけでなく、もろもろのテクノロジーを横断する要素として、リチウムを考えてみてほしい。リチウムという化学元素（Li）と金属は、ノートパソコンのバッテリーにも、将来の環境保護テクノロジー（こちらはハイブリッドカーに必要なバッテリーテクノロジーである）にも欠かせない。白金族元素といえば宝石かもしれないが、水素燃料電池にとっても、「コンピュータのハードドライブ、液晶ディスプレイ、小型電子回路にとっても」[*6]、白金族元素は重要である。クリティカルマテリアル[4]の多くは、スクリーンやネットワークやコンピュータといったただ「メディア」とぞんざいに呼ばれる傾向にあるものも含む、さまざまな民生・軍事テクノロジーとの関係において重要な位置を占める。本書では化学物質と金属と鉱物も追跡して、伝統的なメディア唯物論の観念を環境とエコロジーについてのアジェンダへと拡張してみよう。

アーティストのロバート・スミッソンは「抽象的地質学」について語り、テクトニクスと地球物理学が地球だけでなく精神にもかかわる様子に触れている。抽象的地質学では、地質学的関心は有機と非有機の区分を越えて広がるのだ。「抽象」ということばが言及されているので、ドゥルーズ好きの人たちは魅力を感じ、「抽象機械」の概念との共鳴を聞き取るかもしれない。だが、哲学の言説に先んじてスミッソンの関心はアート実践をめぐる物質性にあったので、金属（そしてそれゆえに地質学）をスタジオに再導入したのである。そのうえ、スミッソンは一九六〇年代のランドアートについてのアート言説中で提示した考えを動員し、テクノロジーを概念化する準備を整えていた。それはまさに反マクルーハン的であったと言える。スミッソンはテクノロジーを人間の拡張[5]として理解する代わりに、テクノロジーは集成的で「地球が産出する原材料からできている」[*7]と見なしたのだ。それからほぼ五十年経った二十一世紀の今の私たちの視点からいくと、スミッソンが起点となり想像的《イマジナリー》〔6〕でオルタナティヴなメディア理論の系統が始まる。この系統が語るストーリーにはマクルーハンにキットラー、彼らに類する人々が必ずしも含まれるわけではないが、物質や金属、廃棄物に化学は含まれる。これらの物質によってデジタル文化のハイテク性・低賃金ぶりが明瞭になる。それらはまた、地球物理学的メディア時代のためのオルタナティヴな唯物論を提供してくれるのだ。

　ならば、メディア理論家が擬似地質学者になると、どのような効果が発揮されるのだろう？　このようなハイブリッドで両方の仕事に携われる学者はどこを向いているのだろう？　少なくともこの本では、こうしたことを手引きとして、メディアがメディアになる前にそれを構成する非有機的なものの重要性を追跡する。鉱山と希土類鉱物にかかわる、メディアをめぐる文字通りの深い時間と遠く離れた《ディープ》深い場所に取り組むというわけだ。それは心理地球物理学のような美学的な言説と実践を考えることでもある。心理地球物理学――特別な見地から取り上げた地球物理学的なものと、テクノロジーと社会とをつなげる一種の思弁的美学――は地球とかかわるメディアアートを洞察する機会となる。[*8]国家機関の仕事と地質学的手法を細かく調べだしたら、物質の総計は無限に増えるだろう。地質調査は、初期には農業と採掘の支援を任務としていたが、今ではグローバルな地政学に欠かせない。アメリカ地質調査所のように影響力のある科学部局であれば、単一機関であっても、地質学と政治とテクノロジーの系譜を具体的に追跡できる。[*9]十九世紀後半の設立以来、アメリカ地質調査所は、テクノロジー先進国としての国家建設には欠かせない天然資源の地図化について、不可欠な役割を果たしてきた。今ではその役割は、グローバルなスケールで拡張している。例えば、アフガニスタンでは、対テロ戦争軍事作戦と並行して、地質学者たちが同国の資源基盤を地図化している。アフガニスタンは銅と鉄と金だけでなくリチウムについても見込みがあり、「リチウムのサウジアラビア」と呼ばれても差し支えないほどである。地質学者はアメリカ国防総省と提携し、重力と磁力を使った新たな計測技術を導入した航空測量で、旧来の地質調査と地質学的手法を補っている。[10]

ここまでの前置きを要約すれば、本書は地球物理学的なものから始める――デジタルとアナログ両方にまたがる――技術メディア文化の本であるということだ。本書では、メディア文化の地球物理学的――つまり地政学にとどまらない――領域の術語を、探究し利用し動員する。これを、概念的である思弁と、テーマ的・メディア史的に根拠あるものを組み合わせるという仕方でやってみよう。換言すれば、本書の一部は歴史的な資料と事例を通して作動するが、メディアアートに力点を置くということである。実のところ、近年の気候変動、人新世、および地球物理学を組み込んだ取り組み《ワーク》――メディアの深い時間、[11]心理地球物理学、電子廃棄物、人新世、化学、そして非直線的に作動するメディア史としての現世の地球にかんするアイディア――にピントを合わせる具体的な方法を与えてくれるのが、メディアアートの実践と理論的言説のレンズなのだ。非直線的な地層の一つとしてのメディア（アート）史という考えによって、メディア考古学的なメディア史のアジェンダさえ極限に向かう。人間の歴史は地質学的時間を湛えているのだ。[12]

## 時間性とメディア自然

近年のメディア研究の議論におけるさまざまな理論と手法のなかで、メディア考古学は、伝統的なメディア史の手法を多様化して捻りを加え、メディア文化における奇妙なものごとや敗者の歴史、そしてより一般的には、メディア文化の条件の歴史を把握する新たな手法を組み込むようになってきている。メディアをめぐる空想がいかに現実のテクノロジー関連の計画の一部となるのか、メディア美学が文化を政治的に設計《デザイン》することについての新たな形式にいかに貢献するのかという、想像的《イマジナリー》なものが現実に生じてくるところをメディア考古学は地図化する。エルキ・フータモからヴォルフガング・エルンスト、フリードリヒ・キットラーにジークフリート・ツィーリンスキー、トマス・エルセサーら多くの研究者たちのメディア考古学的著作は、私たちがメディアテクノロジーとしてすでに考えているものにさえまだ拡張の余地があることを教えてくれる、わくわくする道具一式なのである。[*13] だが、メディア論は時間性の観念にもかかわっている。メディア理論の種々様々なアプローチは物質的な対象だけでなく、(メディア文化の)時間性についての考え方にも関係しているのだ。トポス概念に基づき循環するメディアの時間。本書で急進化させるつもりの深い時間という考え。機械とテクノロジーの処理《プロセス》の水準で技術メディア文化を定義するミクロ時間性という焦点。再帰という観点から時間を扱う方法論、そして新たな問い一式を投げかけて新たなメディア史の時間感覚を起動することによる、ニューフィルムヒストリーのメディア考古学への拡張。これらすべてが時間のメディア哲学として実行されたメディア考古学の例であり、物質性について思考する際に重要な底流となる。

ヴォルフガング・エルンストのメディア考古学とメディアアルケオグラフィ〔7〕の場合、焦点となるのは、特に計算《コンピューテーショナル》メディアのミクロ時間性とタイムクリティカル〔8〕な側面である。エルンストは時間の体制として機械というエージェンシーに焦点を合わせ、メディア史の巨視的物語をオルタナティヴな方法で再考することを迫る。書くことを基礎としたメディア史の方法論の流儀は、機械の具体的な〈固有時間〉(*Eigenzeit*)[*14]と遭遇することを覚悟しなければならない。つまり、テクノロジー文化と機械にみられるその実例《インスタンス》が時間のなかにあるだけでなく、時間をこしらえもするさまを考えなければならないのだ。ハードドライブの回転速度、コンピュータのクロックタイムにネットワークのpingなどが、機械自体がその一部となって人間社会に強いてくる時間性の例である。機械は単に物語を書いているのではない。それは計算する。エルンストのことばでは、この種のメディア考古学とメディア史の違いは次のように表現される。「メディア考古学的な見地からいくと、コンピュータ計算《コンピューティング》の文化が扱うのは物語的記憶《メモリー》ではなく演算するメモリである——詳述《リカウント》よりも計算《カウント》が問題であり、歴史のモード対考古学のモードということなのだ」[*15]。

だが、すこぶる長大な持続というもう一方の極もある。第2章で詳しく取り上げるが、ツィーリンスキーが深い時間という概念を取り入れてメディアアートに言及し、メディアアート文化の地質学者のように考え振る舞う方法をもたらした。彼にとってこの概念は、短期的で「精神病理学的症状にある」資本主義的なメディア言説を迂回して、メディアとアートと科学の相互作用には長いルーツがあることを理解する方法となっている。実際、ツィーリンスキーは見ることと聞くことを変調させる方法を、それらがメディアと呼ばれるようになったごく最近よりも以前の歴史に求めたのである。*16

エンペドクレスやアタナシウス・キルヒャーなど、多くの人々による発明話により、ツィーリンスキーは過去と切り結ぶことのできるレイヤー状の歴史を明るみに出す。このとき過去は私たちの眼前で突然に活気づき、広告によってくだくだしく説明されるデジタルメディア新製品よりもはつらつとしている。ツィーリンスキーの深い時間とは、確実な起源という物語を迂回し、メディア史における気まぐれな変化に関心を向ける方法論なのである。埋もれているもの、驚くべきもの、変則的なものを掘り起こそうという考古学的な衝動があると同時に、ツィーリンスキーはこのような掘り起こしに地質学的で古生物学的な概念を巧みに招き入れている。だが、地質学的時間をベースとするこの概念を、よりラディカルにする必要があるとしたら？　もっとはっきり言えば、数千年にわたる非直線的な歴史というマヌエル・デランダの提案に沿って思考を進め、メディアアート史の地質学へと向かうべきだとしたらどうだろう。このとき、何千年何百万年の「歴史」をもつ岩石、鉱物、地球物理学、大気の持続、地球の時間が浮上してくる。ここ数十年のあいだ、これらは強烈な認識論的探究の焦点であり、資源として実際の開発の焦点となってきた──私たちが大地（地下）から掘り取る事物、信号伝達のために利用される大気と空、衛星そして宇宙ゴミのためでさえある大気圏外空間が問題となっている。宇宙空間にかんして言えば、それは私たちの惑星のまわりを回る、新たに拡張された地質学的な「レイヤー」である。例えば、トレヴァー・パグレンの写真を使ったパフォーマンス／インスタレーションで、地球周回軌道を

図1：トレヴァー・パグレン《永久的に対地同期軌道にある宇宙飛行体、赤道上空35,786km》、2010年（部分、二枚折りのうちのpart2）。初期の「人工物」シリーズで、パグレンは地質学的なものの延長としての軌道テクノロジーにも興味を示している。Courtesy of artist; Metro Pictures, New York; Altman Siegel, San Francisco; Galerie Thomas Zander, Cologne.

舞台とする《ラスト・ピクチャーズ》（*The Last Pictures*）は、この点を思い出させてくれる[*17]（図1。第5章も参照）。十九世紀に産業化が始まって、鉱山や製錬施設により、そして石炭をエネルギーとした際に発生する二酸化硫黄により環境が型取られていく様子を詩人たちが取り上げて、この劇的な美的・環境的変化を崇敬の念か批判の意のどちらかを用いて物語っていたとすれば、現代のテクノロジーアートも同じようなことはしている。だが、その実践では地球物理学的な物質世界との直接的な噛み合いがしばしばみられるのだ。

　こうした地球物理学的なメディア世界は、現代のアートに現れている。本書では、パグレンからマイクロリサーチラボ（ベルリン）、テクノロジー化石のインスタレーションから地震の可聴化《ソニフィケーション》にまでわたるプロジェクトの事例を取り上げよう。実のところ、音は、深い時間についてのメディア美学とその認識論的背景を描写する一つの方法である。地球は唸るし音を出す。この点はすでに一九五〇年代には理解されており、エモリー・D・クックが地震のサウンドスケープを含んだLPレコード《この世の外》(*Out of This World*)をリリースしている。[*18] そののち、メディアアーティストたちならびにキットラーのような理論家たちも、この地球の唸り声をはっきり理解したのである。以下に引用するキットラーの文章は、時間軸を操作するテクノロジーにより地球物理学にかかわる長大でゆるやかな持続時間——しばしば遅すぎるか、そうでなければ人間の知覚では見聞きできない周波数で作動する——も美的経験の一部となるということをはっきり示している。

神戸で起こったような数千の犠牲者を出した地震を対象に、聞き取ることのできないゆっくりとしたその振動を地震計で記録して、恐怖の丸一日を十秒に集約した信号を再生してみれば、音が出現する。太平洋での地震のように二つのプレートの衝突による地震の場合、甲高いぴしゃりという音に似た音がする。大西洋での地震のように二つの大陸プレートが分かれて遠ざかっていくことによる地震の場合、音は対照的にやわらかな吐息のようである。スペクトルすなわち周波数構成により、地震という激烈な出来事に音色や音質が与えられる。アメリカはアジアになる。先ごろ、私はこのような地震の音色を聞く機会に恵まれた。残りの人生でこの音色を忘れることはない。[*19]

地球物理学は、アヴァンギャルドの美的実践と語彙の一部に早い段階から採り入れられていた。ダグラス・カーンは電磁気関係に力点を置いた綿密な文献調査を行い、地球とアヴァンギャルド作曲家のこうしたつながりが、アルヴィン・ルシエの実験音楽からポーリン・オリヴェロスの《ソノスフィア》(*Sonosphere*)にまで及んでいたことを論証している。電子音楽スタジオは自然と提携するようになっていた。電子音楽スタジオは、必要になる前から廃れかかっていたということも、何度か論証されている。電子音楽スタジオは、まったくもって私たちの頭の中に、自然の中にすでに存在しているというわけである。[*20] 自然の振動から生じる美学というテーマは、ドゥルーズに触発された記述——なによりもエリザベス・グロスの記述[*21]——を貫いているが、それは私たちが「メディア」と呼ぶものへの便宜供与《アフォーダンス》として地球物理学的なものを活用する方法でもある。シューマン共振——地球を特定の周波数帯域をもつ生命体とするニューエイジ言説と「地球全体の長波共鳴現象とを結びつける」[*22]概念——のような物理的性質を思い起こすのは、まったくもって無理からぬところである。これは、ガイア仮説にかんするより科学的な議論のバリエーションの一つである。ガイア仮説は地球と生を概念化するどのような試みにとっても重要な背景となる。それよりも時間的にはるかに先行していたのが、母なる大地という考えである。この考えでは、「古代から十八世紀まで、石と金属は地下で有機物のように成長していると広く信じられていた」。[*23]

今でもなお、科学的な世界観では生物と非生物がもつれあった考えが姿をみせる。リチャード・フォーティのような古生物学者の詩的なことば——「生命は地球に間借りしながらも、地表を今の姿としたのです」[*24]——にみられるように、生物学的要因と物理学的要因が相互に決定し合ってこの惑星を型取ることは強調されなければならない。こうしたことを踏まえれば、文化的現実とメディア文化の実践と技法にかんしてもわかってくることがある。そうしたものごとは地球を間借りしているにもかかわらず、この惑星を眺めて調べ使用し修正する方法に効果的に寄与しているのだ。注意を払って概念を接ぎ木すれば、伝統的な学問領域を横断しながら作動して自然と文化の問題をつなぐさまざまな実践を把握できることに、私たちは気づく必要がある。一九六〇年代後半に宇宙飛行が開始されて以来、宇宙から見た惑星としての地球が及ぼす効果が、視覚メディアが科学概念に貢献していることの証拠となる。惑星としての眺め——輸送とヴィジュアライゼーションにかかわる軍事・科学テクノロジーの対象としてだけでなく、ホリスティックな有機体としても地球を眺めること——のおかげで、ジェームズ・ラヴロックからリン・マーギュリスまでの科学者たちは、フィードバック機構について幅広く議論できた。それはジェームズ・ハットンの『地球の理論』(一七八八)から地球というメディアへの移行を告げてもいた。その移行を実行したのが、テクノロジーとメディア——月から見た地球の出だけでなく、新たなパースペクティヴから見た銀河を明らかにするヴィジュアライゼーション技法——というわけだ。おまけに月世界旅行は、アポロ月着陸船が地質サンプルを持ち帰ったこともあり、[*25] 完全に消えてしまった夢ではない。さらなるエネルギー革命に重要なヘリウム3の採掘が〔月で〕見込まれるのは、国民国家とGoogleのような企業の惑星規模の政治学が惑星間へと延長されれば当然生じる結果だろう。[*26] このような思弁的な説明によって、二〇三〇年までに実現が目指されているロシアの月植民計画は、目下繰り広げられている資源獲得の地政学的レースの一部であると語られさえしている。[*27]

　地球へと折り返された媒介された《メディエイティッド》眺め自体が一助となって、社会と科学のアジェンダにまったく新たな範囲が追加された。一九六〇年代から可能になった月からの地球の眺めだけでなく、ハッブル望遠鏡を用いた深宇宙《ディープ・スペース》へのテクノロジーの眼差しも、決して宇宙と惑星間天体にのみかかわっていたわけではなかった。それは企業と国家の利益関心の一部であるような実在物の地図化にもかかわっていたのだ。地理学的調査は、高性能レンズと人工衛星を利用した遠距離測定の画像処理から恩恵を受けた。[*28] 地球へと投げ返されるパースペクティヴは、Google Earthのような企業による地図と大規模な軍事用監視システムの存在も後押しした。エコロジーの文脈に目を向ければ、こうしたパースペクティヴにより、生物学的なものと地球物理学的なものとが混ざり合うさまざまなレイヤーを理解する方法としてガイア概念の力を把握する筋道がついた。ブルース・クラークは次のように述べている。

生態系と地球環境全体との共進化からすると、ガイアという発想は惑星規模で自動調節するメタシステムとして登場した。このメタシステムは、大気組成、気温、大洋のpHと塩分濃度、および窒素、硫黄、カリウムのような有機栄養素の地球規模の分布といった生存可能条件を維持する。このときの生物圏は、地球生理学的機能を正常な水準に保つための恒常性維持のフィードバック機構を備えた生物のように振る舞う。グローバルな気候変動について考えるためには、ガイア理論は必須の枠組みである。というのも、私たちが今なにに直面しているのかを十全に理解できるのは、ガイアのマルチシステム的な自動調節を認めることによってのみだからである。私たちが今立ち会っているのは、それらの調節システムがいまにも機能を停止しようとしているところなのだ。[*29]

ポスト第二次世界大戦のサイバネティックス文化を象徴するシステムから地震まで、地球物理学的調査のための重要な認識論的枠組みは、あるドイツ人メディア理論家〔9〕にとっては忘れがたい美的経験かもしれない。そのようなメディアと美学にかかわる手法によって、地球は認識できて把握できるよう整えられる。生命と非生命を横断する動的な生命圏とされる地球とメディアテクノロジーとが織りなす関係にはダブルバインドがあると、私は強調したい。地球はハイデガーの語彙で言うところの用象としてますます枠取られるようになっている。用象とは開発搾取のための資源、それも資源と見なされてそれ自体を差し出すよう用立てられた資源である。[*30]高度に技術化されて開発＝搾取の様式と認識論的枠組みの両方として作動する資本主義という企業の現実と、生動する生命のダイナミクスが出会うのは、この地点なのだ。

私たちと地球の関係は、ヴィジュアライゼーション・ソニフィケーション・計算・地図化・予測・シミュレーションといった技法とテクノロジーによって媒介されている。認知的、実践的、情動的な関係の対象として私たちが地球を把握するのは、メディアを通してでありメディアにおいてなのだ。地質学的資源はかつて測地と現地観察を通して地図化されていたが、今では高度な遠距離測定テクノロジーを通して行われている。[*31]それらはある意味、ライプニッツの普遍算術の拡張版である。ライプニッツの普遍算術は、地震（忌まわしき一七五五年のリスボン地震など）のような偶発事を含む地球の秩序を説明する一つの方法を提供した。だが、エヤル・ヴァイツマンが示唆するように、地球を計算することは神聖さを失いつつある一方で、計算する官僚機構とのかかわり合いを強めている。「計算をめぐって複雑さを増す官僚機構によって下層土・地形・空気・海にはセンサーが差し込まれる。それらすべてがアルゴリズムとそれに必然的に付随するモデルによって処理されるのだ」。[*32]同様に、気象学の実践も空のダイナミクスを感得させてくれるメディア技法である。[*33]地質学は、地球とその秘密を掘り起こして、開発＝搾取の可能性がある未来へと展開する今という瞬間だけでなく、足下に埋まった過去への視界も提供してくれる。深さは時間になるのだ。テープレコーダーは、地震のゆっくりとした唸り声を記録する――このたぐいは一九五〇年代におけるもろもろの測定実践ですでにみられ、核をめぐる爆轟《デトネーション》と地震の震動の効果という点で大変に興味深かったし、こうした効果はメディア物体になったのだ。「テープレコーダーによって、地震と爆発は持ち運びと繰り返しが可能になった」[*34]というわけだ。ある意味、こうしたことは現実界――メディア的実在を用立てることで記録されるようになる地球物理学的なもの――の持ち運び可能性と反復可能性を意味しているとも言えるだろう。[*35]

メディアを準備し可能にするのは地球であると、逆から話をしてみよう。技術メディアを生むのは、鉱物、大地に含まれる（大地から採られた）物質、地球物理学的現実がもたらすアフォーダンスなのだ。用立ての論理に加えて、組み立ての作業との絶え間ない緊張関係に置かれた、漏れ出しながらも供給するものごとにかかわる物質性がある。このダブルバインド――私がメディア自然圏と呼ぶもの――が本書のトピックであり、特に焦点となるのが地質学と地球物理学的なものである。

何度か参照はしたが、私はハイデガー的な道筋を実際にたどろうとしているわけではない。用象と用立てというハイデガーの見解がどれだけ有益だとしても、である。代わりに、メディア自然（medianature）という概念を用いよう。これはダナ・ハラウェイのよく知られ影響力の大きい概念である自然文化（natureculture）のバリエーションの一つである。[*36] ハラウェイにとって自然文化という術語は、デカルト的存在論では悪名高い二項対立――自然対文化、精神対物質など――として振り分けられてしまった二つの術語が、本質的には相互に結びついた性質を備えていることを理解するための方法だ。ハラウェイ風に言えば、私たちがいま扱っているのは、自然や文化のような圏域を別々に考えていては解きほぐすことができないほど絡まり合った一連の実践である。二項対立的に考えることに代えて自然文化という概念が仄めかしているのは、存在論的にはともに構築し合う関係を念頭に置く必要があるという点である。このような関係では、

　どのようなパートナーであっても関係し合う前に存在はしないし、関係し合うことが一度きりできっぱりけりがつくなんてありえない。歴史的特異性と偶然的変異性が、自然と文化、自然文化の隅の隅まで行き渡って《ルール》いる。*37

「歴史的特異性」に敏感であり続けつつ、こうしたトポロジカルな概念を組み上げていくことは、近年の新しい唯物論で強調される「物質的－記号的」で「物質的－言説的」圏域の関連概念について語るための重要な方法である。*38メディア自然の概念では、同じような動機を組み入れつつも、特に（技術）メディア文化を強調していこう。それは、ともに構築し合う圏域としてのメディアと自然の「ダブルバインド」を明確にする概念である。この圏域ではメディアと自然の結びつきは、物質的で非人間的な実在にも権力と経済と労働の関係にも強烈にかかわっている。もっと言ってしまえば、微生物と化学成分と鉱物と金属の働き《ワーク》と、ハイテクなエンターテインメント装置の部品生産工場や鉱山で働く低賃金労働者や、売れ残った電子機器スクラップのためにその身を犠牲にするパキスタンと中国の人々の仕事《ワーク》、この二つのワークが同等に関与することで構築される体制がメディア自然である。メディア自然は、物質的

―言説的出来事をめぐる具体的な実例へとスケールを縮小して合わせたときにだけ、有益な概念となるのだ。

メディア自然という結びつきと関係は、開発＝搾取と環境被害をめぐる極限的な文脈でしばしば露わになる。電子廃棄物と資源枯渇と世界規模で不均等に割り振られた労働関係は、アートの語彙がメディア自然へと転化する実例となっている。それはアヴァンギャルド〔にかかわるもの〕から地質学と地球物理学と政治経済学〔にかかわるもの〕へと地下を改変していくことにほかならない。計画的陳腐化にかんするショーン・キュビットの文章を引用しておこう。「デジタル王国は、果てしないイノベーションと果てしない破壊によって駆動されるという点では、アヴァンギャルドである」。[39]

メディア（アートにかかわる）地質学にとっては、地下は上記の点以外にも地誌学的な場として重要である。地下にあるのは地獄だ。西洋の神話だと地獄を定義するのは地獄の化学、つまりは硫黄の匂いと致死毒の二酸化炭素である。ウェルギリウスの『アエネーイス』[40]以来、地下世界が近づく動物すべてに与えられる死を特徴としているのには、こういう理由があるのだ。地下は、現代性をめぐるテクノロジー絡みの想像的《イマジナリー》なものの核心に位置する。そこは、十九世紀以降のテクノロジーの未来がある場所であると同時に、メインストリームから外れたアートのアヴァンギャルドである。[41]地下へと赴いてしまうことは、スパイ物ならびにポスト黙示録的な筋書にも登場する。ガブリエル・タルドの『地底人』（一九〇四／一九〇五）[42]のような初期の作品だろうと、核への不安を扱った第二次世界大戦後の作品だろうと、地下行きは関係なく登場する。ルイス・マンフォードは、採掘と地下を、近代テクノロジーを理解するのに理想的なケースであると見なしている。このように非有機物とかかわる性質を帯びるように転回したテクノロジーを旧技術[10]とマンフォードは呼ぶ。旧技術の出発点は、近代資本主義の基礎となる光景である。そこでは、採掘は巨額の資本を要求するプロジェクトと切っても切り離せないだけでなく、重要なテクノロジー産業のさらなる強化とも分かち難く結びついている。地球に穴を穿ち掘り進めていく光景は、深層が絶え間なく再構築されては開拓されて大変動が止まらない都市圏でも今ではおなじみだ。ロザリンド・ウィリアムズによれば「一七〇〇年代後半から一九〇〇年代はじめにかけて、大ブリテン島とヨーロッパの地面は掘り返され、新しい社会の基礎が築かれた。この時代に地下のイメージはみなれた光景になった。労働者たちがつるはしを地中に打ちこみ、市街はまんなかを掘りえぐられ、工業地帯がそっくり鉱山に似た地形にかわった」[*43]。〔こうして〕新しい下部世界《インフラ》が登場した。それは労働と地球を織り合わせる現代の惑星的な契機の一環として、改めて巡回してきている。

　マンフォードにとってとりわけ旧技術と関連するのが、採炭時代とその社会的・美的帰結である。その後に到来する電気の新技術時代は、旧技術時代に比べるとはるかに低コストであるエネルギー伝達と科学についての異なる社会機構を特徴とする。しかしながら、マンフォードとは異なる切り口によって、旧技術的なものは十八、十九世紀から二十一世紀に至るまで存続していると述べることもできるだろう。エネルギー分配の新たな形式、化学の進歩がもたらした合成物質、冶金《やきん》の新手法、これらをマンフォードは十九世紀後半に始まり二十世紀中[*44]に漸進した旧技術から新技術への移行を示すものと見なす。私に言わせれば、これらは、地球の物質性を広く動員していくことを依然として土台としている。広きにわたる地球の物質性の動員は、産業化とテクノロジー、そしてメディアテクノロジー文化にも欠かせないのだ。

近代では地下世界は重労働の場所としてさまざまに描かれてきた。この点を視野に入れつつ、二〇一三年のイスタンブール・ビエンナーレの目玉であったミカ・ロッテンバーグの映像作品《スクイーズ》を通して、地下世界にアプローチしてみよう。この映像作品はシングルスクリーンを使い、地下空間を占める怪しい機械のようなものへと物語を展開していく。そこでは女性労働者たちが働いている。彼女たちの民族的背景はばらばらであり、お互いに直接的な関係があったり、面識があったりするわけではない。ロッテンバーグの作品は資本主義の生産様式と疎外を的確に描き出している。しかし、この作品では物質性と空間性への関与の仕方も注目に値する。畑でのレタスの摘み手による仕事の成果はレタスローラーを経由して地下工場へと運ばれる。そこはさまざまな部門と作業とシュルレアリスム的工程（舌が壁から突き出されているが、湿らせておくために一定間隔で水が吹き付けられるだけである）が組み合わさった機械になっている。この機械は異種混淆的要素を関連づける、奇妙な動的編成《アッサンブラージュ》[11]として作動しているのだ。この機械は物質性を加工処理するのだが、結局のところほお紅、ゴム、レタスの混ざった廃棄物が生み出されるにすぎない。このとき地下は分離された生産圏を強調する空間編成となっている。それは、私たちの足の下に横たわっているので直接知られることはないけれども、日常生活の実践を担保している生産圏である。地下とは、対象の全体像をみることなくその部分だけを手配しては手配し直すという、反復的・搾取的で馬鹿げてさえいる仕事の場所なのだ。労働の疎外は奇妙なかたちで並行する現実《リアリティ》＝実在をめぐる美学という観点から表される。地下は物質の加工処理の圏域であり、用象としての地球と人的労働力の双方とかかわる圏域である。それはジェンダー化されたゾーンでもあるのだ。ロッテンバーグの作品は、私が『メディア地質学』で追求する内容——足下の地下世界から現代のメディアアートの物質性を発掘していくこと——にとって重要なガイド兼アナロジーである。

ロッテンバーグの映像作品には、一八四三年に『パンチ』誌に掲載された風刺画「資本家と労働者」で表されている内容の要点が、繰り返し登場する。この風刺画で示されているのは、当世の生活をお膳立てするものごとである。つまりは隠れた地下機構である労働者たちだ（図2）。ロッテンバーグの映像作品では、十九世紀の地下をめぐる想像的《イマジナリー》なものとその最近のバージョンである労働と下方の美学が表現されているのである。目に見える現実《リアリティ》＝実在は、労働と下部構造《インフラストラクチャー》でできた複合的で不合理な編成によって支えられている。この下部構造自体も人間と技術的要素《コンポーネント》によって編成されているのだ。その一方で、産業化と資本主義の手が入った地下は地球の地質の一部として残り続ける。

## 傍若無人新世

人新世は、ここ数年から数十年の気候変動の議論が地質学とかかわるこ

図2：「資本家と労働者、ポンチ絵、No. V.」。1843年の『パンチ』（第5巻）に掲載された風刺画では、労働者の存在論が地下の存在論として強調されている。資本主義は地上での快適な消費生活を不可視のまま支える下部構造の水準を深みに見出し、そこで作動する。Public domain, via Wikimedia Commons, https://commons.wikimedia.org/wiki/File:Punch_1843_-_Reichtum_und_Armut.png.

とを自覚させてくれた主要な概念の一つである。人新世とはノーベル化学賞受賞者のパウル・クルッツエンにより十年以上前に示唆され、[*45]より非公式的ではあるもののユージーン・ステルマーによって一九八〇年代にはすでに使われていた。この術語は、一七〇〇年代、一八〇〇年代から今にまでまたがる現代という節目のための、一時的な足場《プレースホルダー》のようなものである。人新世はこうしたカルトグラフィを地質学的パースペクティヴから行って、私たちの生活世界の変化をホリスティックでありながらも分析的に眺めるよう主張する。人新世は、今から遡ること一万年から一万二千年のあいだの地質年代を指す術語として認められている完新世に続く時代で、人間の実践とテクノロジーと存在がエコロジーの文脈〔12〕を越えてもたらした大変化にかかわる。人新世の概念は、科学的には一般的に認められているわけではないが、[*46]人間の活動がこれまで発達させてきた異種間のそしてエコロジカルな結びつきを含み込んでいる。この概念は、数千年にわたり強烈な効果を発揮してきた、人と動物との関係——犬の家畜化など——や農業と火を筆頭とするさまざまな生活技法を取り扱っているというわけだ。人新世——もしくは人新世〈Anthropocene〉に「傍若無人（obscene）」[*47]のニュアンスを加えた挑発的な組み合わせである〈傍若無人新世〉（*Anthrobscene*）——は、石炭紀に形成された石炭層への体系的なかかわりとしてその姿をはっきりと示し始める。光合成が産んだレイヤーである石炭層は、暖房に使われていくうちに、化石燃料というかたちで製造業向けのエネルギー資源として利用されるようになった。中国では、石炭の使用と重要な炭鉱の出現は宋朝（九六〇—一二七九）まで遡る。イングランドにおいてみられるような主要拠点が出現するのは、その後のことにすぎない。[*48]地方や地域に限定されずにそうした資源を利用することが、エネルギー資源・テクノロジー・新たな資本主義体制と関係する富の創造、この三点がつくる三角形で化石燃料を捉えていくこと、および産業化と同時に出現する点が、より重要である。当初からその経済体制は、ゆるやかに堆積した資源である石炭と石油とガスに依存するエネルギー体制であった。石油のような化石燃料は、石炭と比べてよりスムーズかつ迅速な地球全体へのエネルギー移送に欠かせなかった。この意味で、輸送の惑星規模化であるグローバリゼーションもエネルギーのロジスティクスを土台としてきたのである。[*49] 要するに、資本主義の必要条件（十分条件ではない）は、光合成の深い時間と化学プロセスとの新しい関係にあったと主張できるかもしれないのだ。

今まで人類は、風・水・植物・動物というかたちで継続中の流れと百年二百年かけて樹木に貯蔵されたものからエネルギーを獲得していた。化石燃料の使用とは、何百万年もかけて光合成により蓄積された炭素に手を伸ばすということであった。それは、深い過去から現代社会への莫大なエネルギー補助金であり、現代の我々の多大なる富の礎である。[*50]

人新世の概念は、始めからテクノロジーを特色としている。クルッツェンが人新世の重要な特色の一つとしてジェームズ・ワットの蒸気機関を挙げ、それを端緒に人新世の概念では地球物理学が文化技法[13]と密接につながっているさまを説明しているのである。その上、テクノロジーとエネルギーとの結びつきはどんどんと強くなり、地質学的な推進力となっているところがある。こうしたことが実に急速に雪崩を打って、当該の経済的・社会的結びつきを実現させるだけでなく、エネルギーとテクノロジーと化学の三者を噛み合わせる。人新世という考えによって舞台上に引っ張り出される化学にかかわる論点のリストは、確かに無視すべきではない。クルッツェンの最初のテクストでも、ワットからメタン、二酸化炭素、二酸化硫黄、窒素、一酸化窒素などへと、論点は速やかに移っている。[*51] 神話に漂う地獄の硫黄の匂いは、二十世紀と二十一世紀では二酸化硫黄で構成される酸性雨に引き継がれた。二酸化硫黄は、数あるプロセス（火山の噴火含む）のなかでも特に金属鉱の溶融と化石燃料の使用に起因するのだ。[*52]

メディアとテクノロジーが化学を通して展開する可能性に、私は魅力を感じている。つまりは、近代科学の物質性に対する元素「周期表」的アプローチの可能性に魅力を感じているのだ。それは、人新世と（メディア）テクノロジーの関係をどのように説明するにしても、考慮すべき論点の一つであることははっきりしている。こうしたテーマはステフェンとクルッツェンとマクニールによって明確にされている。

化石燃料と関連テクノロジー——蒸気機関や内燃機関——によって、多くの新たな活動が可能になり、昔からの活動はより効率的になった。例えば、エネルギーが十分にあれば、大気中の窒素からアンモニアを合成することが可能、要するに、空気から化学肥料をつくることができるということが証明された。このプロセスは、二十一世紀初頭にドイツ人化学者のフリッツ・ハーバーによって主導された。のちにそれはハーバー・ボッシュ法（カール・ボッシュは実業家だった）として知られるようになり、世界中で農業に大変革をもたらし、作物の産出高は急上昇した。それに伴い医療設備も大幅に改善されたので、急激な人口増加が可能になったのである。[*53]

金属、化学、鉱物という歴史の作用因は、文脈に即した洞察を与えるだけにとどまらず、異なる種類の系譜における作用因へと拡張していく。そうした面は、地質学とエコロジーと環境関連諸学の分析に検証可能性を与える科学の目、つまり測定装置で観察できるというだけでなく、人文科学におけるテクノロジーへのアプローチの仕方に対しても影響を及ぼすのだ。歴史研究の領域では方法論的にもテーマ的にも話題が増えており、非人間という論点も環境への関心を通じてすでに取り入れられている。それは、ウィリアム・マクニールの研究とジョン・マクニールの研究が示す通りだ。[*54] 環境というテーマによって、グローバルヒストリーはグローバリゼーションを補足する物語を提供してくれることがはっきりする。それは、メディアテクノロジーと資本主義によって過去数世紀に拡大しここ数十年では急拡大している、貿易と旅行と通信技術のルートを通して語られるような物語を語ってくれるのだ。おまけにそれは、環境にかかわる学問領域におけるメディアの科学的定義を説明する方法を提供してくれる。こうしたことによって陸と空気と水というメディアを従来とはまったく異なるかたちで理解することになるが、本書で例証するように、それはメディアテクノロジーをよりアートと人文科学に即して理解する方法には不可欠なことなのだ。

理論的な観点から述べると、すでに言及したデランダの研究がある。デランダの研究は、ドゥルーズ－ガタリによる地質学の議論を通して作動する、非人間的なたぐいの動的編成を検討する方法である。より最近の理論としては、ディペシュ・チャクラバルティの議論がある。チャクラバルティは、自然の歴史と人間中心的な歴史（ここには文化史とメディア史も含まれよう）とのあいだで更新され共有されたアジェンダについて、影響力のある議論を展開している。チャクラバルティのことばでいけば、存在することをめぐって私たちが抱く歴史意識にも作用するものとして、人新世の地平を問いただすことが決定的に重要である。このような人文科学のアプローチでは、社会を形づくるものの一部として生物学と地質学が重要な貢献をしていることも今では認められている。ここには、人間は生物学的で地質学的な作用因でもあるという自覚だけでなく、[*55] より広範な社会的なもののパターンを理解するためには、学問領域的なかつての思考につきまとう旧態依然とした方法論的二元論に私たちは抵抗する必要があるという気づきも含まれている。だが、チャクラバルティのテクストは明快で重要なだけでなく、もう一捻りされている。チャクラバルティは、上記のような洞察を、ポストコロニアル的なグローバリゼーション批評と資本主義の政治経済分析へと近づけているのだ。簡潔に言えば、資本主義に寄与する非人間的要素を――余剰の創造と関連する開発＝搾取の実践の一環として――よりはっきり可視化して捉えて理解するのを助けてくれる概念を、私たちは発見できなければならない。このように環境的なものを歴史的に地図化することは、社会とテクノロジーによる惑星の編成としての資本主義の歴史的特徴を地図化することでもあるのだ。

このような批判的地図化を行う際には、使用する語彙の問題が出てくる（人間が地球のシステムに与えた影響について言及するのに、〈種〉という術語〔だけ〕を用いるのは不十分だ）し、科学の概念を明確にする必要性も生じる。

同時に、資本の話つまり私たちが人新世へと陥っていく偶然の歴史を、種の観念に訴えて否定することはできない。というのも、産業化の歴史抜きには、人新世は一つの理論としてすらあり得なかっただろうから。[*56]

ここでの話には、語ることば以上のものが含意されている。語られるのは、メディアと媒介作用《メディエーション》の話、物質性と地球の話だ。こうした話は、最初はあまりにゆるやかすぎて把握できない地質学的持続〔時間〕のスケールにかかわっている。ゆえに、私たちがふだん人文科学の分野でかかわっている物語の語り方が通常意味するところとは根本から異なる話を理解することが求められる。こうした話ではことばは少なめ、気候変動に代表される危機を迎えている今の時代において存在感のある非意味的な記号論的問題《マター》＝物質[57]が多めになるだろう。

概念は危機に直面すると変化を解明しようとし、その一方でさまざまな語彙が必要であることを告げる。[58]というわけで、研究領域を横断して旅する概念の働きと同じく、驚くようなパースペクティヴと挑発を用いることが必要である。[59]本書の背後にある概念の一つは、ドゥルーズ－ガタリの「道徳の地質学」という前人新世的な考えである。「道徳の地質学」はこのフランス人コンビによる地球哲学という設定の一部で、物質的なものの体制と絡まり合う文化の現実に対して、非言語学的な概念を提供する方法として動員された。より正確に言えば、このような設定により言語学的な説明を迂回して、抽象機械〔という概念〕や地質学と同調する概念を含む、さまざまな概念により文化の現実を把握する方法が提供されたのである。地層、堆積作用、二重分節、そしてシニフィエ－シニフィアンモデルのオルタナティヴといったドゥルーズ－ガタリの考えは、ポスト人間中心主義の理論のための方法として導入されているのだ。[60]『千のプラトー』やその後の『哲学とは何か』にみられる地質学的思考は、物質による意味の生産をその非意味的な部分とのかかわりにおいて説明する方法である。それは動的編成からみる物質をめぐる実践についての理論のたぐいなのだ。ドゥルーズ－ガタリの哲学は、地球哲学的な領土から始動する思考の地質学を地図化する。地球哲学的な領土では、大地と地下と領土との関連において思考することが生じてくる。思考することと情動《アフェクト》という非物質的な出来事は、大地と地下と領土において、地層化した動的編成とつねに結びついている。[*61]「思考するということは主体と客体のあいだに引かれた線ではないし、一方を中心にして他方を巡らせることでもない。思考するということは領土と地球の関係において生じるのである」[*62]。ここでは思考することは、人間として形成済みの主体だけが備える認知能力である以上に、領土と呼応する多様体の運動の勢いとして進展していく。このような地球哲学の考えは、思考することをその存在条件と結びつける。とはいえ、思考することという出来事自体にその存在条件はいつも内在しており、本来であれば切り離すことはできないのだが。

そのような地質学志向の方法で思考することを理解することは、より広範囲への推力を保持した「エコゾフィー」と共鳴する[*63]。エコゾフィーとはガタリの著作でみられる概念で、近年におけるメディアのエコロジーについての議論で動員されている。地質学および（脱）大地という考えは、ドゥルーズ－ガタリから、F・W・J・シェリングやフリードリヒ・シュレーゲルの「化学的思考」といった十九世紀に新興の採掘文化の只中で生まれた思考まで、重要な近年の哲学的議論の引き金となっている[*64]。十九世紀初期は鉱山と採掘と地下に熱狂した時代であった。それらはイギリスとドイツのいたるところで詩にうたわれもすれば、採掘の政治経済学において論じられもしたのだ[*65]。

哲学の術語を使って述べれば、物質的で非人間中心主義的な方法により、地質学的なものは内部と外部の構成的折り重なりとメディア文化にかかわる時間の体制を問いただす[*66]。地質学的存在論（地球存在論？）以外にも方法論として展開できるものが、さまざまな点で異なる多様な議論を貫いて切り出されている様子は興味深い。例えば、イアン・ハミルトン・グラントによるシェリングを焦点とする著作だと、それは、地質学とは物質の地層化を扱う系譜学であるということに関連づけるかたちで、説明されている。

よって地球は、前成説論者が述べるひと連なりの動物のような、大地を収める入れ子状の容器ではない。むしろ地球とは大地化《グラウンディング》の連続もしくはプロセスであり、大地化はそれがもたらす結果とかかわりながら進む。地質学あるいは「採掘プロセス」があらゆる対象がその核心に抱えている寄る辺なさに通じるとすれば、それは「世界の第一層」や「究極の土台層」、すべての究極的な基礎となる実質がないからこそである。地質学が明らかにする層の上の層のような途切れなく続く依存関係は、なにかに基づくことは決してない。それは産み出される結果に先行する〈活動〉の記録である。[*67]

安定しているようにみえる地球という寄る辺によって、近代的な採掘の実践（この実践が、大規模なテクノロジーの水準で作用するハイパー資本主義による地球自体の開発＝搾取と関係することも無視すべきではない）を通して、もう一つのある種の存在論が明るみに出る。それはドゥルーズ－ガタリによって明瞭にされた資本主義の論理と共鳴する。つまりは、ドゥルーズ－ガタリが資本主義の公理系と呼ぶ千変万化の脱大地《アングラウンド》と共鳴するのだ。脱大地は確立された領土を絶え間なく脱領土化することを通して作動する。大規模な地球工学のプロジェクトで形成済みの陸地に穴が開けられ、それらが新たなやり方で領土化されていくように。結局のところ、穴や炭鉱そして最終的な決定因となる層の欠如によって、地質学的なものの自体が特徴づけられる度合いが強まっていることは不思議ではない。そうした決定因としての層の代わりに、さまざまな「活動の記録」が発見されている。本書に言わせれば、こうした活動の記録は、地球物理学的なものに対する／地球物理学的なものによる認識論的・テクノロジー的作用として解釈されるのだ。[*68]

新しい唯物論にもかかわるが、ドゥルーズ＝ガタリは冶金的なものというもう一つの地球中心的な概念を、物質のポテンシャルを引き出す「マイナー科学」の形式として動員した。冶金的なものは質料形相論モデルに対する反例として提案される。質料形相論モデルでは質料は不活性であり、質料を活性化する形相は非物質的とされる。質料形相論モデルをとる代わりに、生気唯物論（ベネット）、金属の情動（デランダ）、そして新しい唯物論一般はどれも、さまざまな種類の物質の動的編成を想定している。[*69] 冶金的なものは遊動するノマド科学に関連する。ノマド科学と対照的なのは王道科学である。王道科学は観察により定数とカテゴリーを抽出し、形相を探し求めるのだ。冶金師とは「質料の流れに随行し」[*70]、対象の変異とポテンシャルを発現させようとする人の象徴である。ベネットのような生気唯物論者にとって、金属は特権的な例でありインスピレーションの源になっている。というのも、金属は安定した固体にみえるが、冶金師のパースペクティヴと実践からすれば、さまざまな配列・温度・条件に応じて引き出せる物質的ポテンシャルに満ちていることは明らかだからである。こうした引き出しは物質の原子レベルで行われる。そこで冶金師は実践的な「ノウハウ」関係を金属と結んでいるのだ。このような関係は、文化をめぐる動的編成において非人間的作用因として金属が広きにわたって果たす役割にも適用されている。[*71] したがって、身体はそのポテンシャルの広がりによって定義されるというドゥルーズ－ガタリのエソロジー的な観念――ここでの「エソロジー」とは実験的な関係性を指す――を翻案しつつ、ベネットは次のように述べる。「職人は金属にできることを理解したがり、科学者は金属とはなにかを知りたがる。だからこそ、職人は金属に生命を認めることができ、それゆえに金属とより生産的な協力関係を結ぶことができるのだ」。[*72]

こうしたスタンスを実践－理論という区分と混同してはならない。私は理論的な務めを果たす冶金的方法――現代の技術メディアでできた文化的生活にかかわる新たな場所、新たな動的編成でみられる、巡回する流れ・横断的な接続・物質性の引き出し――があると主張したいのだ。

地球中心的な文化理論のカルトグラフィは、哲学にだけかかわるのではないことは明らかだ。ジェームズ・ハットンの『地球の理論』から哲学（ヘーゲル、シェリング、そしてグラント、グレアム・ハーマン、スティーヴン・シャヴィロといった現代の思弁的実在論者の議論）へと、メディア地質学をめぐる文脈に向けて進むこともできるのだ。本書が取り組むのはここである。本書は、理論についての進行中の論争は参照するが、哲学を軸とする議論を創造しようとはしない。より正確に言えば、本書はメディア地質学という試み、すなわち、しばしば相当広い考えである「非人間的」エージェンシーを動的編成――採掘、物質性、ジオソフィ的探求にもなるエコゾフィー的探求とかかわる既存の地質諸学を介して、メディアの寄る辺である大地が脱大地化されていることがみられる動的編成――にかかわるいくつかのケーススタディに限定してはっきりさせる試みを主張するものである。

地球とメディアのかかわりが見出される先が、地理学から地球物理学へと確かに変わっている。だからピンチョンの最新作『ブリーディング・エッジ』（二〇一三）では、未来のメディアの光景は永久凍土層の上に広がっているのだ。北方の気候（もしくは、サーバファーム用の企業向け建物として使える産業時代の面影を残す廃棄製紙工場のある川辺）は自然の冷却システムであり、放熱するサーバとデータストレージにとって申し分ない。データプロセッシングにはエネルギーが必要で、その際には当然熱が発散される。データにはデータのエコロジーが必要なのだ。それはメタファとしてのテクノエコロジーであるだけでなく、気候や大地、環境を循環するエネルギーにデータが依存することをはっきり示すエコロジーでもある。データは地質学とエネルギー需要の両方を通して環境を食らう。おまけに、データにあてがわれるエコロジーは、注意深く管理されている。まるで自然の元素である空気と水と火（および冷却）と土が、データをめぐる環境的側面の一環として動員されているかのようだ。データマイニングとは、ソーシャルメディアのビッグデータ保管庫での「採掘《マイニング》」のようなメタファにのみかかわるものではない。

データのこのような自然にかかわる根本的《エレメンタル》な側面について、アンドリュー・ブルームの『インターネットを探して』におけるFacebookのデータセンターのマネージャーの発言は、素晴らしい要約となっている。「データセンターはクラウドとまったく無関係だ。冷却《コールド》とはおおいに関係があるがね」*73 このマネージャーはピンチョンの小説の登場人物が彷彿とさせるのと同じ世界を彷彿とさせる。クールで冷たいデータというのは、単なる言語的もしくは視覚的メタファではないのだ。データ管理棟内では——少なくともGoogleが公開した自社データサーバ施設《ファクトリー》のイメージ内では——[14]依然として生きながらえている優雅なモダニズムがあるにもかかわらず、である。この文脈ではクールさとはメディア理論的態度ではなく、データが脱出速度に達して地球を飛び出さないようにするメディア管理の問題なのである。

データには空気がいる。ブルームの説明でいけば「屋根のそばの可動ルーバーから冷たい外気をとりいれ、イオン交換水を噴霧する。そして冷えた空気をファンでデータセンターの床に吹きつけるのだ」。[*74] ファンがサイバーパンクのクールさ《クールネス》はレトリック表現から建物の空調がもたらす涼しさ《クールネス》へと一変する。データセンターのマネージャーは建物について次のように続ける。「このコンクリート床にぶつかった空気は左右に分かれる。そして建物全体がミシシッピ川みたいになる。大量の空気が流れ込んでくるが、動きはゆっくりなんだ」。[*75] エコロジーという論点は、空気から土壌そして認知されない作用にまで続いていることに気づくのが重要である。つまり、ハードウェアに関係する施設《ファクトリー》とかなり物理的なプロセス、そして物質レベルでのデータの取り扱い方について依然として話をしていることを忘れてはいけないということだ。データセンターのマネージャーが述べるように、「クラウドは建物なんだ。建物は工場《ファクトリー》のように働いてる。ビットがやってくると、処理してしかるべくまとめ、包装して送り出すのさ」。[*76]

ブルームの著作のようなジャーナリスティックな物語は、サイバーパンクの非物質性に対するオルタナティヴなレトリックを際立たせるのに有効である。サイバーパンクの非物質性という発想は、一九八〇年代から現代に至るまでしぶとく残り続けている。だが、今生じている地政学的転回では、データが物質的・法的な領土を備えていることと、情報にかんする地球物理学を語り得ることが念頭に置かれている。これは「メディア地質学」というハイブリッドな表現の使用を正当化してくれるもう一つの文脈だ。こうしたことは一九八〇年代と一九九〇年代のスチームパンクというサイバーパンクの美学の延長線上にある文学ジャンルとは違っているが、二十一世紀のための文字通りのスチームパンクを提供してくれる。どこか北のほう、できれば永久凍土層にあるデータセンターがデータクランチング[15]の熱を冷却する際に蒸気《スチーム》を漂わせている、というように。それは、北はクールなものをアフォードし南は安いもの(労働力)を供給するという、傍若無人新世の論理なのである。

## 章立て

本書の各章は地層そのものである。各章で取り上げられる諸テーマは層状に配列・凝縮されて、さまざまな種類の素材《マテリアル》——歴史的資料、理論、そして重要なのが現代のメディアアートのプロジェクトと実践への言及——を動員するダイナミックな装置《アパラトゥス》として互いに絡み合い支え合っている。

こうしたアプローチはメディアをめぐる物質の歴史と呼べるかもしれない。メディアに関係するさまざまな構成要素・鉱物・金属・化学物質などは、メディア史とメディア考古学にとって必須であると考えられるのだ。メディアテクノロジーは、さまざまな物質を使った実験の歴史として理解できる。ガラスプレートから化学物質、セレンからケイ素、コルタンから希土類鉱物、希硫酸からセラックシルク[16]、電信受信機に使用されたいろいろな鉱石、そして大西洋を横断する初期の有線通信のための絶縁用のグッタペルカにわたるまでが、メディアテクノロジーには使用されてきたのだ。以上については、マンフォードも近代的なテクノロジーの物質性の出現を分析するなかで記している。フーコーであれば「エピステーメー」と言うかもしれないテクノロジーのフェーズ自体が、物質とエネルギーを特定の経路で流通させ我有化し開発＝搾取する方法と相関関係《ファンクション》にある。

原技術期経済の風力と水力とを木材とガラスの使用に組合せ、旧技術期の石炭を鉄材に組合せたように、電気もそれに特有の素材、とりわけ新しい諸種の合金、希土類元素、軽金属を工業的にひろく使用するようになった。それとともに、電気は紙、ガラス、木材に代る一連の新しい合成化合物、すなわちセルロイド、エボナイト、ベークライト、合成樹脂などのような強靱性、電気抵抗、耐酸性、弾性などの特性をもつ合成物をまたつくり出す。*77

マンフォードにとって旧技術から新技術への移り変わりが示すものは、私が『メディア地質学』で目指すところに合わせて言うと、地球をメディアへと動員し地球をメディアとして動員するさまざまな方法の移り変わりに他ならない。軽さをアフォードする物質であるアルミニウムの利用が進み、速度と輸送の新たな形式が生まれた。希土類鉱物はデジタルメディアの時代に初めて発見されたわけではない。マンフォードは二十世紀のテクノロジー文化を理解するのに希土類鉱物は不可欠と見なしているのだ。そのなかでもタンタル、タングステン、トリウム、セリウム、イリジウム、マンガン、クロムはとりわけ外せない。*78 真の「横断的メディア」としても作用するのがこのリストに掲載された鉱物たちである、と付け加えることもできる。「横断的メディア」とは、電気で作動するガジェットとシステムから機械仕掛けのテクノロジーやデジタルメディアにまで、さまざまな意味で欠かせなくなっている有用な元素のことなのだ。

メディア史にかかわるのは、生産のための素材だけではない。メディア史とは有機物・無機物と物質の使用・誤用によって発生する廃棄物と関係する話でもある。メディア史は、コロニアリズムと資源への突撃によるグローバルな領土拡張の話にも関与する。鉱物から石油、ウランのようなエネルギー源といった非常に貴重な物質たちがターゲットであり、グローバルな規模で領土を地図化していくことがますます徹底されるようになっている。[79] 歴史的な実例に加え、今この瞬間も私たちは新たな地政学の突撃を体験しているのだ。軍と企業と科学が連携したオペレーションが北極地方、アフリカの危険地域、アフガニスタン、深海などで展開されて、深みに潜む石油資源と金属からウランまでのクリティカルマテリアルを探し求めている。[80] 物質とごみに加え、メディアはエネルギーを分配しエネルギーを通して機能する。トランジスタをベースとした情報テクノロジー文化については、ゲルマニウムとケイ素の物質的な特質と違いについて隅々までさまざまな目配りをして、それらに「混ぜ物をしない」状態だけでなく不純物を最適量混ぜ込んだ場合についても洞察を行き届かせなければ、考えることは不可能だろう。目下のメディア関連のオペレーションの――そして作動《オペレーション》中のメディアの――長大なネットワークにおいて、エネルギーは回路にとって不可欠である。そしてこの回路を舞台に、資源をめぐる地政学的競争が先端テクノロジーを求める地球物理学と出会う。[81] ゆえにメディアをめぐるアートと設計《デザイン》についてのプロジェクトの助けを借りて、メディア唯物論の別の素材《スタッフ》へと、すなわちエコゾフィーとジオソフィのパースペクティヴを展開できる金属と鉱物と化学物質へと焦点を転じるのだ。

本書ではこういった論点をメインの五つの章で取り上げる。この第1章では、次章以降の文脈と論点についての理論的導入を行った。第2章では深い時間に焦点を合わせよう。深い時間という概念は、ジークフリート・ツィーリンスキーによってメディアアートの古生物学と地質学を述べる際に効果的に用いられているが、オルタナティヴな深い時間が必要とされていることを私としては思い起こしてほしい。そのために、深い時間をより字義通りに取り上げて、鉱山と（脱）大地における、そしてそれらを通したメディア地質学を検討しよう。

第3章では、地球物理学的なメディア世界にかかわる具体的な美的概念を先例に倣って発展させていこう。そのために、心理地球物理学（psychogeophysics）――シチュアシオニストの心理地理学（psychogeography）の翻案――という観念を取り上げ、メディアテクノロジー世界をめぐるラディカルな美学を提示し、長大な持続〔という時間スケール〕と地球物理学的な動的編成における主観性と資本主義と地球の関係を地図化してみよう。焦点となるのは、ベルリンとロンドンを拠点とするマイクロリサーチラボのプロジェクトであるマーティン・ハウスのアースコンピューティングと、ケンプとジョーダンおよびハウスによるプロジェクト《結晶世界》である。これらは、試金分析とテクノロジーにかかわる動的編成を用いて、私たちのメディアシステムの一環としての〔基板や基質、基層や下層土といった複数の意味を担う〕サブストレート[17]を取り上げる、思弁的なメディアアートである。

メディアをめぐる多様な唯物論と時間性を論じるという目的意識が本書を貫いている。第4章ではこれらのテーマを非人間的な微粒子である塵埃《ダスト》を通して検討する。塵埃をレトリック装置としても作動させて、グローバル規模の労働と残留物にかんする唯物論が絡まり合った物質性を動員しよう。塵埃はつやつやのiPadの残留物として見出され、炭鉱労働者の肺から現代の情報テクノロジー工場で働く労働者の肺にまで付着する。石炭からアルミニウムにまでわたる残留物の考えを検討する際には、横小路－ハーウッド（YoHa、イギリス）のアートプロジェクトが良い事例となる。横小路－ハーウッドのアートプロジェクトは認知資本主義言説のオルタナティヴな面、すなわちデジタルメディア文化の決定因として存続するつらい仕事《ハードワーク》とハードウェアの世界を明るみに出す。

第5章では（メディア）化石を取り上げる。化石への特別な興味はこの惑星の歴史に対する古生物学的な洞察に確認できるだろう。だが、化石とは進行する資本主義についてのベンヤミンの分析と現代のアートプロジェクトに再浮上している表現でもある。こうしたアートプロジェクトとしては、例えばグレゴリー・シャトンスキーのアートとトレヴァー・パグレンの活動が挙げられる。パグレンは、テクノロジー化石という地球物理学的圏域を地球を周回する衛星がデッドメディアとなる軌道へと拡張している。深宇宙という論点は地質学的なアジェンダの一部となり、人新世の時間性についての思考へと発展する。

メインとなる五章と思索のためのおわりにに加えて、私たち[18]は補遺を付けることに決めた。この補遺は本書中のすべての論点の要となる。「ゾンビメディア――メディア考古学をサーキットベンディングしてアートの手法にする」と題したこの補遺は、アーティストで理論家のガーネットヘルツとの共著である。この補遺は、メディア考古学と電子廃棄物、ならびに、実践をベースに現代のテクノロジー文化へと介入する設計《デザイン》としてのサーキットベンディングとハードウェアハッキング、これらについて私とヘルツが共有する理論的な関心が端緒となっている。

本書のいたるところで私はアートのプロジェクトに触れるが、それはメインテーマを説明する方法としてだけでなく、その逆のためでもある。この本で取り上げるものごとや議論の多くを最初に探測し地図化したのは、アートの方法なのだ。私が言及するプロジェクトは、iMine（バルフ・ゴットリープ、オラシオ・ゴンサレス・ディエゲス、ココモヤ）、マイクロリサーチラボ・グループ、トレヴァー・パグレンのヴィジュアル・アートにケイティ・パターソン、アルミニウムと石炭を取り上げたYoHaの作品、リサイクリズムの提唱者のバンジャマン・ゴーロンらのようなガーネット・ヘルツ以外のハードウェアハッキングとサーキットベンディングの実践者たち、グレゴリー・シャトンスキーのインスタレーション、ジョナサン・ケンプとライアン・ジョーダンの作品、ジェイミー・アレンの作品、デイヴィット・ゴーティエによるメディアのインフラストラクチャーにかかわる地球の調査、などなどである。私は、こうしたたくさんのプロジェクトから着眼点やインスピレーションを得て、本書の多くの側面に取り組むことができた。それらのアートプロジェクトでは、地球物理学的な性質を備えた新しい唯物論の論点が明らかにされていたのだ。それらは、ソフトウェアへの熱狂には還元できない、さまざまな種類の物質性とオルタナティヴなデジタルメディアアート文化をめぐる論点を明らかにしていたのである。

**原註**

1 Sean Cubitt, *The Practice of Light: A Genealogy of Visual Technologies from Prints to Pixels* (Cambridge, Mass.: MIT Press, 2014), 2. 該当するキュビットの全文は以下の通り。「媒介作用《メディエーション》とは関係性の寄る辺、すなわち主体と客体に先行しそれらを構築する関係性である。社会や環境のような私たちの抽象概念の描写に物質の特殊性を与えるということと動作動詞であるということ、この両方の意味でメディアは問題＝物質《マター》である。媒介作用が物質《マター》として生じ、物質《マター》として動作することで知り経験できる世界が立ち上がり、感じることと感じられることのすべて、知ることと知られることのすべてが可能になる」。

2 ジェフリー・ウィンスロップ＝ヤングが適切に述べているように、「ドイツメディア理論」というのは第三者がつくった術語である。以下を参照。Winthrop-Young, "Krautrock, Heidegger, Bogeyman: Kittler in the Anglosphere," *Thesis Eleven* 107, no.1 (2011): 6–20.

3 Friedrich Kittler, *Discourse Network 1800/1900*, trans. Michael Metteer with Chris Cullens (Stanford, Calif.: Stanford University Press, 1990).〔フリードリヒ・キットラー『書き取りシステム1800・1900』大宮勘一郎・石田雄一訳、インスクリプト、二〇二一年〕

4 John Durham Peters, "Space Time and Communication Theory," *Canadian Journal of Communication* 28, no.4 (2003), http://www.cjc-online.ca/index.php/journal/article/view/1389/1467. 以下も参照。Sean Cubit, *Digital Aesthetics* (London: Sage, 1998). 最近刊行されたキュビットの著作『光のプラクティス』(*Practice of Light*) は、メディアになる光変調に特に焦点を合わせた極めて重要な一冊である。

5 Douglas Kahn, *Earth Sound Earth Signal: Energies and Earth Magnitude in the Arts* (Berkeley: University of California Press, 2013), 23. 以下も参照。Sean Cubit, "Current Screens," in *Imagery in the 21st Century*, ed. Oliver Grau with Thomas Veigl (Cambridge, Mass.: MIT Press, 2011), 21–35.

6 Klare, *Race for What's Left*, 152.

7 Robert Smithson, "A Sedimentation of the Mind: Earth Projects" (1968), in *Robert Smithson: The Collected Writings*, ed. Jack Flam (Berkeley: University of California Press, 1996), 101.

8 以下を参照。Kahn, *Earth Sound Earth Signal*.

9 当調査所の目下のミッションは次の通り。「［アメリカ地質調査所は］地球を詳しく知り理解するのに信頼できる科学的情報を提供することで、国民のみなさまに奉仕します。自然災害による生命と財産の損失を最小限にとどめます。水、生物、エネルギー、鉱物といった資源を大切にします。生活の質を高めお守りします」。http://www.usgs.fov/.

10 James Risen, "U.S. Identifies Vast Mineral Riches in Afghanistan," *New York Times*, June 13, 2010. アメリカ地質調査所小史として以下を参照。Mary C. Rabbitt, "The United States Geological Survey 1879–1989," U.S. Geological Survey Circular 1050, http://pubs.usgs.gov/circ/c1050/index.htm.

11 Siegfried Zielinski, *Deep Time of the Media*, trans. Gloria Custance (Cambridge, Mass.: MIT Press, 2006).

12 以下も参照。Timothy Morton, *Hyperobjects: Philosophy and Ecology after the End of the World* (Minneapolis: University of Minnesota Press, 2013).

13 メディア考古学については以下を参照。Erkki Huhtamo and Jussi Parikka, eds., *Media Archaeology: Approaches, Applications, and Implications* (Berkeley: University of California Press, 2011). Jussi Parikka, *What Is Media Archaeology?* (Cambridge: Polity, 2012). 他にも、ベルンハルト・ジーゲルトのような研究者たちが開拓した文化技法のアプローチでは、知と言説の操作詞というテクノロジーにかかわるメディア分析に注意を向けるよう促されている。Siegert, "Cultural Techniques: Or the End of the Intellectual Post War Era in German Media Theory," trans. Geoffrey-Winthrop Young, *Theory, Culture, and Society* 30, no.6 (2013): 50.〔ベルンハルト・ジーゲルト「文化技術論——ドイツ・メディア理論における学問上の戦後期の終焉」寺田雄介訳、縄田雄二編『モノと媒体の人文学——現代ドイツの文化学』、岩波書店、二〇二二年、九–十頁〕

14 Wolfgang Ernst, "From Media History to Zeitkritik," trans. Guido Schenkel, *Theory, Culture, and Society* 30, no.6 (2013): 134–35.

15 Wolfgang Ernst, *Digital Memory and the Archive*, ed. Jussi Parikka (Minneapolis: University of Minnesota Press, 2013), 71.

16 キットラーによれば、アリストテレスよりこのかた「メディア」は存在論的には無視されてきた。アリストテレスにとってメディアは存在論の圏域（事物のための圏域）には含まれないので、「メディウム」は除外されたのだ。〔物理的なメディウムである〕*tò metaxú*は「アリストテレスの感覚的知覚論（アイステーシス（*aisthesis*））へと追いやられる」。Friedrich Kittler, "Toward an Ontology of Media," *Theory, Culture, and Society* 26, nos. 2–3 (2009): 24.

17 Trevor Paglen, "The Last Pictures," *Journal of Visual Culture* 12, no.3 (2013): 508–14.

18 Kahn, *Earth Sound Earth Signal*, 107, 146.

19 Friedrich Kittler, "Lightning and Series—Event and Thunder," *Theory, Culture, and Society* 23, nos. 7–8 (2006): 69.

20 「電子音楽スタジオはもういらないな。すでに頭のなかにあるからね」とオリヴェロスは述べている。Kahn, *Earth Sound Earth Signal*, 175.

21 Elizabeth Grosz, Chaos, *Territory, Art: Deleuze and the Framing of the Earth* (New York: University of Columbia Press, 2008).〔エリザベス・グロス『カオス・芸術・領土——ドゥルーズと大地のフレーミング』小倉拓也・佐古仁志・瀧本裕

美子訳、法政大学出版局、二〇二〇年〕

22 Kahn, *Earth Sound Earth Signal*, 177.

23 Theodore Ziolkowski, *German Romanticism and Its Institutions* (Princeton, N.J.: Princeton University Press, 1990), 28–29.

24 Fortey, as quoted in Ian W. D, Dalel, "Vestiges of a Beginning and the Prospect of an End," in *James Hutton—Present and Future*, ed. G.Y. Craig and J.H. Hull (London: Geological Society Special Publications, 1999), 150.

25 Dalel, "Vestiges of a Beginning," 122–23.

26 John Shimkus, "Mining Helium-3 Will Transform the Dark Side of the Moon," May 9, 2011, http://www.energydigital.com/global_mining/mining-helium-3-will-transform-dark-side-of-the-moon.

27 "Russia will begin Moon colonization in 2030—a draft space program," May 9, 2013, http://rt.com/news/157800-russia-moon-colonization-plan/.

28 Cubitt, *Digital Aesthetics*, 45–49.

29 Bruce Clarke, "Gaia Matters," *Electronic Book Review*, November 30, 2006, http://www.electronicbookreview.com/thread/criticalecologies/looped.

30 Martin Heidegger, *The Question Concerning Technology and Other Essays*, trans. William Lovitt (New York: Garland, 1977), 17.〔マルティン・ハイデッガー『技術への問い』関口浩訳、平凡社、二〇〇九年、二七頁〕

31 Samih Al Rawashdeh and Bassam Saleh et Mufeed Hamazah, "The Use of Remote Sensing Technology in Geological Investigation and Mineral Detection in El Azraq-Jordan," *Cybergeo-European Journal of Geography*, October 23, 2006, http://cybergeo.revues.org/2856.

32 Eyal Weizman, Heather, Davis, and Etienne Turpin, "Matters of Calculation: Eyal Weizman in Conversation with Heather, Davis and Etienne Turpin," in *Architecture in the Anthropocene: Encounters among Design, Deep Time, Science and Philosophy*, ed. Etienne Turpin (Ann Arbor, Mich.: Open Humanities Press, 2013), 64.

33 以下を参照。Edwards, *Vast Machine*.

34 Kahn, *Earth Sound Earth Signal*, 157.

35 キットラーにとって、フォノグラフと録音技術メディア一般はラカンの現実界へと参入する。Kittler, *Gramophone, Film,*

*Typewriter*, trans. Geoffrey Winthrop-Young and Michael Wutz (Stanford, Calif.: Stanford University Press, 1999).〔フリードリヒ・キットラー『グラモフォン・フィルム・タイプライター』石光泰夫・石光輝子訳、ちくま学芸文庫、二〇〇六年〕

36 自然文化の概念を案出するにあたって、ダナ・ハラウェイはエスノグラファーであるマリリン・ストラザーンの研究を下敷きにしている。この概念は、ミクロ実践・インターフェース・関係性にまたがり、種を横断するつながりを強調することと共鳴する。「マリリン・ストラザーンは、パプアニューギニアの歴史と政治を数十年にわたって研究した経験と、英国における血縁重視の習慣を調査した経験をもとに、「自然」と「文化」を両極端なものと考えたり普遍的なカテゴリーと捉えたりすることがどうして馬鹿げているのかを、私たちに教えてくれた。ストラザーンは、親族関係カテゴリーのエスノグラファーとして、自然と文化を別の位相で考える方法を示してくれたのである。わたしたちは、二項対立のかわりに、現代の幾何学者の熱い頭脳が相対論を描くあのスケッチ帳をまるごと手に入れるのだ。ストラザーンは「部分的な繋がり」、つまり、プレーヤーが全体でも一部でもないようなパターンから思考する。わたしはこれをかけがえのない他者性の諸関係と呼びたい。ストラザーンは自然文化のエスノグラファーだと、私は考えている。彼女を異種間対話のために犬小屋にお招きしても、嫌がりはしないだろう」。Donna Haraway, *The Companion Species Manifesto: Dogs, People, and Significant Otherness* (Chicago: Prickly Paradigm Press, 2003), 9.〔ダナ・ハラウェイ『伴侶種宣言——犬と人の「重要な他者性」』永野文香訳、以文社、二〇一三年、一六頁)〕。メディア自然の概念については以下を参照。Jussi Parikka, "Media Zoology and Waste Management: Animal Energies and Medianatures," *Necsus-European Journal of Media Sutdies*, no. 4 (2013), http://www.necsus-ejms.org/.

37 Haraway, *Companion Species Manifesto*, 12.〔ハラウェイ『伴侶種宣言』、二一頁〕

38 Rick Dolphijn and Iris van der Tuin, *New Materialism: Interviews and Cartographies* (Ann Arbor, Mich.: Open Humanities Press, 2012), 90.「テクノロジー的なものを定義すると、自然と文化の境界が活性化する」と、スコット・マクワイアを引用して論じることももちろん可能である。McQuire, "Technology," *Theory, Culture, and Society* 23, nos. 2–3 (2006): 252. 同時にテクノロジーは自然と文化の境界が交わるところを土台としている。

39 Sean Cubitt, interviewed by Simon Mills, *Framed*, http://www.ada.net.nz/library/framed-sean-cubitt/.

40 Colin Dickey, "Review of Why Hell Stinks of Sulfur: Mythology and Geology of the Underworld," *Los Angeles Review of Books*, July 14, 2013, https://lareviewofbooks.org/.

41 Rosalind Williams, *Notes on the Underground: Essays on Technology, Society, and the Imagination*, new ed. (Cambridge, Mass.: MIT Press, 2008).〔ロザリンド・ウィリアムズ『地下世界——イメージの変容・表象・寓意』市場泰男訳、平凡社、一九九二年〕

42 タルドの短編小説の原題は『未来史断章』(*Fragment d'historire future*)であり、一九〇四年に出版された。

43 Williams, *Notes on the Underground*, 81.〔ウィリアムズ『地下世界』、一一九頁〕

44 Lewis Mumford, *Technics and Civilization* (1934; reprint, Chicago: University of Chicago Press), 228–29.〔ルイス・マンフォード『技術と文明』生田勉訳、美術出版社、一九七二年、二八一―二八三頁〕

45 Paul J. Crutzen, "Geology of Mankind: Then Anthropocene," *Nature* 415, no. 3 (2002): 23.

46 国際層序委員会は二〇一六年までにこの呼称を公式に認める決定をすべきである。

47 人新世に「傍若無人さ」を加味することで、この術語に倫理的な性格が付与されて、企業と国民国家が仕事と天然資源を組織ぐるみで開発=搾取する際に果たす役割が強調される。傍若無人新世は工学的・科学的・立法的といった手段により遂行される。だが、傍若無人新世には、ジャン・ボードリヤールが距離を隔てた眺めを-妨げること(ob-scene)として書く、存在論的移行への含みも潜んでいる。ボードリヤールとのかかわりによってこの概念が駆動されているわけではないとしても、〔この概念には〕資源としての自然を産出する、隠そうともしない傍若無人さと開発=搾取の視覚性の要素はある。ボードリヤールについては以下を参照。Paul Taylor, "Baudrillard's Resistance to the Ob-Scene as the Mis-en-Scene (Or Refusing to Think Like a Lap-Dancer's Client)," *International Journal of Baudrillard Studies* 5, no. 2 (2008), http://www.ubishops.ca/baudrillardstudies/vol-5_2/v5-2-taylor.html. しかしながら、『メディア地質学』だと、この爆縮は物質的に距離を隔てた眺めを-妨げること(ob-scene)の水準で生じる。つまりは、非物質性の神話により、工学による極めて重要な資源の枯渇、エネルギー危機、メディア自然の回路の一部として企業が地球を動員することが支えられるということだ。ポルノ的なものは、自然-生態を企業の資源と見なしその分子強度までも剥き出しにするやり方に、まずははっきり現れる。傍若無人さは、開発=搾取の方式と認識論的な枠組みの両方にわたっているのだ。一方で私が強調したいのは、地球とのつながりをノスタルジックに切望することは、神話的もしくはハイデガー的な意味においてではなく、むしろそれらとは異なる、経済と社会と環境にかかわる工学と生産の圏域を横断するエコゾフィー的関係という意味においてのみ可能である、ということである。

48 Will Steffen, Paul J. Crutzen, and John R. McNeill, “The Anthropocene: Are Humans Now Overwhelming the Great Forces of Nature?,” *Ambio* 36, no. 8 (2007): 615.

49 以下をみよ。Mumford, *Technics and Civilization*, 232–33.〔マンフォード『技術と文明』、二八六頁〕

50 Steffen et al., “The Anthropocene,” 616.

51 Crutzen, “Geology of Mankind,” 23.

52 John McNeill, *Something New under the Sun: An Environmental History of the Twentieth-Century World* (New York: W. W. Norton, 2000), 52.

53 Steffen et al., “The Anthropocene,” 616.

54 McNeill, *Something New under the Sun.*

55 Dipesh Chakrabarty, “The Climate of History: Four Theses,” *Critical Inquiry* 35 (Winter 2009): 206–7.

56 Ibid., 219.

57 物質の強度と意味付与の構造が絡み合った「混合記号論」に沿ってフェリックス・ガタリがこの術語を使用し、導入する仕方に従う。詳細は以下を参照。Gary Genosko, *Félix Guattari: An Aberrant Introduction* (London: Continuum, 2002), 169–71.

58 危機は未来を先取りできる時間の枠組みを要求し、未来を変化させさえする。つまり、例えば気候変動をモデル化することは、私たちが気候変動をめぐる予言を真剣に受け止めればそれらが現実になるのを押しとどめることができるかもしれないという希望を土台としている。ウェンディ・ホイ・キョン・チュンの議論をパラフレーズすれば以上のようになる。Chun, “Crisis, Crisis, Crisis or Sovereignty and Networks,” *Theory, Culture, and Society* 28, no. 6 (2011): 107.

59 以下を参照。Mieke Bal, *Travelling Concepts in the Humanities* (Toronto: Toronto University Press, 2002).

60 以下を参照。Rosi Braidotti, *The Posthuman* (Cambridge: Polity, 2013).〔ロージ・ブライドッティ『ポストヒューマン』門林岳史監訳、フィルムアート社、二〇一九年〕

61 Gilles Deleuze and Félix Guattari, *A Thousand Plateaus*, trans., Brian Massumi (Minneapolis: University of Minnesota Press, 1987)〔ジル・ドゥルーズ＋フェリックス・ガタリ『千のプラトー（上）』宇野邦一ほか訳、二〇一〇年、河出文庫〕の特に第3章をみよ。Eric Alliez, *The Signature of the World: What is Deleuze and Guattari's Philosophy?*, trans. Eliot Ross

Albert and Alberto Toscano (New York: Continuum, 2004), 25.

62 Gilles Deleuze and Félix Guattari, *What Is Philosophy?*, trans. Hugh Tomlinson and Graham Burchell (London: Verso, 2009), 85.〔ジル・ドゥルーズ＋フェリックス・ガタリ『哲学とは何か』財津理訳、河出書房新社、一九九七年、一三三頁〕

63 以下を参照。Matthew Fuller, *Media Ecologies: Materialist Energies in Art and Technoculture* (Cambridge, Mass.: MIT Press, 2005). 以下も参照。Michael Goddard and Jussi Parikka, eds., "Unnatural Ecologies," special issue, *Fiberculture*, no. 17 (2011), http://seventeen.fibreculturejounal.org/.

64 Asko Nivala, "The Chemical Age: Presenting History with Metaphors," in *They Do Things Differently There: Essays on Cultural History*, ed. Bruce Johnson and Harri Kiiskinen (Turku: Turku, 2011), 81–108.

65 Theodore Ziolkowski, *German Romanticism and Its Institutions* (Princeton, N.J.: Princeton University Press, 1990). 採掘について書かれたこの本の第2章を見よ。

66 Ben Woodard, *On an Undergrounded Earth: Towards a New Geophilosophy* (New York: Punctum Books, 2013). Iain Hamilton Grant, *Philosophies of Nature after Schelling* (London: Continuum, 2006). Reza Negarestani, "Undercover Softness: An Introduction to the Architecture and Politics of Decay," *COLLAPSE VI: Geo/Philosophy*, January 2010, 382.

67 Iain Hamilton Grant, "Mining Conditions," in *The Speculative Turn: Continental Materialism and Realism*, ed. Levi Bryant, Nick Srnicek, and Graham Harman (Melbourne: re.press, 2010), 44.

68 この脱大地化とそれを構成する掘り暴きは、レザ・ネガレスタニによっても取り上げられている。「考古学者、狂信者、蠕虫、地べたを這いずり回るものが掘り暴きという行為をほぼ常に引き受けるとしたら、掘り暴きが脱大地化、すなわち、全体のトポロジーに従ってもしくはメレオトポロジー的水準で作動する表層の力を失効させることだからである。掘り暴きの際には、表層の分布は徹底的に浸食されて、表層と関連する運動はがたがたになる。表層として端であったところはもはや外縁部ではなくなり、かつての表層たちがその他の表層たちに続いて姿をみせ、地層のレイヤーは入れ替わり穴が空き、外縁部と最後の砦である表層がまさに侵入の案内役となる。掘り返しは、虫食い的活動によって固体部分に導入された崩壊とトラウマとして定義される。それは固体性の大部分をトラウマの総体に取り替えることなのだ。掘り出し——熱いときもあれば冷たいときもある墓の表面に傷跡を残すこと——にみられるように、掘り暴きは表層を互いを通して増殖させる。掘り暴きは建造物を過剰な創傷化のプロセスへと変性させる、すなわち固体の組織と膜と表層を繊維へと変性させる」。Negarestani, *Cyclonopedia: Complicity with Anonymous Materials* (Melbourne: re.press, 2008), 51–52. ウッダードからグラント、ネガレスタニまでの地球哲学者によるこのような説明との関連で、メディアの深い時間と変異学というツィーリンスキーの方法論を拡張・発展させるのも面白いだろう。

69 Jane Bennett, *Vibrant Matter: A Political Ecology of Things* (Durham,N.C.: Duke University Press, 2010). Manuel Delanda, *Deleuze: History and Science* (New York: Atropos Press, 2010). Dolphjin and vander Tuin, *New Materialism.*

70 Deleuze and Guattari, *A Thousand Plateaus*, 372.〔ジル・ドゥルーズ＋フェリックス・ガタリ『千のプラトー（下）』宇野邦一ほか訳、二〇一〇年、河出文庫、五四頁〕。「もろもろの特異性が非常に多くの「偶発事件」（アクシデント）のように振りまかれるベクトル場における流れに随行することを本質とする、移動的・巡行的な科学が存在する」。

71 Bennett, *Vibrant Matter*, 58–60.

71 Ibid., 60.

73 Andrew Blum, *Tubes: A Journey to the Center of the Internet* (New York: HarperCollins, 2012), 258.〔アンドリュー・ブルーム『インターネットを探して』金子浩訳、早川書房、二〇一三年、二八五頁〕

74 Ibid., 260.〔同上、二八七頁〕

75 Ibid.〔同上、二八七頁〕

76 Ibid., 259.〔同上、二八六–二八七頁（工場のルビは訳者が振った）〕

77 Mumford, *Technics and Civilization*, 229.〔マンフォード『技術と文明』、二八三頁〕

78 Ibid., 231.

79 アートやキュレーションによる地図化も増加している。インケ・アルンスによるキュレーションで、ドルトムントのHKMVで開催された「オイル・ショウ」展（二〇一一年十一月二十一日–二〇一二年二月十九日）が良い例である。以下も参照。Mumford, *Technics and Civilization*, 232–33.〔マンフォード『技術と文明』、二八五–二八七頁〕

80 ジャーナリスティックな観点から資源と地政学の問題を巧みに地図化した文献として、以下を参照。Klare, *Race for What's Left.*

81 ショーン・キュビットが企画した『エコメディエーションズ』（*Ecomediations*）で、これらの問題の詳細が検討される予定である。以下も参照。Sean Cubitt, "Electric Light and Energy," *Theory, Culture, and Society* 30, nos. 7–8 (2013): 309–23.

## 訳註

1 トマス・ピンチョン『ブリーディング・エッジ』佐藤良明・栩木玲子訳、新潮社、二〇二一年、四四六頁。

2 technical media／technological media。機械的な部分を備えたメディアのこと。エルキ・フータモ『メディア考古学――過去・現在・未来の対話のために』(太田純貴編訳、NTT出版、二〇一五年)の「技術メディア」についての編訳者註(三〇二頁)も参照。

3 原文ではleversとなっているが、著者に確認しlevelsとして訳出した。

4 供給リスクが高く、産業・経済にとって重要度の高い資源。

5 extensions of Man。マクルーハンの著作*Understanding Media: The Extensions of Man*〔マクルーハン『メディア論――人間拡張の諸相』栗原裕・河本仲聖訳、みすず書房、一九八七年〕を下敷きとした表現。

6 imaginary。精神分析家のジャック・ラカンの「想像界」(l'imaginaire)を下敷きにしている。本書ではルビを振ることで、imaginationやimagineとの区別を明確にする。

7 エルンストによる定義は、例えば以下の通りである。「〈メディアアルケオグラフィ〉(*media archaeography*)という術語は、人間が生み出したテキスト的な産物ではなく、むしろ機械自体の表現、すなわち機械のまさにメディア的論理にかかわる機能を記述する様態を表す」。Wolfgang Ernst, "Media Arcaheography: Method and Machine versus History and Narrative of Media," in *Media Archaeology: Approaches, Applications, and Implications* eds. Erkki Huhtamo and Jussi Parikka (Berkeley: University of California Press, 2011), 242.

8 タイムクリティカル(time critical)および時間性=時間的現実(temporeality)にかんしては、パリッカはエルンストの議論を踏まえていることは、本書で指摘されているとおりである。エルンストによるタイムクリティカルと時間性=時間的現実、および両者の関係については、例えばエルンストの『時間詩学』(*Chronopoetics*)の訳者であるアンソニー・エンスが、序文で以下の五点として整理している。
「タイムクリティカルなメディアとは、時間が決定的な役割を果たすテクノロジーである(クロノフォトグラフィと写真から始まり、電送メディアとデジタルコンピューティングの進展により促進される)」
「タイムクリティカルなメディアは(タイム・ベーストメディアのように)時間軸にのみかかわるのではなく、時間軸を操縦することも可能である」

「タイムクリティカルなメディアは時間を測定し記録する新たな方法を導入して、独自の独特な時間性＝時間的現実(tempore(a)lity)を創造する」

「タイムクリティカルなメディアの時間性＝時間的現実は人間的時間にかかわる抽象的な考えを掻き乱して、人間文化の時間から技術メディアの時間を切り離す」

「タイムクリティカルなメディアの時間性＝時間的現実は、それ独自の操作的《オペラティヴ》なレベルに応じて、文化(記号論)的記号と対立する技術(時間)的記号の分析を経由することで、初めて理解できる。換言すれば、タイムクリティカルなメディアの研究は、必然的に内容は無視して時間の処理に焦点を合わせることになる」

Anthony Enns, "Forward: Media History versus Media Archeology," in Wolfgang Ernst, *Chronopoetics*, trans. by Anthony Enns (Roman & Littlefield, 2016), xx. 第3章の原註44も参照。

9 キットラーを指す。

10 パトリック・ゲデスを踏まえつつ、マンフォードは、「原技術期」「旧技術期」「新技術期」に区分して、機械をめぐる体系や文明の発展を検討する。マンフォードによれば「動力の性質と材料の特徴から言えば、「原技術期」は水力＝木材の複合体であり、「旧技術期」は石炭＝鉄の複合体であり、「新技術期」は電気＝合金の複合体である」。ルイス・マンフォード『技術と文明』生田勉訳、美術出版社、一九七二年、一四四頁。

11 Assemblageの訳語。「動的編成」という訳語は、杉村昌昭による。フェリックス・ガタリ『三つのエコロジー』の訳者あとがきを参照。杉村昌昭「訳者あとがき」、フェリックス・ガタリ『三つのエコロジー』杉村昌昭訳、平凡社、一六六頁。杉村によるガタリの用語解説は、本書の読解にも有益である。また本書の訳者解説も参照。

12 原文ではboardだが、著者に確認しcontextとして訳出した。

13 「文化技法／文化技術」は、メディア論やメディア考古学関連の議論で、近年盛んに取り上げられている。川島建太郎はベルンハルト・ジーゲルトの「文化技術論――ドイツ・メディア理論における学問上の戦後期の終焉」の解題で次のように述べる。「文化技術論とはつまり、キットラーが論じたような伝達し、記憶保存し、情報処理するメディア・テクノロジーに先立ちつつ、それらによって無意識のうち「つねにすでに」前提とされている技術や操作を思考しようとするものである」(川島建太郎「ベルンハルト・ジーゲルト「文化技術論」解題」、縄田雄二編『モノと媒体の人文学』、岩波書店、二〇二二年、六頁)。一方、ジェフリー・ウィンスロップ＝ヤングは、文化技法は多層的な概念であり、一義的にもしくは簡潔に説明するのは困難であることを指摘している（Geoffrey Winthrop-Young, "Cultural Techniques: Preliminary Remarks," *Theory, Culture, and Society* 30, no. 6 (2013): 3–19.）。この点を踏まえたうえで、文化技法の議論に目配りしてみれば、例えば、ジュビレ・クレーマーとホルスト・ブレーデカンプは以下のように包括的に述べている。「文化技法とは、五感を通して達成される知性の成果と、思考プロセスを外在化し操作可能とすることを促進している。認知は、どのような不可視の領域にも閉じ込められたままではない。別の見地からすれば、知性と精神は、さらに歩を進めて、分配的でありそれゆえに集団的である現象のたぐいになっている。この現象を決定するのは、事物と象徴的・技術的人工物と人間の実地的な触れ合いである」(Sybille Krämer and Horst Bredekamp, "Culture, Technology, Cultural Techniques—Moving Beyond Text," *Theory, Culture, and Society* 30, no. 6 (2013): 26–27.)。このクレーマー‐ブレーデカンプの議論を足場に、パリッカは文化技法を物質と科学とテクノロジーにかかわる操作へと援用を試みている（Parikka, "Cultural Techniques of Cognitive Captialism," *Cultural Studies Review* 20, no. 1 (2014): 30–52）。*Theory, Culture, and Society* 30, no. 6 (2013) は、文化技法特集号であり、編者は、ウィンスロップ＝ヤングとイリンカ・イューラスキュー、およびパリッカである。

14 マクルーハンのメディアにかんする「ホット／クール」概念が下敷きになっている。マクルーハンは情報量の多寡や精度によって、メディアを区分する。ホットなメディアは高精細度のデータが満ちているとされ、例としてはラジオが挙げられる。情報量が乏しいクールなメディアの例としては、電話が挙げられている。マーシャル・マクルーハン『メディア論』栗原裕・河本仲聖訳、みすず書房、一九八七年、二三―三四頁。

15 生データを有意味な情報や一定のフォーマットへ変換する作業のこと。

16 絶縁加工した絹糸のことか。

17 サブストレート（substrate）は化学反応にかかわる物質でもある。ゆえに広範囲な物質をめぐる体制と関連する。特に第3章では、substrate概念の複数の意味が圧縮されて使用されている。

18 パリッカと出版社を指す。

第 2 章

# オルタナティヴなメディアの深い時間

人間は地中奥深くまで手を伸ばして富を掘り出し、それが私たちの諸悪の源となった。

——オウィディウス『変身物語』[1]

# 水面下の雲

人新世と電子廃棄物にかんする議論では、メディア文化のインフラストラクチャーをめぐる地球物理学的な争点が不可欠だと強調される。近年ではクラウド《雲》と、クラウドによってハードウェアは消失しデータの要は非物質的になるだろうという点がしばしば焦点となってきた。一方で、セブ・フランクリンが論じるように、テクノロジーの物質性と概念の非物質性というダブルバインドを検討する新たな政治的語彙を発展させよという要求が、クラウドには付いて回る。[*1] クラウドをめぐる論点は、ソフトウェア文化とそれがサービス産業の一部門へと飲み込まれて消失してしまうことにまで及ぶ。[*2] このとき、ハードウェアの重要性が新たな方法で誇示される。だが、さまざまな種類のタブレットやスマートフォンへの資本投下が示すように、このときのハードウェアの重要性とは魅力的なモバイル機器というサービスの容器であることに限定されているようだ。クラウドという論点は移動と非物質性にかんする言説の流通を促す、すなわち、無線信号の弱さや物理的障害により実際のユーザエクスペリエンスでは避けられない切断〔という問題〕を解決してくれる、想像的《イマジナリー》なものと夢にかんする言説の流通を促す。二〇一三年には、こうしたこととはまったく別の角度から地政学とかかわるインターネットの物理的性質が強調された。NSAの極秘監視プログラムPRISMの存在がすっぽ抜かれて、データセンターと地政学的要素について監視活動を行う施設の孤立した姿《イメージ》を世界は目の当たりにしたのだ。それらは物言わぬ一枚岩《モノリス》的建物であり、トレヴァー・パグレンによって撮影されて『タイム』誌〔二〇一三年十二月二十三日〕[2]にも掲載されている。

だが、エドワード・スノーデンの告発後には、一見ランダムで脈絡のない場所たちも浮かび上がってきた。そうした場所の一つがブラジルである。アメリカの諜報機関の監視オペレーションの地図上でブラジルが外せない理由とは？　ブラジルにかんしてなにがそこまで興味深かったのだろう？　理由はすぐに明らかになった。ブラジルは海底ケーブルにかかわっていたのだ。アメリカの恐怖を体現するポスト9・11世界のパラノイアじみた監視メカニズムでは、ネットワークのための物理的に広範囲にわたるインフラ配置も圧巻である。主要な海底ケーブルの一つであるAtlantis-2は南米をヨーロッパとアフリカと結び[*3]、詩的に言えばデータが浜辺に打ち上げられたときの深刻な通信障害に備えている。私たちは、地下と水面下の現実＝実在を検討すべきである。水面下の現実＝実在は、十九世紀半ばに敷設された大西洋横断海底ケーブルから大きく異なっているわけではない。当時の水面下のメディアを先導していたのは相互連結性の熱狂であった。今ではそれは中断〔の阻止〕に向けられる機密的な情熱となっている。メディアのインフラストラクチャーとしての大地と脱大地と地下が、見えるものと見えないものを左右する。大地の下には、現代性を支えるために地下に潜んで作動するインフラストラクチャーがある。すなわち遠距離通信用ケーブルであり、下水道設備に地下鉄に電力供給設備《エレクトリシティ》である。パリの地下道は旅行者向けのアトラクションにさえなった[*4]。十九世紀の都市化とは地下へと赴くことの謂であったが、二十一世紀は天上へと向かうかのようだ。だが、雲《クラウド》は領土としての陸と海から、そして地政学的なものから生まれてくる。[*5] 地球は資源と伝達、この両方の点でメディアの一部である。地球は電気を伝導するので、文字通りの意味でもメディアアートとサウンドアートの電気回路の特別な一部となるのだ。[*6] それは軍事的「インフラストラクチャー」の一部にまで及ぶ、競争にさらされた政治的な地球である。地球は政治的な争点を隠しており、軍事戦略・策略の一部として形成されるのだ。

本章では深い時間についての探究を通して地下を検討する。深い時間は地質学的な概念であるだけでなく、ドイツ人のメディア(アナーキー)考古学者であり変異学《ヴァリアントロジー》者であるジークフリート・ツィーリンスキーによって、メディアアートの議論にも援用されてきた。しかしながら、メディアの物質性という文脈では、次のように問う必要がある。すなわち、メディア地質学と深い時間の地球物理学的な側面をより強調する必要があるのではないだろうか？　地下へ行き、水中に潜り、海底ケーブルと地下ケーブルを掘り出して、メディアの物質性のさらなる隠れた深みを理解する必要があるのではないだろうか？

## そして地球は叫び、生きていた

メディア世界の案内役が予想通りの人――シリコンヴァレーの起業家や伝道者、経営大学院の学者といった、クラウドソーシングによる途切れることのないネットワーク圏域のクラウド化についていきたい人々――でなかったら？　案内役がチャレンジャー教授という、アーサー・コナン・ドイルの短編小説『地球の叫び』(一九二八)に登場するキャラクターだったら? 『リバティ』誌に掲載されたこの短編小説は、マッドサイエンティストの世界に対する一風変わった洞察をする機会を与えてくれるし、当節のいわゆる「思弁的実在論」を思わせるところがある。チャレンジャー教授は、いかがわしくてちょっと頭がおかしいという不評が当人に先行していたが、彼が見抜いたものごとは、二人一組で著作を残したフランス人コンビのジル・ドゥルーズとフェリックス・ガタリのような後代の哲学者たちにより、幸いにも再び取り上げられた。チャレンジャー教授から受け継がれたのは、地球は生きていて、地殻は生気に満ちてうずうずしているという点である。だが、生ける地球という観念には、長きにわたる文化史もある。古代以来、生ける地球という観念は母なる大地という観念として存続しているし、十八、十九世紀に新たに興る採掘文化ではロマン主義哲学の一部として組み込まれるようになる。二十世紀にはガイア理論が出現し、異なる含みがこの惑星のホリスティックな生に付け加わるのである。

『地球の叫び』という地質学と地層の物語は、一通の手紙とともに始まる。日付のない手紙が、アルトワ式井戸の掘削専門家であるピアレス・ジョーンズ氏に届く。助力求むという内容だ。助力要請は特別不自然ではないが、差出人がマッドサイエンティストとして評判の、いささかかっとなりやすいチャレンジャー教授である。通常の作業ではないに決まっている。疑念と好奇心の冷めやらぬうちに、ジョーンズ氏の掘削専門家としての知見が必要なことがすぐさま判明する。イギリスはサセックス、ヘンギスト・ダウンの地にて、チャレンジャー教授は、なかなかどうして大っぴらにはできない掘削作業に従事しているのだ。だが、特殊なドリルが必要な仕事とはいったいどのようなものなのかということは、しばらくのあいだ不明のままである。どのような物質を掘削するのかということさえ、後になって初めて明かされる。それは、採掘作業で通常想定されるような物質ではない。掘削対象は白亜や粘土といった普通の地層というよりもゼリー状物質だったのだ。

　チャレンジャー教授は時間をかけて地殻をどんどん深く掘削していき、ついに到達した深みでは生きている動物のように脈打つレイヤーを発見した。地質学には収まりきらなくなったプロジェクトのために、チャレンジャー教授は助力を求めてジョーンズに連絡を取ったというわけだ。地球は生きていて、その生命力は実験的手法で証明できるということこそが、チャレンジャー教授のミッションの真の目的だったのである。チャレンジャー教授のミッションを衝き動かすのは、一般的に大地を穿つ際の目的である石油・石炭・銅・鉄鉱石・その他の貴重物を掘り採りたいという欲望ではなく、生ける地球の深みにかかわる新たな思弁的な見解を立証したいという欲望である。「黒っぽい白亜下層、コーヒー色のヘイスティングズ砂層、もっと明るい色のアッシュバーナム地層、黒い炭化粘土層、続いて電灯がきらめいて、交互に重なり縞状になった輝く石炭と環状粘土」[*7]のさきに発見されるのは、ハットンやライエルの古典的な地質学理論が語っていたのとは異なるレイヤーである。思いもよらず、非有機物でさえ生きているということが否定できなくなったかのようなのだ。「その鼓動は直接的ではなく、ゆるやかなさざ波かリズムが表面を渡ってゆくような感じだった」[*8]と、ジョーンズ氏は彼らが発見した深みの表層を描写している。「この表層は完全に均質ではなく、その下には、すりガラスを通して見るような感じで、ぼんやりした白っぽい部分や空胞が見え、それらが絶えず形や大きさを変えている」[*9]。深みにあるすべてのレイヤー、すなわち中心核と地層が震え、脈打ち、息づいていたのだ。そして、チャレンジャー教授はあまりにもやりすぎだ。彼は、そのゼリー状層を貫いて地球に叫び声を上げさせるのだ。それは文学上もっと

図3：ロマン主義から20世紀の産業化にまでみられるように、地下は詩的で工学的に設計されたテクノロジーの王国となった。鉱山は決して消えなかったし、先進テクノロジー文化においてさえ印象的な地質学的傷跡として存続している。リオ・ティントの子会社であるケネコット・ユタ・カッパー社が運営するユタ州のビンガムキャニオン銅山。Photograph by Spencer Musik.

も奇妙なレイプじみた光景の一つである。この科学的サディズムは、こだまとなって観客の耳に響くだけには止まらない。その音は「千個のサイレンを一度に鳴らしたようであり、そのけたたましさといったら群衆の聴覚を麻痺させるほどで、静かな夏の日の空気を震わせて、南海岸の全域はおろか海峡越しにフランスにまで響きわたった」。[*10]チャレンジャー教授が呼び集めた観客——教授の同輩と興味をもった世界中の人々のうち、招待された者だけ——が、こうしたすべてを観察し目撃したのであった。

「地球の体内」[*11]への興味関心は、活き活きとしたことば遣いで書かれてはいるが地球物理学の科学言説にのみ回帰するコナン・ドイルの小説に限定されはしなかった。チャレンジャー教授に先行する、十九世紀の小説の登場人物たちがいたのだ。

例えば、ノヴァーリスの小説『青い花』（第一部一八〇〇年／第二部一八〇二年）でハインリヒは、次のように問う。「ぼくたちの足下に別の世界があり、巨大な生命体として動いていることなど、ありうるのだろうか?」。[*12] 生きて脈打つ地球へと向けられた詩的な衝動が、石炭と鉱物と希少物質を目的に当の地球を切り開く。ジュール・ヴェルヌの『黒いダイヤモンド』(一八八七年。原題は『黒いインド』)では、枯渇したはずの炭鉱で新たな炭層が発見されて地下を丸ごと用いたコール・タウン〔石炭の町〕が建設される。[*13] 大衆小説以外では地球空洞説の命脈は途絶えてしまったかもしれないが、地下には人間がかかわる余地が無限にある——今や無限の資源もありそう——という考えは広まっていたのだ。[*14]

地球は資源になっていた。金属と鉱物は近代の工学・科学・技術メディアと密接に結びついていた。例えば、十九世紀以来の技術メディア文化にとって、銅の物質的特徴は決定的であり続けている。しかしながら、初期の銅山の多くは二十世紀初頭には枯渇してしまった。そのため、一国に止まらない範囲と深さの両方の観点から新たな要求が生じてくる。より深いところを採掘するために新しいドリルが求められたのだ。新たなドリルによる深部での採掘は、電線ケーブルとネットワークによって構築される文化において高まりゆく国際的な要求と計画的な——環境には負荷のかかる——使用に応じて、物質を供給するために必要であった。加えて、要求が増大し規模が国際化したことで、採掘から製錬までの銅ビジネスのカルテル化が起こった。[*15] チャレンジャー教授の狂気は、このような同時代の採掘文化の文脈におくと真っ当にみえてくる。こうした文脈に加えて、ラヴクラフトからフリッツ・ライバーまでの地下の恐怖にかんする想像的《イマジナリー》なものを考えてみたくもなる。ライバーは、自身よりもずっと年若で石油をめぐる生政治の書き手であるレザ・ネガレスタニの機先を制している。二人が強調するテーマは同じだ。すなわち、石油とは生きている地下の生活形〔3〕であるというテーマである。[*16] 水圧破砕法が引き起こす地球の叫びも無視すべきではない。フラッキングとも呼ばれる水圧破砕法は、エネルギー生産の地政学的バランスを変える可能性がある。それに加えて、フラッキングは地政学の言説ではしばしば無視されるもの、すなわち地球に土壌に地殻といった〈地球関連〉（*geos*）に狙いを定める。高圧水と化学物質を地下に注入することで、フラッキングの工程では岩のあいだからガスを無理やり噴出させ、地球を資源として強制的に拡張していく。岩は砕け、ベンゼンとホルムアルデヒドは広がり、地球という惑星は自らを曝け出すような状態へと仕立て上げられるというわけだ。ブレット・ニールソンのことばで言えば、フラッキングは、限界を突破して拡張するという資本主義的誇張法に完全に同調する。「始まりが地水火風といった自然のコモンズからであろうと、人間の協同によるネットワーク化されたコモンズからであろうと、フラッキングは利用できる過剰をつくり出す」。[*17]

現代のチャレンジャー教授が見つかるのは、小説においてだけではない。採掘作業に加え、旧ソ連のコラ半島超深度掘削坑のような科学ミッションも、チャレンジャー精神に違わぬ大言壮語的試みであった。掘削坑の深さは一万二千二百六十二メートルに及び、この深さの記録はしばらくのあいだ塗り替えられなかった。何年もかけて辛抱強くゆっくりと地殻を掘削して、地球物理学的現象の奇妙な現実、沸騰する水素ガスといった化学的な驚き、予想よりもはるかに深いところで岩石鉱物中に水がまさに存在することを、科学者たちは一九八〇年代に発見したのであった。[*18]

地球の内部で発見される一風変わった化学的・岩石的・金属的な実在が、金属の形而上学とデジタル装置に供給される。ならば、思弁的なスタンスだけでなく、経験的である物質にも立ち返ってもよいだろう。簡潔に言うと、現行の私たちのメディアテクノロジーをめぐる状況に直接関連する話として、二〇〇八年の統計に従うとメディアの物質性が非常に金属的であることは忘れてはならない。「全スズの三十六パーセント、コバルトの二十五パーセント、パラジウムの十五パーセント、銀の十五パーセント、金の九パーセント、銅の二パーセント、アルミニウムの一パーセント」[*19]が、毎年メディアテクノロジーに供給されている。極めて限定された物質のリスト（「木、レンガ、鉄、銅、金、銀、いくつかのプラスチック類」）[*20]に依拠していた二十世紀半ばまでの社会から、一枚のコンピュータチップでさえ「六十種の元素」[*21]からできているという事実へと、私たちは移行した。こうしたテクノロジーの金属・物質リストにはクリティカルマテリアルが含まれており、そのうちの希土類鉱物は関税をめぐるグローバルな政治論争と中国からの輸出規制、この両者についてますます中心的な位置を占めるようになっている。このようなリストは、化学処理に強く依存した広範囲にわたる露天掘りが引き起こす、環境破壊の議論にも関係している。はっきり言えば、実際に採掘される岩の銅含有量が一パーセント未満の恐れがある場合、[*22]より精錬したものをテクノロジー装置に使用するために、Cu〔銅の元素記号〕を引き出す化学処理が強く要求されるのである。

メディアをめぐる金属にかんする数字には仰天するかもしれないが、それは、コナン・ドイルとだけでなく地球の深い時間にかかわる現代のメディアアート言説とも結びつく、もう一つのテクノロジーの物質性を証明する。とりあえずは、チャレンジャー教授から、ドイツ人メディア研究者のジークフリート・ツィーリンスキー教授および、彼によって概念化されたメディアアート史の深い時間へと移行しよう。すぐ後で詳述するので手短に述べれば、ツィーリンスキーにとって深い時間というメタファは、一種のメディア考古学的身振りで、それは古生物学から借用された概念ではあるけれども、実際のところは、西洋と非西洋の文脈におけるアートと科学のコラボレーションの長期にわたる持続を理解するために繰り返される文句である。しかしながら、メディアテクノロジー言説において、そしてメディアアート史との関係においても、複数の深い時間を――深さと時間性の両方の観点から――もっと字義通りに理解して動員する必要があるという点を私は主張したい。チャレンジャー教授は生きているものとしての地質学的物質についての、たとえいささか胡乱でさえあっても、肝腎な点をここでは提供してくれる。つまりは、私たちの分野で通常使われるのとはまったく異なった時間スケールにかかわっているという観点からすると、この種のメディア史は思弁的なものであるという点だ。この点は非直線的な歴史のダイナミクスという観念から借用している。この観念について、遺伝子と言語と地質学の観点から極めて刺激的に地図化したのがマヌエル・デランダであった。だが、今回のケースでは、数千年単位だけでなく数百万年数十億年単位で地層化した非直線的なメディア史として、デランダよりもはるかに挑発的にこのアイディアにアプローチできる。[*23] メディア史は地球史と溶け合う。金属と化学物質という地質学的物質は地層から脱領土化されて、私たちの技術メディア文化を定義する機械のなかに再領土化されるのだ。

非有機的なプロセスへと生を拡張することは、ドゥルーズ＝ガタリの哲学に倣っている。生は変異と地層化の動的なパターンから成る。地層化とは地質学が死んだ物質どころかはるかに動的であるさまを示す、生きている二重分節である。こうしたことはドゥルーズ＝ガタリの『千のプラトー』への言及であることははっきりしている。『千のプラトー』では、こうした大胆な企てである哲学的な争点がすべてはっきり示されているのだ。地球の強度、つまり地球の動的で不安定な物質の流れは、地層へと閉じ込められる。このような閉じ込めと捕獲のプロセスが〈地層化〉と呼ばれ、分子状の非有機的生は「モル状の集合体」[24]へと組織される。

よって遠回りにはなるが、ドゥルーズ＝ガタリを経由して、次のようなちょっとした修辞疑問文を考えてみよう。メディアテクノロジーとデジタル文化の発掘の出発点として、ドゥルーズのかなり頻繁に引用されるテクストである「追伸――管理社会について」ではなく、ドゥルーズ＝ガタリのコンビによる地質学と地層化のテクストを取り上げたからといってどうだというのだろう？と。[25] これは本章の隠れたタスクである。このタスクをこなすために、資源の枯渇と鉱物と単なるハードウェアよりもはるかに厄介《ハード》な物質性をめぐって新たに出現した重大な言説を焦点としよう。ハードウェアについてのパースペクティヴは十分しっかり《ハード》しているとは限らない。そして、メディアをめぐる物質についての考えをより深い物質性とより深い時間へと十分に拡張したければ、テクノロジーとしてのメディアをめぐる動的編成と持続とに寄与する非メディア的な物質について語ることができなければならない。こうしたことは次の二つの点においてもっともはっきりする。一つ目は、メディアとハイテクが進展する下地となる新たな物質の調査設計、製造加工・標準化である。この点には化学史、製品開発、アルミニウム、現代性を特徴付ける合成物質が関連する。それらはコンピュータ文化の実に多くを可能にした材料科学《マテリアル・サイエンス》の研究と並走している。ケイ素とゲルマニウムは、化学的発見がコンピュータ文化にとって不可欠であることをはっきり示す例である。より最近の実例として、二十二ナノメーターという極小のトランジスタを取り上げてみよう。ケイ素なしで作動するこのトランジスタはインジウムとガリウムとヒ化物でできており、創造的なテクノロジーという言説が言説的魔術をかけるずっと前に、多くの科学が生じていることを例証する。「蒸着したインジウムとガリウムとヒ素の原子が反応して、トランジスタのチャネルになるInGaAsの極薄結晶を形成する」[*26]と、MITの研究プロジェクトは認めているのだ。この引用文は短いが、メディアがメディアになるはるか前に、メディアの物質性が始まることを十分に物語っている。二つ目は、もはやメディアではないメディアについて並行して議論できなければならないという点である。これはメディアの物質性のもう一方の極であり、そこではハイテクさは薄れて陳腐化によって定義されることが多くなる。[*27]コンピュータおよびエンターテインメントから軍事までの先端テクノロジー産業全般に欠かせない採掘される希土類鉱物がある。その一方で、消費市場をうっとりさせる輝きを放つようiPadケースを研磨することで残留物として放出される極小のアルミニウムの塵埃[*28]のような、製造加工のプロセスで生じる残りかすなどがあるというわけだ(第4章を参照)。

## 深い時間のエコロジー

ツィーリンスキーの〈深い時間〉(*Tiefenzeit*)とは、地質学的な時間という観念を道案内に、メディアアートとデジタル文化という人文科学的なトピックを考える試みである。深い時間はかなり重要な概念とされており、「聞くことと見ることの技術的手法についての深い時間」を探究する方法として用いられる。ツィーリンスキーのアプローチは、メディアの発展をめぐる目的論的な考えへの批判として始まる。

目的論的な考えでは、装置の物語には進歩が当たり前のものとして組み込まれて前提とされる。それは機械とデジタル文化の合理性に張り付く、もしくはこの合理性を声高に主張する寄生物のたぐいで、過去数十年のメディア研究と文化研究では当然相応の批判を受けてきた。以上については「神話形成」(mythopoesis)[*29]（この考えはイッポリタ（Ippolita）グループから借用しているが、異なる文脈で使用されている）と呼んでもいいかもしれない。批判的なパースペクティヴとしての神話形成は、政治闘争の場としてのテクノロジーについての物語を焦点とする。しかしながら、ツィーリンスキーのメディア考古学のアプローチ、そしてそれ以上にメディア〈アナーキー考古学〉のアプローチは、地質学的な時間に向かう。

ツィーリンスキーにとって地球の時間と地質学的持続〔の時間的スケール〕は、テクノロジーの変化を理解する文脈を狭めてくる直線的進歩という神話に抵抗するための理論的戦略になっている。同時に、地球の時間と地質学的持続は、増大する「地質学がもたらした圧倒的な質的変化の証拠」[*30]に直面した宗教的な時間秩序についての近代初期の議論に関連する。この証拠により、数千年という聖書の時間と数百万年という地球の歴史のあいだにある亀裂がはっきりしたのだ。

この深い時間性では、空間的なものと時間的なものとが組み合わさる。実際、ジェームズ・ハットンの『地球の理論』（一七八八）[4]では深さとは時間の謂いである。花崗岩の層の下には、深い時間性の存在を告げる粘板岩の層が見出されるというわけだ。ハットンは、根本をひっくり返してしまうような広大な時間を提案している。だが、そこでは変化は見込まれていない。すべては、侵食と成長の大きな循環の一部として、前もって決定されている。[*31]地球の時間と地質学的循環を地層中に発見し（地層を読む「層位学」だ）、〈連続遷移〉のような術語をハットンは使うにもかかわらず、広大な時間の持続は歴史という仕方では変化しない。より具体的にそしてハットンのことばで言えば、以下の通りである。

広大な時間にはこうした大地の全面的な破壊が必ず付いて回り、未来のできごとの光景はそれと対立はしないに違いない。こうしたことはもっとも確かな事実、それももっとも広く認められた原理によって指し示されている。時間は、頭の中に浮かんでくるあれこれの基準でありながら私たちの計画には不足しがちだが、自然にとっては無限に続くし大したものではない。自然はただそれ自体で存在していたのであり、時間が自然を制限することはありえない。そして、自然の時間の推移は私たちには無限に思え、終わりのあるようなどんな働きによっても束縛されないから、この惑星上の事物の進歩つまり自然の推移は時間によって制限されずに、連続遷移のうちに進展していくに違いない。*32

「この地球という惑星を、機械的な原理と同様に化学的な原理にも基づいて組み立てられた機械として」、そして衰弱と修復の時期のある有機体として、ハットンは継続的に議論し検討する。ハットンが提案するところでは、地球の光景と理論とは循環と変奏である。

ハットンの理論だと、地球は絶えず自己修復の最中にあった。彼がこの発想の土台としていたのが、根本たる循環である。今ある大地は侵食されて、侵食によりできた粒子（もしくは海洋生物の死骸）は海底に沈殿し、結びつきがゆるやかであった粒子は固まって堆積岩になり、堆積岩は上昇して新

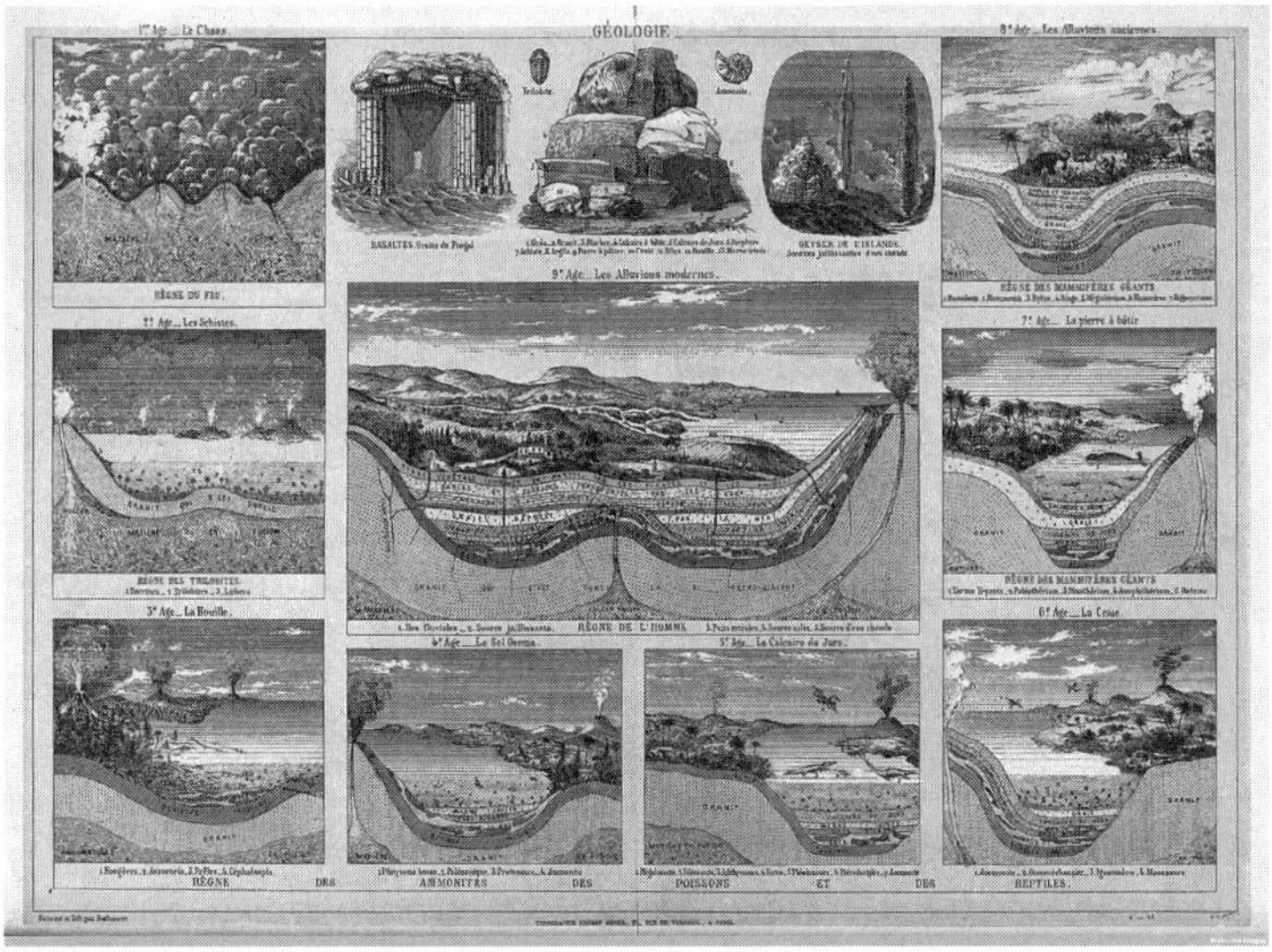


図4：地質のヴィジュアライゼーションを目玉としたリトグラフ。地球の年代とさまざまな種類の岩が詳細に視覚化されている。ベスモンによる多色リトグラフ、1911年。Wellcome Library, London.

たな大地を形成し、新たな大地は侵食される。この循環がなに一つ欠くことなく何度も反復される。ハットンは、火山の原因となる地熱という現象の深遠な重要性を認めた最初の人でもあり、かつて沈んだ大地の隆起については地熱が鍵を握っていると論じたのである。[33]

後ほどはっきりするように、ライエルの古典的な地質学の説明では、こうしたことは地質学的なもの対歴史的なものという観点からみた区分を明確に表す。[34] ライエルにとって、ハットンが想定した循環する深い時間は、根源的な地球の時間性を理解するための研究ツールとなる。ハットンには無縁であった変化について、ライエルはいくつかの点で関心があったことは明らかである。[35] だが、〔ライエルの議論にみられる〕こうした歴史的性格は、解釈学的な人間世界を焦点とする新興の歴史学とは依然として異なる秩序に属していた。自然的なものと道徳的なものに付随する異なる知の編成は、二つの異なる時間秩序の様態にとっての文脈でもある。人間的関心事の時間は地質学的な時間とは異なっているのだが、地質学的な時間は、有機的なものと非有機的なものの境界を横断して生に影響を及ぼす根源的でダイナミックな力であると論じられる。それなのに、これらは分けておくことが必要とされたのだ。とはいえ、近代の諸制度では人間〔的な時間〕を越えるような持続時間への関心は次第に高まっていった。つまりは、(進化の諸科学における) 地質学的・生物学的な持続時間である。近年、独創的な文化理論において、進化を通した開放型の生成変化としてのチャールズ・ダーウィンの時間存在論に、フェミニズム存在論を結びつけるという刺激的な記述がみられるようになっている。[*36]

ロージ・ブライドッティのような影響力のある思想家たちは、人新世の議論を土台にそれをより広い地球中心的パースペクティヴへと接続させている。それによって、主観性やコミュニティ、政治的愛着といった根本的な概念は再考を迫られる。とはいえ、ブライドッティにとっては、ポストコロニアリズムとフェミニズムにかかわるアジェンダの水準で進行中の闘争との接続、ならびに、テクノフォビアとホリスティックでノスタルジックな地球幻想の回避を考えることが根本的に重要ではある。時間存在論の先鋭化は、ハットンとライエルからすでに始まっているところもあると主張できるかもしれない。[*37]そのためには、聖書の内容からははみ出しているが、大いなる循環という、ライエルによって斉一説という支配的な比喩へと導かれた見地には結びついた時間に目を向ければよい。[*38]

だが、ハットンの理論もライエルの理論も、現代の文化とメディアの理論のためのラディカルで非直線的な時間の説明の土台としてはおぼつかない。もっと言えば、両者の理論は聖書の時間に取って代わったかもしれないが、奇妙にも、まるで歴史的変化の外側にある超越的存在物のような地球を導入したのであった。ハットンの世界観は理神論的で、彼にとって世界は完璧に設計された機械であった。[*39] その上、ハットンの地質学的世界には変化と差異はなく、循環という時間性《テンポラリティ》=時間的現実において作動する。[*40] ならば、サイモン・シャッファーが指摘するように、ハットンの説明がきっかけとなり、新興の産業システムにおける資本主義の見えざる手にかんするアダム・スミスの観念が生まれたということも不思議ではない。[*41] ハットンとスミスはともに、経験世界を統治する普遍法則を信じていたようなのだ。当然のことながら、ハットンの議論に組み込まれた循環性によって、侵食と再生に実り豊かな展望がもたらされる。ツィーリンスキーにとっては地質学にかかわるメタファがテクノロジー文化を探究する方法をもたらすが、ハットンにとっては地球自体が機械なのだ。もっとも、ここでの機械とはハットンの時代の蒸気機関であるニューコメン式エンジンにのっとったモデルである。それは膨張する蒸気を原理として作動するので、地殻の隆起についてのヒントとなり、直接にハットンを刺激する。[*42] この機械も一つの有機的統一体で再生を繰り返し《サイクリカル》、そのコアにある熱を糧とする。[*43]

こうした観念は、生を可能にする土壌というメディアを通して策動する地球の深い時間を、さまざまにヴィジュアライゼーションすることを後押しした。深いところにある地層やそれが今も残るレイヤーは、化石を含み、時間も告げる。この惑星は過去という時間の深みに従って構造化されているということである。これらのレイヤーは動物と人間の生活だけでなく、産業の生産システムと人間の文明であるテクノロジー文化も構造化している。ツィーリンスキーの出発点となるのもまさにここである。逆説的なことに、ハットンの着想（彼は当時このトピックについて取り組んだ地質学者たちの一人に過ぎなかったことは、心にとどめておこう）は、産業工場システムを普遍化し標準化する論理と、それと正反対であるツィーリンスキーの変異学〔5〕の説明、この両方に向かうのだ。しかしながら、ツィーリンスキーの変異学の説明には、スティーブン・ジェイ・グールドが奏でる調べが見出せる。はっきり言えば、グールドを経由することで、ツィーリンスキーは変異学としてのメディアアート史とメディア分析に地質学的観念がなにを与えられる《アフォード》のかについて、より詳細な説明を切り出すことができるのだ。

こうしたことを成し遂げるために、ツィーリンスキーは、ハットンから現代的な地質学と古生物学の読みへと向き直る。このときに、ツィーリンスキーは、変異という考えを強調するグールドの古生物学的な説明とアイディアを取り上げるのだ。メディア文化における進歩を批判するのにふさわしい説明をツィーリンスキーが発見するのは、グールドの『時間の矢・時間の環』においてである。グールドの読者としてのツィーリンスキーは、定量化に向かう深い時間の考えが、進歩神話——世界を直線という形式に従って想像する神話——への批判を生み出す質的特徴により更新される点を強調する。グールドとツィーリンスキーの両者は、地球とメディアのどちらにかかわろうと、宇宙論的図面からは神性を切り捨てる必要があることを知っている。「低きから高きへ、単純から複雑へ」[*44]と直線的に進歩するという幻想を再生産しないようなイメージとメタファとイコノグラフィーを展開しなければならないのだ。〔そのために〕多様性が繰り返し強調されて、整いすぎた歴史のレイヤーに取って代わることになる。

地質学的な議論に深入りしすぎることなく、グールドの強調点自体が斉一説への反論に基づいている様を理解する必要がある。グールドは「断続平衡説」の立場をとり、地質学と進化論をめぐるさまざまな説明において長々と続いてきた、一様な進化が連続するという想定は誤っていると主張する。この想定には、ダーウィンの信念と同じくライエルの見地も含まれている。[*45]一九七〇年代初頭、グールドは共著者のナイルズ・エルドリッジとともに一連の主張と学術的な議論を開始した。その議論には、化石記録への新しいアプローチ方法に加え、地質学の時間存在論についての異なる種類の理解も含まれていた。[*46]簡単に言えば、地質学的記録からはゆるやかな進化論上の変化がみてとれるという見地に反して、そこにはギャップや欠けている部分がしばしばあるのだから、この「アーカイヴ」には異なる方法でアプローチしなければならないということである。アーカイヴという想像《イマジナリー》はすでに十九世紀には始まっている。伝達と記録のプロセスはすでに地球自体のなかに収められていて、この巨大な図書館は解読されるのを待っているというわけだ。[*47]その一方で、断続平衡説では、不変で一様な変化と進化のスピードの代わりに、化石記録はゆるやかなものから突然の一撃までの変化にかんするさまざまなスピードを示しているかもしれないということが示唆された。種分化と変異のプロセスは必ずしも一つのスピードのみで進むのではなく、特定の方法で進化を断続させる特異点と混ざり合った多時間的なスピードで進むというわけだ。

この手短な詳述ですでに明らかなように、地質学の時間を理解するための異なる理論を提供するグールドとエルドリッジの説明には、広範囲にわたる科学的な争点はある。ツィーリンスキーにとっては、こうしたことによって、見たり聞いたりするための手段を修正・操作・創造・再創造する方法である深い時間という考えとかかわるものとして、メディア考古学を理解する方法を得たのだ。ツィーリンスキーは、メディアをめぐる欲望を表す装置・アイディア・解決策についてのインスピレーションに満ちた深い時間を導入する。このとき、重心となるのは発明家たちである。彼自身が認めるように、こうしたアプローチはロマン主義的でさえあって、逆説的に人間の英雄たちが焦点になってさえいるのだ。ここには、エンペドクレス（四元素説で知られる）やアタナシウス・キルヒャーといった人物たちや、ジョゼフ・チュディが夢見たオペラと彼が十八世紀後半に考案した視聴覚電信システム（これを主題にチュディは一幕劇「電信もしくは遠隔タイプライター」を作曲している）などが含まれる。アヘンを燃料とするメディアを求めたヤン・エヴァンゲリスタ・プルキニェも、その一人である。この十九世紀初頭のチェコ人は、常日頃から自身の身体を使用してさまざまな薬物と電気を土台とする実験を行い、身体自体が創造的なメディウムであることを見極めようとした。ツィーリンスキーの議論で私たちが遭遇するのは、メインストリームの外にあり、メディア文化のオルタナティヴな深い時間の地層を定義する変異である。それはあり得たかもしれない未来の様相を露わにする、メディア文化の過去にみられる驚くべきものごとと相違、不規則なものごとを発掘するアナーキー考古学である。ツィーリンスキーのプロジェクトは、複数の他の未来を発明するよう私たちを積極的に後押しする「未来の考古学」[*48]を思い描くことと並行している。

ツィーリンスキーの方法論は、一般的な古生物学の枠組みからすれば好奇心をそそるパラドックスをもたらす。深い時間というメタファは、メディアアート史のさまざまな時空を地図化するための道筋の役割を果たすのだ。この術語さえ、もっぱら不規則に浮かび上がっては深いメディア史の暗部を垣間見せる、暗い地下の伏流を仄めかす。[*49]その伏流によって、ツィーリンスキーがメディアの変異学で追求する変異が与えられる。つまり、メディアは単純から複雑へと進歩はしないし予言のための詳細な見取り図ももたないので、私たちは標準化という「メディア精神病」を避けて変異のポイントを見つけ、多様性を促進する必要があるということである。ツィーリンスキーの議論では、「テクノロジーの過去を」維持することではなく、テクノロジーの過去という生ける文化遺産を複数の現在－未来のうちに戦術として積極的に多様化していくことが意図されている。[*50]

いずれにしても、上記の内容は魅力的ではあるが、私としては、ツィーリンスキーによるメタファの使い方《メタフォリクス》で、より具体的に地質学にかかわる含意を取り上げることを慎重に提唱したい。理論に気を配りながら、時間性と地質学的物質性の両方としての深い時間という考えを使うことで、実のところもっと多くのことが見いだせるのではないか、と私は思っている。もしかしたら、深い時間をこのように更新して使用すると、変異が生じて、地球の金属と鉱物に依拠するメディア唯物論と現代メディア文化の政治地質学にかかわる議論に、〔時間性と地質学的物質性にかかわる〕概念が接続し直されるかもしれない。ゆえに、ハットンと、彼と同時代の地球理論学者たちにより次第に体系化された地球の時間が、私たちの興味の対象であるメディアの時間を下支えするのだ。言い換えれば、ハットンが提唱する地球の時間とかかわる熱機関モデルのコスモロジーを、後代のメディアアート史理論の出発点とすると、そこには人新世の文脈で再び強調しなければならない他の側面も暗黙のうちに含まれるということである。具体的に言えば、地球という機械が自身の持つエネルギー資源に寄食する様子は、私たちのメディア装置とデジタル文化の政治経済がエネルギー（クラウドコンピューティングに必要な電力の大半は、相当の炭素を排出するエネルギー生産により、依然としてまかなわれている）[*51]と物質（金属に鉱物、多くの精製・合成された構成要素）に依存している様子と、同類であるということだ。地球とは変異の機械であり、メディアは変異に寄食できる。だが、両者ともにエネルギーを必要とし、ダイナミックなフィードバックループで互いに結びついている機械なのである。電子廃棄物は、メディアが地球史と未来の化石の時間へとフィードバックしていく道筋を示す一例である。

ツィーリンスキーの議論について一番疑問に思うのは次の点だ。すなわち、器械、ユーザ、欲望、表現、および社会秩序と見ること聞くことの手段を差配するさまざまな方法にかんするメディアの変異学による説明にみられる以外にも、深い時間はあるのではないかという点である。この種のオルナティヴは、地質学的な意味での地層化とチャレンジャー教授に典型的にみられる生ける大地をより深く掘り進むことへと回帰するという意味において、より字義的である。十八、十九世紀に端を発する地質学への興味により、「深い時間」という後の新造語が示すものごとが生み出された。しかし、地質学と地球資源の新たな地図化は、この深い時間という新興の認識論の政治経済的機能であったことを、私たちは十分に理解する必要がある。知への考古学的・地質学的な興味により深い時間の別の側面が明らかになって、新たなつながりには欠かせない地球の正体が剥き出しになるのは、この点においてである。さらに言えば、地質学の標本を通したこの惑星についての知（例えば、一七六八年の『百科全書』第六巻でディドロとダランベールによる「鏈もしくは鉱脈、およびそれらの向き」で論証されている）とそれによって新たに理解される歴史は、美学と諸科学の新しい関係を意味していた。こうした結びつきも価値を引き出す新たな方法にとって有益である。すなわち、「十八世紀における考古学と古物研究の活動の結果、地球には新たな深さがあることが知覚され、自然は内在的な歴史を備えており、地球の物質はまさに考古学の遺物のように引き出せる資源であるという概念化が促進された」というわけだ。*52

メディア理論にかかわる深い時間を、以下の二つの相互に関連する方向へと区分しよう。

1．地質学は、物質が複雑に組み合わさり政治経済が媒介する生産加工の領域として、デジタルメディアが存在することを可能にするアフォーダンス――地球をメディアテクノロジー的なものと結びつける金属の物質性――にかかわる。

2．深い時間のような時間性は、侵食と再生をめぐる非人間的な地球の時間だけでなく、環境危機の傍若無人さを示す現行の人新世――一言で言えば〈傍若無人新世〉――に具体的につながる、オルタナティヴな説明で理解される。

深い時間性[*53]はメディア理論の軌道へと拡張する。深い時間性にかかわるアイディアと実践によりメディア理論はメディア研究の通常の範囲外へと連れ出され、メディアが物質的・政治的にメディアとなるような広範な社会的・文化的環境《ミリュー》に注目しないわけにはいかなくなるのだ。こうしたことに関連するのが、コスモロジーと科学とメディアについてのピーターズの思弁的な問いである。それは、天文学と地質学をある種のメディア関連分野として理解する方法を歴史に即して手短に地図化してくれる。[*54]ピーターズのアイディアを敷衍して、メディアテクノロジー文化の零度としての地球物理学をさらに精巧に練り上げることができる。地球物理学はメディアを生じさせ、メディアの環境負荷を担わなければならない。ゆえに、メディア地質学というパースペクティヴは、地球と地球の資源へと拡張するのである。メディア地質学は非有機的なものにかかわるメディアエコロジーを召喚する。それはマシュー・フラーの「パラサイトたちの数珠つなぎ《カスケード》としてのメディアエコロジー」[*55]ならびに「アフォーダンス」の説明を踏まえてはいる。しかし、メディア地質学をアフォードするのは、生物学的なもの－テクノロジー的なものー地質学的なものの連続体を巻き込む、一連のプロセスと技法である。

## メディアをめぐる物質の歴史——スクラップ金属からゾンビメディアまで

この本を通して、メディアテクノロジーの物質性の語り方についてオルタナティヴな説明をすることに私は興味がある。その一つの面として、改めてエコロジーの観点から具体的に言うと、捨てられるメディアテクノロジーを原因とする、高まりゆく廃棄物問題への認識が挙げられる。もう一つの面はエネルギーと（権）力《パワー》に関連する。例えば、クラウドコンピューティングは、大量に二酸化炭素が排出される枯渇性資源に相当依存している。[*56] 実のところ、オルタナティヴな深い時間として私が地図化したいものごとは、人新世の根本的な意味における地質学にかかわっている。クルッツェンのもともとの口ぶりからして、このことばはさまざまな領域を横断する地図であった。それは、土壌中の窒素肥料から大気中の一酸化窒素にまで、二酸化炭素および関連する海洋の状態、光化学スモッグから地球温暖化にまでまたがっていたのである。すでにクルッツェンは、地質学にかかわる以上のものとして人新世を理解する包括的な道のりを歩み始めていたのだ。クルッツェンにより早々になされた定義において、人新世はこの惑星での生活条件のラディカルな変質を探究する概念となったのである。

ドイツのメディア哲学者エーリッヒ・ヘールがドゥルーズに即しながら示唆するところによれば、人新世とは領域横断的な問題の範囲を地図化する概念と言える。ならばなにが問題となるのだろう？　ヘールの示唆は重要である。[*57] テクノロジーがもたらした状況によって提示された具体的な問題に応答する概念として、彼は人新世を詳述しているのだ。人新世には環境的な面はあるが、あらゆる点でテクノロジー的なものと結びついている。人新世の概念と対象は、テクノロジー的条件によって縁取られているのである。私たちは人文科学をツールおよび概念の兵器庫として用いて、より洗練された洞察を展開し、そこに手を届かせることができるはずだ。はっきり言えば、この点においてメディア地質学は支援を提供する。化学的・金属的な性質を備えた物質と、進行中のグローバルなデジタルエコノミー言説の一部としてのメディアテクノロジーにかんする政治経済と文化のインパクト、メディア地質学はこの二つを概念的に架橋するのに必要な支援を提供するのだ。

人新世という概念はラディカルなまでに環境的となる。それは「自然」との関連をただ意味するのではなく、「テクノロジー的条件」[*58] により理解され定義される環境性を意味している。環境的なものは拡張する。それは、自然のエコロジーを焦点とすることから、テクノロジーの問題、主観性とエージェンシーの考え（人間中心的な世界観批判）、社会的諸関係を構成する非人間的なものは論じられないといったような合理的説明に対する批判、この三つが絡まり合ったところにまで及ぶ。人新世とは、地質学は私たちの足下の大地にだけ当てはまるものではないことを論証する方法である。それは、社会的・テクノロジー的関係と環境的・エコロジー的現実から成り立っている。金属と鉱物が〔地球から引き剥がされて〕モバイル化し、テクノロジーがモビリティを獲得するという具体的な方法で、地質学は脱領土化されるのだ。デジタルメディアテクノロジーにおけるコルタンなどの役割について触れながら、私たちがアフリカ〔由来〕の小片をポケットに入れて持ち歩くことについてベンジャミン・ブラットンが書くとき、[*59]そして地球を周回する衛星の残骸がつくるレイヤーを地球の地質と人新世の果てとしてヴィジュアルアーティストのパグレンが見なすとき（《ラスト・ピクチャーズ》プロジェクト。第5章参照）、ブラットンのことばはこのうえなく相応しいものとなるだろう。

アーキテクチャ研究と設計《デザイン》のプラットフォームである〈マモリス〉（*mammolith*）によれば、アフリカ〔由来〕の小片もiPhoneも、惑星資源を活用し多数のインフラストラクチャーによって支えられた「地質学的抽出物」である。持ち歩きされる地質学的な一片は、アフリカの試料だけではない。露天掘りが行われているアラスカのレッドドッグ鉱山由来の物質もその一つである。レッドドッグ鉱山では亜鉛の原鉱が抽出されて、カナダのトレイルに運ばれてインジウムに精錬されるのだ。[6] だが、こうしたことは物質全体のうちのほんの一部について述べているにすぎないし、物質が次第にメディアへと近づいていくような場所は「上述の国々に韓国、ベルギー、ロシアそしてペルーなど、地球のそこかしこに点在している」。[*60]デッドメディアの分析はこうした地球の様相、およびそれがグローバルなロジスティクスと生産と結ぶ関係を考慮すべきなのだ。

もっと具体的に、メディアテクノロジーの生産と廃棄をめぐるグローバルな連鎖に欠かせない領土としての中国に、しばしのあいだ焦点を合わせよう。この地政学上《ジオポリティカル》の中国は、大局を語るためには見過ごせない、貿易と労働の国際政治学《ポリティクス》にかかわるだけではない。この地政学の〈地球関連《ジオ》〉（*geos*）すなわち土壌と地球と廃棄物についても考慮できなければならないのだ。ある意味、膨大な消費者用ガジェット一式とロボットメディア考古学者向けの未来の化石記録（メディア文化とかかわる未来の化石を取り上げた

第5章を参照）としてだけでなく廃棄物としても、やがては終わりを迎えるものを物質的に生産するということに焦点を合わせよう。つまり、電子廃棄物とスクラップ金属一般の両方が問題である。それらは都市建築計画と産業の成長を後押しするのには欠かせない。

アダム・ミンターによるジャーナリスティックな調査報告『ジャンクヤード・プラネット』は、一風変わった超硬合金と重労働の話を取り上げ、スクラップ金属の地質学というパースペクティヴから検討している。[*61] 中国は、電子廃棄物だけでなくスクラップ金属一般にとっても鍵となる到着先で、これから先もテクノロジーにかんする地質学とでも呼べそうなものが循環することに対して独特の見通しを提供してくれる。中国は莫大な物質を必要としている。中国各地ではビルから地下鉄に空港までの大規模建造計画が進行中のため、より多くの金属（スクラップ銅、アルミニウム、鋼など）を生産——もしくは再生——できなければならないのだ。

モールの反対側のいたるところには、数ダースの高層ビル——いずれも建設中——があるのだが、地下鉄や歩きの私からだと見えなかった。それらの新しい高層建築物は二十階、三十階建てで、窓にはアルミニウムのフレームが欠かさず使用され、真鍮と亜鉛を使った備品のついたバスルームが広がり、ステンレス製の家電が置かれる。背面がアルミニウム製のiPhoneとiPadも——テクノロジーに精通した世帯向けに——支給される。鋼、銅、アルミニウム、鉛、ステンレス鋼、金、銀、パラジウム、亜鉛、プラチナ、希土類化合物、そして「金属」とラベルが貼られるものであればなんでも大量に消費することにかけて、中国が世界一であることに驚きはしない。だが、中国には自国の金属資源が絶望的なまでに足りていない。例えば、二〇一二年に中国は五百六十万トンの銅を生産したが、そのうち二百七十五万トンはスクラップからである。このスクラップ銅のうち七十パーセントは輸入でまかなわれ、その大半はアメリカ合衆国から輸入された。中国に供給される銅の半分弱は、スクラップ金属として輸入されているとも言える。それは些細な問題ではない。銅は他のどの金属よりも現代的な生活にとっては欠かせないからだ。銅とは私たちがエネルギーと情報を伝達するための手段なのである。

広範囲にわたるテクノロジー文化の実態は、iPhoneに不可欠な希土類鉱物を心配する論評だけでは語りきれないのである。その大きな実態が明らかになるのは、技術メディアが使用されなくなる局面を迎え、技術メディアにかんする地質学が露わになり認識されるときである。物質からみるメディアの歴史は——例えば遠距離通信の場合——電線ケーブルから抽出された銅にまで、すなわち電線ケーブルの外皮を除去してこの価値あるメディア物質のミニ鉱山を発見することにまで及ぶ。採銅の歴史は、環境に危険を及ぼしながら電線ケーブルから再採鉱するという、動かない《デッド》と思われている対象を別の目的に再利用することにまで及んでいるのだ。問題となるテクノロジーからみる物質の歴史と物質からみるメディアの歴史は、生きているうちは使用され死んでしまったら不使用になるという論理に本当のところは従ってはおらず、仏山市南海区のような場所ではテクノロジーとメディアにかかわる物質は決して死なないと、ミンターに追随し言うことができるだろう。そうした場所では、スクラップ金属が加工処理されるのだ。[*62] ネットワーキングのインストラクチャーでは銅は次第に使用されなくなり、代わりに押出成形のガラスやプラスチックのような物質が用いられて情報の減衰が生じる金属を補っている。それにもかかわらず、明るくてガラスベースの「透明な」クラウドコンピューティング文化から、こうした金属がすっかり姿を消してしまうことはない。

「ゾンビメディア」論（補遺参照）では、私はガーネット・ヘルツとともに、この惑星上の存在であることを止めようとしない「デッドメディア」の広範囲にわたる文脈とインパクトを検討している。*63 それは、金属テクノロジーを使った通信メディア文化のヘビーな残留物なのだ。スターリングの仕事を土台にして、メディアテクノロジーと装置は陳腐化しても不死の性質を備えていることを少なくとも二つの点で明らかにする必要があると、ヘルツと私は論じている。メディアは決して死なず有毒廃棄物として残ることと、例えばサーキットベンディングやハードウェアハッキングの実践が仄めかすように、私たちは新たな方法で解決策を再目的化し再利用できることを、心に留めておこうというわけだ。ゾンビメディアという視角は、二つの文脈を土台としている。それらはデジタルメディアに固有ではなく、ゴールドバーグによるような説明と、消費者の欲望を設計《デザイン》の実践と結びつけるような幅広いミクロ政治学的スタンスに現れる。バンジャマン・ゴーロンのリサイクリズムのようなハードウェアハッキングとサーキットベンディングを組み合わせたアート／ハッキングのプロジェクトでは、計画的陳腐化は現代のテクノロジー物体とシステムの設計にひっきりなしにみられる特徴だと強く批判されている。同様に、そのようなアプローチでは目下の問題である放棄されるハードウェアについても考慮されている。装置が機能していても放棄されるハードウェアの数は何億にものぼる。スクリーン、モバイルメディア、電子機器、コンピュータ関連のテクノロジーもその一部だ。使用後の適切な対応は依然として講じられていない。数

図5：2014年4月にアラモゴード（ニューメキシコ）で行われた発掘作業では1983年に廃棄され埋められたアタリ（Atari）のゲーム用品が掘り起こされ、「メディア考古学」という形式が広く宣伝されるきっかけになった。がらくたとして大量に投棄される電子廃棄物と電子ゲーム文化の残り物という相当大きな問題と、メディア考古学が関連することが仄めかされている。Photograph by Taylor Hatmaker.

年前のアメリカ合衆国環境保護庁の統計によれば、使用後の処理を待っている電子機器は二百三十七万トン分であり、それは「一九九九年と比較すると百二十パーセント以上増加している」[*64]。もっとも多く廃棄されているのはスクリーンテクノロジー関連であるが、モバイルテクノロジーの勢いを考えれば、デッドメディアの山でそれがより大きな割合を占めるのも目前と見なして差し支えないだろう。そのうち回収されてどのような処理やリサイクルであれきちんと処置されたのは、二〇〇九年では二十五パーセントにすぎない。使用できるにもかかわらず毎年大量に廃棄される電子機器は、第一、第二そして第三の自然が絡まり合う地質学的に意義深いある種の山となる[*65]。すなわち、先端デジタルテクノロジーを使った通信経路《ベクトル》には第一の自然に対するかなり直接的なつながりとインパクトが付いて回るので、迅速な通信トランザクションに依存する現代はこうしたハードウェアの性質《アスペクト》にも依存していることを思い出させてくれるというわけだ。通信技術関連の事象は、メディア地質学の幅広い性質によって下支えされている。それらには放棄されるが有毒物質——鉛、カドミウム、水銀、バリウムなど——から構成されるテクノロジーが付き物である。

国家的、超国家的、非政府的な団体組織は、メディアおよび情報関連のテクノロジーの未来は「足《タ》=縄張《ーフ》りの下」にあると考えることをますます余儀なくされている。これは、決定的に重要な分野の一つとして電子廃棄物にかんする政策と実践を焦点とすることと、原料の安定的供給のため採取とロジスティクスにかんする計画を立案すること、この両方を意味している。先に簡単に述べたスクラップ金属の国としての中国が例証するように、通常の意味での採掘の実践が未来のメディア地質学の唯一のルートと考えられるわけではないのだ。いずれにしても、未来のメディア地政学（地球物理学的政治学）は、鍵となる原料生産国としての中国、ロシア、ブラジル、コンゴ、南アフリカなどで広まる。それは、情報テクノロジーの物質性は土壌と地下から始まるという自覚につながっているのだ。地殻は掘削により何マイルにもわたって開かれた。この深さはメディア圏から岩石圏への移行を表している。クリティカルマテリアルを大量に発見しようとするならば、地殻のより深いところ——通常であれば到達困難な領域——へと至らなければならない。沖合での石油掘削を例にしてみよう。いくつかのケースで、掘削を取り巻く状況と深さについてかなり独特なことが見受けられるのだ。ブラジル沖合に位置するトゥピ油田の石油が埋蔵されているのは、まず一・五マイルの水の厚みを抜け、さらにそこから二・五マイルの圧縮された塩と砂と岩の厚みの下である。[*66] 岩を貫き破砕する新たな手法や、スチームによって補助され凹型を利用した排水法という新たな手法が開発されている。中国のような国家は深海での採掘を行っている。こうしたリストには延々と項目を追加できるだろう。シェブロンのような企業は、石油と鉱物を探し求める中で達成された採掘深度の記録——海底下数万フィート[*67]——を誇っている。このとき、本章の最初の方ですでに登場しているイメージが閃く。すなわち、生きて脈動する地殻の内側の奥深くを探《ディグ》るチャレンジャー教授の姿である。

深さは時間の指標になるだけでなく、ハイデガーの用象の根本的な意味における資源にもなるのだ。テクノロジーは自然を資源とし得る方法で明るみに出す。木々に川、杣道について書くハイデガーにとって、ライン川はヘルダーリンの詩の対象から新たな水力発電施設をめぐる動的編成において生み出されるテクノロジー構造物へと変貌する。エネルギー問題はライン川を定義する方法になる。ハイデガーの用語を使えば、それはライン川を変形する方法になるのだ。

> 現代テクノロジーをくまなく支配している開蔵は、挑発という意味での調達の性格をもっている。このような挑発が起こるのは、自然のなかに伏蔵されたエネルギーが掘り当てられ、掘り当てられたものが変形され、変形されたものが貯蔵され、貯蔵されたものがさらに分配され、分配されたものがあらためて転換されることによる。掘り当てること、変形すること、貯蔵すること、分配すること、転換すること、これらは開蔵のしかたである。[*68]

この変形という考えが、テクノロジーとメディアの文脈の一部として金属と鉱物が動員される、テクノロジーをめぐる動的編成を理解するための中心的な方法となる。テクノロジーは、地質《ジオロジー》がメディアの資源へと変貌するような、実践と認識論の新たな領域を構築する。同様に、地質学《ジオロジー》自体が、しのぎを削るテクノロジー抜きには語りえない研究対象へと、そして広範囲に及ぶ自然の動員を理解するのに使える概念へと変形する。地質学は、過去という単なる時間の問題から絶滅と汚染と資源枯渇をめぐる複数の未来にかかわる問題へと、深い時間という論点を変形もする。それは果てしなく連鎖する出来事および相互に連結する問題、すなわち、メディアテクノロジー化石とかかわる未来の風景の引き金を引くのである（第5章を参照）。

このようなメディア地質学という変形、すなわち地質／金属からみるメディアという変形は数方向に作用する。コバルト、ガリウム、インジウム、タンタルそのほかの金属と鉱物が、モバイル機器やゲームコンソールのようなエンドユーザ向け装置からコンデンサにディスプレイ、バッテリーなどまでのメディアテクノロジー関連機器に不可欠であることを、理論家、政策立案者そして政治家さえ強く自覚するようになっている。簡潔に言えば、メディアをめぐる地球物理学は以下のような見本によって構成される［コロンのあとは用途を示す］。

コバルト：リチウムイオンバッテリー、合成燃料
ガリウム：薄膜太陽光発電、ＩＣ（集積回路）、白色ＬＥＤ
インジウム：ディスプレイ、薄膜太陽光発電
タンタル：マイクロコンデンサ、医療テクノロジー
アンチモン：ＡＴＯ（三酸化アンチモン）、マイクロコンデンサ
プラチナ：燃料電池、触媒

パラジウム：触媒、海水淡水化
ニオブ：マイクロコンデンサ、合金鉄
ネオジム：永久磁石、レーザーテクノロジー
ゲルマニウム：光ファイバーケーブル、赤外光テクノロジー[69]

深い時間をめぐる節目は、クレメンス・ヴィンクラーのようなケースで露わになる。一八八五年から一八八六年にかけて、ヴィンクラーはゲルマニウム（もちろん彼の祖国にちなんだ名称である）を発見し、それをアンチモンから区分することに成功したのだ。[70] フライベルクにおけるヴィンクラーの発見は確かに科学と元素の歴史の一部ではあるが、それはコンピュータ文化への洞察の開始でもある。ゲルマニウムの特殊合金でできた半導体の性能と激しく競り合ったのが、今では私たちのコンピュータ文化の要として考えられているケイ素だったのだ。このような深い時間は地下《アンダーグラウンド》のストーリーを語るが、それをメディアアート史言説においてしばしば私たちが立ち戻るようなアングラ的なアートとアクティヴィズムの言説と混同してはならない。メディアにかんする深い時間についてのこの新たな定義は、採掘と輸送のほうにより調和している。すなわち原料のロジスティクスと金属・鉱物の加工精錬のほうによりかかわっているのだ。掩蔽壕とゲリラ戦用塹壕と小道の地理学（例えばベトコンの地理学）ならびにアメリカ合衆国の風景に潜んだ核ミサイル地下格納庫などを通して、地下は軍事関連の想像《イマジナリー》と現実《リアリティ》につきまとう。[71] 地下は現代性《モダニティ》としてテクノロジーがもたらす現実《リアリティ》につきまとう。少なくとも十九世紀以来、地下はテクノロジーの未来について想像《イマジナリー》をめぐらす場であった。それはロザリンド・ウィリアムズが論証している

通りである。[*72]だが、地下は実際にテクノロジーを産出する場でもあるのだ。
本章の議論をもう一度繰り返しておこう。ツィーリンスキーのやり方でメディアアートの議論に導入される深い時間の長大な歴史的持続は古代にみられ、中世の錬金術師とともにあり、十九世紀の科学とアートのコラボレーションという、深い時間にかかわるメディアアートの技法とアイディアを示す範例的出来事にみられる。しかし、メディア文化とかかわる地球物理学へとより強く《ディープリー》向かっているオルタナティヴな深い時間を明らかにする必要があるとしたらどうだろう？　この可能性を逃してはならない。つまり、メディアにかかわるオルタナティヴな物質の歴史を捉えるべきなのだ。それにより、錬金術師についての歴史的興味が現代の採掘実践と鉱物、その後に生じる物質性へと広がるのである。この種のアプローチにより、資源にかんする政治経済とアート実践（詳細は次章で検討しよう）の連続体にまで及ぶ、地表の下[*73]の物質性に無理なく取り組めないだろうか？
メディア地質学では、ツィーリンスキーに同意はするが、深い時間を化学と金属の持続へと拡張してみたい。こうしたメディア地質学には、広範囲にわたる精錬鉱物と金属と化学物質の例が付き物である。それらは、メディアテクノロジーがしばしば小型の視聴覚モバイル形式――コンテンツのエンドユーザとして私たちが胸躍らせてきた形式――として機能するのに不可欠の要素である。いつものメディアの理解が、〔7〕メディアの時間性にとって重要な意味をもつ物質の持続〔時間〕によって補完されるのだ。したがって、メディアにかかわる物質の歴史も独特のやり方で地質学的な深い時間のもう一つの面となる。[*74]
化学物質と材料科学《マテリアル・サイエンス》と技術メディアの相互作用は、完全に忘れ去られていたわけではない。例えばキットラーの記述をみれば、それは明らかだ。彼はメディア史を看破し、物質の科学と発見がメディアテクノロジーだけでなく軍事作戦も可能にする下地となることをしばしば意識していた。第一次世界大戦でイギリス海軍は電信を活用し、海上封鎖によりドイツへのチリ硝石の輸入を妨害した[*75]というような細部にキットラーは注目し、軍需品生産には欠かせないチリでの硝酸ナトリウム採掘の地政学的重要性と、ハーバーとボッシュによるドイツの化学革新がもたらしたアンモニア合成法による代替の必然性を、逸話として解き明かす。テクノロジーとは戦争とロジスティクスの問題であり、キットラー特有のパースペクティヴをメディアにかかわる物質の歴史へと動員する方法である。

一世紀以上にわたり、戦争とテクノロジーは時代に先んじることを夢見てきた。だが現実では、それらはより深い過去へと沈潜しながら回帰することを余儀なくされている。硝酸塩の不足により、アルフレート・フォン・シュリーフェンの巧妙な攻撃計画は頓挫してしまった。最新のコンピュータデザインが着実にビッグバンに迫っているのとまさに同じように、戦争のロジスティクスは(エコロジー的に楽観的な観測をしようとしまいと)絶えず年代ものの資源を消費する。第二次世界大戦は石炭と鉄道から戦車燃油と航空燃料への切り替えで始まり、パックス・アメリカーナはウランの探査で始まった。(ドイツでこうした務めを請け負ったのが、ハンス=マルティン・シュライヤーである)。[*76]

このように化学が紐帯となって、化学肥料の歴史は戦争とテクノロジー文化の歴史と結びつく。農業を目的とした土壌操作の数千年に及ぶ文化技法は、第一次世界大戦である種の特異点に到達するだけでなく、人新世の歴史が戦争とテクノロジーといかに絡まり合っているかも示している。ところが、メディアの理論と歴史では戦争とテクノロジーのうち後者だけが議論されてきた。しかし、すでにいくつかの箇所で仄めかしてきたように、こうした文脈ではテクノロジー文化の化学的構造が無視できない。産業化によりさまざまな文化技法の系統が同期する。科学の時代では、農業のメタファである「耕すこと」とは、土壌操作をめぐる化学的手法の発展の一部である。土壌は肥やせるのだ。そして、人間による地質学的インパクトの歴史はリン（一六六九）、窒素（一七七二）、カリウム（一八〇七）といった成分の単離にもかかわっている。〔8〕テクノロジー文化史に応用されるようになっている地球の非直線的な歴史〔という観点〕に照らせば、〔私たちにとっては〕最近の出来事も〔長い〕年月をかけて成立しているのだ。テクノロジー‐科学的なものは、一丸となって傍若無人新世にもつながっていく。すなわち「産業化の到来は人新世の開幕を告げ、莫大な量の地質学的物質をさばく人間の能力を特徴とする」。*77

国民国家と、報道機関が支持する戦争を煽るのは、物質の探査と手短に言えばエネルギーである。しかし、そうした戦争ではところどころで不均衡〔9〕がみられる。ショーン・キュビットが注目するように、現代の地質学的資源の渉猟とエネルギー競争の多くは、ネオコロニアリズム的な編成によって条件づけられているのだ。標的は伝統的に先住民に属する領土にありもすれば、「地質学的資源の出所は、ヨーロッパの帝国主義が拡大した十八世紀から二十世紀にかけては無価値とされて、住処を奪われた先住民の居留地として割り当てられた土地である」。*78 こうしたことは、現代の国家——そして企業——の活動《オペレーション》には、近代の傍若無人さがいくつかの点で残り続けていることを論証する方法として申し分ない。ジェフリー・ウィンスロップ＝ヤングによれば、追い立てと大虐殺と征服は資源を保証する際に許される標準的行為の一覧表《リポジトリ》に入っている。*79

地球の化石、近代テクノロジー文化、そして安価な労働力と安価そうな資源の開発＝搾取における国民国家の利益と企業の利益とのつながり、これらを批判的に評価するために石油がよく参照される。しかし、石油はもちろん唯一の参照点ではない。他の物質もますます大規模な水準で、そして軍事的に確保された地球のエネルギー体制で重要な機能を果たすものとして動いている。ロジスティクスとメディアと戦争状態の系譜はとりわけ「キットラー的」である。たとえ彼のメディア唯物論からは労働というテーマがしばしば抜け落ちているとしてもだ。はっきり言って、メディア物質の系譜をたどれば、単なる戦争の代わりに労働をめぐるプロセスと開発＝搾取と危険な条件へと至るはずなのだ。それらは、残り続ける〈ハードウェア〉に連れ立って目下のところ残り続ける〈つらい仕事《ハードワーク》〉の特徴でもある（第4章参照）。*80 デジタル文化の指標には、ソフトウェアのクリエイティヴィティや非物質的な労働よりも、ハードウェアとハードワークのほうがふさわしいだろう。

## 結論——物質としてのメディアをめぐる文化技法

トマス・ピンチョンの『逆光』（二〇〇六）は、前デジタル時代を舞台に、写真のような技術メディアを使用するための光の作用の調節と標準化を焦点としている小説である。『逆光』ではメディアの化学が感じられる。メディアテクノロジーの歴史を理論的に地図化する作家としてピンチョンの立場が固まったのは、『重力の虹』(一九七三)以後のことである。『重力の虹』では戦争とテクノロジー、そしてパラノイア・陰謀・心境が混じり合った奇妙な語り口が結びついていた。V2ロケットはテクノロジーへの洞察を誘い、権力関係に不可欠なものとして組み込まれた科学は、キットラーとドイツを含む世界中のさまざまな学者たちを刺激したのであった。『逆光』は、テーマは〔『重力の虹』と〕類似しているが、光と光学と化学を焦点としている。物質を通してメディア史を理解する必要性とつながっているのは、とりわけ化学である。化学については、初期の写真史から途切れることなく記述されている。例えば、地質学者で写真家のW・ジェローム・ハリソンの『写真史』(一八八七)をみてみよう。メディア地質学というパースペクティヴから読めば、ハリソンの著作は、ニエプスやダゲールやトルボットといった単なる発明家-実験家に代わり、化学物質――(リトグラフにおける)瀝青、スズにヨウ化物など。乳酸銀と硝酸銀。カーボン印画法。硝酸ウラニル。そして塩化金――のストーリーとなる。[*81] 技術メディア史は、いろいろなかたちで現代のメディアアートに絶えず再登場する。光化学反応を用いるアーティストたちの手は、ゼラチンと硝酸銀で汚れている。彼ら/彼女らにとって、こうしたことは化学が煎じつめてくれたアートの方法論の一環である。青写真《サイアノタイプ》の美的効果とは、つまるところ化学物質(クエン酸鉄(Ⅲ)アンモニウムとフェリシアン化カリウム)〔の効果〕なのだ。メディア考古学的傾向のある映像作家は、化学物質や物質を使う試験や実験で必要な化合の量を知っている。[*82] このようなたぐいの知については、科学者よりも冶金学者のほうが多くを押さえていそうだ。つまりは、容量調整の実地演習と物質の特性についての実践ベースの学習〔による知〕である。[*83]

ピンチョン版のメディア唯物論と光学メディアのリストには、前メディアテクノロジーについてのメディア唯物論を構成する事物が掲載されている。それは、十九世紀ごろのテクノロジーによる画像化《イメージング》のプロセスに、意識的・無意識的に加わってくるもののリストである。

可能性のある銀化合物をすべて試した後、マールは金、プラチナ、銅、ニッケル、ウラン、モリブデン、アンチモンの塩を使い、しばらくすると金属化合物はあきらめて樹脂、潰した虫、コールタール染料、葉巻の煙、野草のエキス、自分も含めたさまざまな生き物の尿を試した。肖像写真で稼いだわずかの金をレンズとフィルターとガラス板と引き延ばし器に再投資したので、荷馬車はあっという間に単なる動く現像所になった。*84

この物語が続ける事物《オブジェクト》の世界――思弁的実在論者であれば「フラット」*85と呼ぶであろう、人間から街灯柱、路面電車の発電機に水洗トイレまでが際限なく続く世界――に加え、相当数のものごとがすでに化学反応のレベルで生じている。換言すれば、メディア装置だけが「唯物論」の側面ではないし、メディアがメディアになることを可能にし維持するものごとに興味のある私たちも「唯物論」の側面なのである。

メディアをめぐる深い時間とかかわる地質諸学と諸化学といったパースペクティヴをとると、長大な錬金術の歴史について、簡単にではあっても言及しないわけにはいかない。まさにここで錬金術の系統が関係してくるのではないだろうか？　錬金術は特別な力を自然の元素とその混合物に吹き込み、卑から貴へと至ろうとしてきた。鶏冠石、硫黄、三酸化ヒ素、辰砂そして特に水銀から、黄金、鉛、銅、銀、鉄へというように。[*86] 錬金術の歴史は、独特な種類の深い時間についての詩的な語り（例えばキリスト教伝来以前の中国の錬金術〔錬丹術〕における語り）[*87] で満ちているし、アートと科学のあいだの位置を占める。[*88] ある意味、ニューマンが強調するように、錬金術は独自の実験的方法で多くの後代のテクノロジー文化を準備した。その発展には多彩な人々が携わっていた。例えば『凝固』を記したアヴィケンナ（ある時点までは『凝固』はアリストテレスの著作に間違えられていた）や、ヴァンサン・ド・ボーヴェ、アルベルトゥス・マグヌス、ロジャー・ベーコンといったスコラ派の書き手たちである。彼らは十三世紀初頭の実践者たちのなかで主だった人々だ。一二四四年から一二五〇年にかけて書かれたヴァンサンの『諸学の鑑』を読むと、「鉱物の科学」としての錬金術、すなわち鉱物の性質の変性を実践ベースで掘り起こす錬金術が感じられる。ヴァンサンによれば、錬金術とは「金属とそれに類するような鉱物体を、元の種類から別の種類へと適切に変性させる術である」。[*89] 『逆光』では、ピンチョンは、特有の圧縮された語り口の散文で、錬金術から近代化学と技術メディアへと至る系統を示している。テクノロジー文化の化学を具体化する彼の方法によれば、こうした物質をめぐる知と実践における変形は、規則正しく物質が反応し変成するプロセスを特徴とする資本主義の誕生と一致する。『逆光』のマールとウェブの対話は、錬金術から近代科学への転換点にかんする重要なものごとを明らかにしている。

「しかし歴史を見れば、現代の化学が錬金術に取って代わるようになったのは、つい最近、資本主義が本当に軌道に乗り出したのとほぼ同じ時期だ。奇妙だと思わないかい？　どういうことだと思う?」

ウェブは同意してうなずいた。「ひょっとすると、資本主義自身が錬金術っていう古い魔術を必要としなくなったってことかもな」それはマールが気がつくことを意図した強調の置き方だった。「だってそうだろ? 資本主義は独自の魔術を持ってて、それで十分間に合ってる。鉛を金に変えなくたって、貧しい人間の汗を搾り取って、それをドル札に換えて、鉛は治安維持のためにそのまま取っておくんだから[*90]」

この短い引用文でピンチョンは労働という観点を持ち込んでいる。メディアにかかわる物質の歴史に加え、このような論点も剰余価値の搾取と占有の歴史と結びつく。もっと言ってしまえば、メディアがメディアになる前の物質からみるメディア史に加え、ピンチョンは新たな「錬金術」の形式と関連する商品生産の魔術的性質をくっきりと浮かび上がらせている。すなわち、生産にかんする物質の力を秘める物神《フェティッシュ》としてマルクスが詳述した新たな魔法を、この〔資本主義という〕局面は特徴としているのだ。通常、こうしたことが物質の歴史として定義されて、この物質の歴史は労働と政治経済の歴史としても理解される。しかしながら、この混合におけるテクノロジーとメディアの要素も理解される必要がある。それは地質学すなわち地球という論点へと回帰していくことにもなる。

簡潔に言えば、元素と物質のさまざまな反応と化合を用いた実験の技法は、メディアの実践でもあるということだ。私たちのスクリーンテクノロジー、ケーブル、ネットワーク、テクノロジーを用いた見ることと聞くことについての手段とは、ある程度のところ、物質の振る舞いを用いた入念な——ときにはまったくの偶然的な――実験の結果である。なにが動作するのか、なにが動作しないのか、話しているのは絶縁、伝導、映写それとも録音録画用の物質のいずれについてなのか、といったように。科学とアートはこうした――地球《ジオ》関連のものごとを表出させ変形させる――実地演習《エクスペリメンテーション》と実験《エクスペリメント》の姿勢をしばしば共有している。トランジスタをベースとする情報テクノロジー文化は、ゲルマニウムとケイ素の物質レベルでの特性と違い――つまりエネルギー統治体制――に対する多彩で細やかな洞察抜きには考えられない。こうしたことは、(サーバファームにかかわるような)現在のクラウドを検討する場合でも、コンピュータのアーキテクチャ内部での消費電力を管理しようとする場合でも、同様である。[*91] エネルギーをめぐる論点とは、――汚染原因となる再生不可能なエネルギー生産形式にこれまでと変わらず重度に依存することで気候変動は加速するという意味においても、さまざまな化学物質や金属やメタロイド(ゲルマニウムやケイ素など)、すなわちメディア文化にかかわる地層の残効を経由するということでも――地球物理学の論点である。それは、この惑星の深い時間は私たちが利用する機械の内側にあり、現代の政治経済の一部として具体化する、ということでもある。つまり、物質からみる労働の歴史とこの惑星は、装置において絡まり合うのだ。もっとも、装置のほうも惑星の歴史の一部として進展するのだけれど。データマイニングは、今の私たちのデジタル時代を宣伝するもっともすてきな術語かもしれない。ただし、それは大地および脱大地化と関連する採掘《マイニング》がなければ不可能である。デジタル文化はこの惑星の深みと深い時間から始まるのだ。悲しいことに、こうした話は畏敬の念をもって寿がれるものではなく、傍若無人であることが極めて多い。

次章では、具体化=結晶化へと目を向け、地球物理学にかんする美学というトピック、より正確に言えば地球と資本主義とテクノロジーが織りなす関係を地図化する心理地球物理学の手法へ〔議論を〕続けていこう。

**原註**

1 Seb Franklin, "Cloud Control, or the Network as a Medium," *Cultural Politics* 8, no.3 (2012): 443–64.

2 以下をみよ。Ippolita, *The Dark Side of Google*, trans. Patrice Riemens (Amsterdam: Institute of Network Cultures), 2013, http://networkcultures.org/wpmu/portal/publication/no-13-the-dark-side-of-foogle-ippolita/.

3 "What the N.S.A Wants in Brazil," *The New Yorker*, July 24, 2013, http://www.newyorker.com/online/blogs/newsdesk/2013/07/why-the-nsa-really-cares-about-brazil.html.

4 Williams, *Notes on the Underground*, 72.〔ロザリンド・ウィリアムズ『地下世界』市場泰男訳、平凡社、一九九二年、一〇八頁〕

5 海底ケーブルとインフラストラクチャーの（不）可視性については以下を参照。Nicole Starosielski, "'Warning: Do Not Dig': Negotiating the Visibility of Critical Infrastructures," *Journal of Visual Culture* 11, no.1 (2012): 38–57. 以下も参照。Ryan Bishop, "Project 'Transparent Earth' and the Autoscope of Aerial Targeting: The Visual Geopolitics of the Underground," *Theory, Culture, and Society* 28, nos. 7–8 (2011): 270–86. Williams, *Notes on the Underground*.

6 Kahn, *Earth Sound Earth Signal*.

7 Arthur Conan Doyle, "When the World Screamed," 1928, http://www.classic-literature.co.uk/scottish-authors/arthur-conan-doyle/when-the-world-screamed/ebook-page-10.asp.〔コナン・ドイル「地球の叫び」、コナン・ドイル『地球最後の日』永井淳訳、一九六七年、角川文庫、二〇六頁〕

8 Ibid.〔コナン・ドイル「地球の叫び」、前掲書、二〇八頁〕。生ける地球という観念は地球とテクノロジーをめぐる想像《イマジナリー》の一部であったが、十九世紀後半まではずっと、地球の内部の性質が盛んに議論されていたことには留意すべきである。ウィリアムズが論じるように、アーチボルト・ギーキーのような卓越した地質学者らが、地殻の下にあるものについていろいろな可能性を列挙していたのだ。地球空洞説は随分と前に退けられてしまっていたかもしれないが、地殻の下には液状の基層があるという説は一つの可能性として依然として残っていたのである。Williams, *Notes on the Underground*, 14.〔ウィリアムズ『地下世界』、二八頁〕

9 Doyle, "When the World Screamed."〔コナン・ドイル「地球の叫び」、前掲書、二〇八頁〕

10 Ibid.〔コナン・ドイル「地球の叫び」、前掲書、二二〇頁〕。神話で地球と女性が長期にわたって結びつけられてきたことを考えれば、レイプが仄めかされていることはよりいっそう明確になる。ジェンダー化された地球内部は、価値あるものを数多く産み出す。Steven Conner, *Dumbstruck: A Cultural History of Ventriloquism* (Oxford: Oxford University Press, 2000), 52.

11 Doyle, "When the World Screamed."〔コナン・ドイル「地球の叫び」、前掲書、二二〇頁〕

12 Novalis, as quoted in Ziolkowski, *German Romanticism and Its Institutions*, 31.〔ノヴァーリス『青い花』青山隆夫訳、岩波文庫、二〇一四年、一二四頁〕

13 Williams, *Notes on the Underground*, 11.〔ウィリアムズ『地下世界』、二三頁)〕。本書では文学と地質学を体系的に扱うことはしないので、十九世紀における地質学の物語化に興味のある読者は、以下の著作を参考にしてほしい。Adelene Buckland, *Novel Science: Fiction and the Invention of Nineteenth Century Geology* (Chicago: University of Chicago Press, 2013).

14 Williams, *Notes on the Underground*, 90–91.〔ウィリアムズ『地下世界』、一三二–一三三頁〕

15 Richard Maxwell and Toby Miller, *Greening the Media* (Oxford: Oxford University Press, 2012), 55.

16 Fritz Leiber, "The Black Gondolier," in *The Black Gondolier and Other Stories* (n.p., 2002). Negarestani, *Cyclonopedia*. Eugene Thacker, "Black Infinity, or Oil Discovers Humans," in *Leper Creativity* (New York: Punctum, 2012), 173–80.

17 Brett Neilson, "Fracking," in *Depletion Design*, ed. Carolin Wiedemann and Soenke Zehle (Amsterdam: Institute of Network Cultures and xm:lab, 2012), 85.

18 コラ半島超深度掘削坑については、以下を参照。http://en.wikipedia.org/wiki/Kola_Superdeep_ Borehole. Larry Gedney, "The World's Deepest Hole," *Alaska Science Forum*, July 15, 1985, http://www2.gi.alaska.edu/ScienceForum/ASF7/725.html. この掘削作業によって、一九二〇年代以降のいくつかの地質学理論が不正確であることが判明し、古い年代に相当する深さでは奇妙なものも発見された。「コラ坑井は現時点でバルティック楯状地の地殻を半分ほど貫通し、底のほうでは二十七億年前の岩が姿を現している（グランドキャニオン底部のヴィシュヌ片岩が約二十億年前の岩で、地球自体の年齢は四十六億歳である）。科学者たちにとって、この坑井から浮かび上がってきた発見のなかでもより魅力的なものの一つが、ジェフリーズの仮説だと花崗岩から玄武岩へと移行を示す境界で、地震波速度の変化が見られなかったという点である。地震波速度が変化するのは、地表の下およそ三から六マイル程度にわたる変成岩（熱と圧力によって強い再形成作用が加わった岩石）のレイヤーの底部だった。変成岩は完全に破砕されて水で飽和していたが、自由水はこれらの深さでは発見されないはずだ！だとしたら、もともとは岩石鉱物自体の化学組成の一部であった水（地下水とは対照的だ）が結晶から締め出されて、不浸透性の岩が覆いかぶさり上昇が妨げられたというくらいしか考えられない。他のどのような場所であっても、このようなことが観察されたことはなかった」。

19 Maxwell and Miller, *Greening the Media*, 93.

20 T. E. Graedel, E. M. Harper, N. T. Nassar, and Barbara K. Reck, "On the Materials Basis of Modern Society," *PNAS*, October 2013, Early Edition, 1.

21 Ibid. 以下も見よ。Akshat Raksi, "The Metals in Your Smartphone May Be Irreplaceable," *Ars Technica*, December 5, 2013, http://arstechnica.com/science/2013/12/the-metals-in-your-smartphone-may-be-irreplaceable/.

22 Brett Milligan, "Space-Time Vertigo," in *Making the Geologic Now: Responses to the Material Conditions of Contemporary Life*, ed Elizabeth Ellsworth and Jamie Kruse (New York: Punctum, 2013), 124.

23 Manuel Delanda, *A Thousand Years of Nonlinear History* (New York: Swerve/MIT Press, 2000). 人類史に地質学的にアプローチするデランダの論拠は、自己組織化を物質とエネルギーの配分についての普遍的衝動として理解することに由来する。この方法によって、「人間社会はまったくもって溶岩流のごとくである」（55）とデランダは挑発的に論じ、特定の非線形的な組織化のパターンを引き合いに出せるのだ。加えて、デランダは、例えば都会性の人類史と呼ばれるようなものと地質学的形成物との広範囲にわたる連続体にみられる、歴史的特徴を巧みに照らし出している。実際、五億年ほど前の鉱化作用のプロセスにより、内骨格とその骨の物質性が生じ、それらは人間（そして人間以外の骨のある有機体という特定の種）の誕生を左右するプロセスに影響を及ぼし、のちにはそれ以外の一連のプロセスをアフォードする。もっとはっきり言えば、デランダは都市という外骨格を上記と同じプロセスによりアフォードされるものとして語り、都市への集中化と密集化が組織される際に金属が果たす役割を追跡している。こうしたことを敷衍して、地質学的時間とかかわる堆積しては脱領土化するレイヤーがさらなる外骨格をアフォードしている様子からすれば、鉱化作用は現今のコンピュータ時代にまで続いていると論じられるかもしれない。これは、フッサールとシモンドンに依拠しつつ、人間の記憶のさまざまな外在化を語ってきたベルナール・スティグレールの方法などと密かに共鳴する主張である。

24　Deleuze and Guattari, *A Thousand Plateaus*, 40.〔ジル・ドゥルーズ＋フェリックス・ガタリ『千のプラトー（上）』宇野邦一ほか訳、河出文庫、二〇一〇年、九三頁〕。ドゥルーズ-ガタリが断固として強調するのは、こうしたことは実質と形式（哲学のなかにずっとみられる質料形相モデル）ではないし、言語学をモデルとした意味の観念にいつもつきまとう二元論ではないということだ。それに代えて彼らが導入しようとするのが、非意味的な要素をはじめとする、地質学によって駆動される意味の物質性の観念である。この分節の二重の性質は以下のように表現される。「第一次分節は、不安定な流れ-粒子群から、分子状もしくは準分子状の準安定的単位（実質）を選びとり、または取り出し、これに結合と継起の一定の統計的秩序（形式）を課すものといえるだろう。第二次分節は、稠密で機能的な安定した構造（形式）を配置して、モル状の複合物（実質）を構成するものといえるだろう。そうした構造自体も、この複合物において同時に実現をみるのである。例えばある地質学的地層では、第一の分節は「堆積作用」であり、これは周期的に沈降するさまざまな体積単位を統計的な秩序にしたがって集積する。つまり砂岩と片岩の交互継起を伴う堆積物の形成である。第二の分節は「褶曲作用」であり、これによって安定した機能的構造が配置され、堆積物から堆積岩への移行が保証されるのである」（40-41）〔ドゥルーズ＋ガタリ『千のプラトー（上）』、九五頁〕。地質学的なものについて優れた哲学的な読みを行っており外せない文献としてBen Woodard, *On an Ungrounded Earth*がある。ウッダードはドゥルーズ-ガタリのパースペクティヴを批判的に拡張している。

25　要するに、『千のプラトー』では、ドゥルーズ-ガタリは、二重分節としての地層化という観念をはっきりさせるものとして、道徳の地質学（ニーチェが参照されている）という観念を投げかける。この点は先の注で明らかにした通りである。とはいえ、そのようなプロセスは地質学に制限されないので、ドゥルーズ-ガタリは道徳の地質学を語ることができるのだ。私の議論ではさらに歩を進めて、哲学的な文彩をまとって『千のプラトー』に同意を示しつつ、メディア地質学を新興のパースペクティヴとして用いて、メディアテクノロジーの機能の強化に必要なある種の物質的要素を注意深く選択し堆積させることについて検討している。そのようなテクノロジーは、自然と文化との連続、つまり私が〈メディア自然〉と呼んできたものを表している。メディア自然は、エコロジーとのかかわり合い、率直に言えばエコロジー問題――エネルギー生産や廃棄物など――を通して、しばしばそれ自身についてのシグナルを送ってくる。デランダにとって、ドゥルーズーガタリの地質学モデルは、抽象機械としてさまざまな物質性を横断する地層化についての新しい唯物論を提供してくれる。「堆積岩、種、社会階層（そしてその他の制度化されたヒエラルキー）はみな歴史的構築物であり、一定の構造生成のプロセスの産物である。そのプロセスでは、雑多な原料（礫、遺伝子、役割）の集まりから出発して、選別作業による均質化を経て、結果として生まれる組分けを整理し強固にして、その状態がより永続するようにするのだ」（Delanda, *A Thousand Years of Nonlinear History*, 62)。さらに言えば、本書の別箇所で言及したスミッソンの「抽象的地質学」とドゥルーズ－ガタリの思考（ベイトソンを含む）とのつながりは興味深く詳述したいテーマではあるが、この小著で取り扱う範囲を超えている。

26 Sebastian Anthony, "MIT Creates Tiny, 22nm Transistor without Silicon," *Extremetech*, December 11, 2012, http://www.extremetech.com/extreme/143024-mit-creates-tiny-22nm-transistor-without-silicon.

27 以下を参照。Wiedemann and Zehle, eds., *Depletion Design* (Amsterdam: Institute of Network Cultures and xm:lab, 2012).

28 Jussi Parikka, "Dust and Exhaustion: The Labor of Media Materialism," *Ctheory*, October 2, 2013, http://www.ctheory.net/articles.aspx?id=726.

29 Ippolita and Tiziana Mancinelli, "The Facebook Aquarium: Freedom in a Profile," in *Unlike Us Reader: Social Media Monopolies and Their Alternatives*, ed. Geert Lovink and Miriam Rasch (Amsterdam: Institute of Network Cultures, 2013), 164.

30 Zielinski, *Deep Time of the Media*, 3.

31 Stephen Jay Gould, *Time's Arrow, Time's Circle: Myth and Metaphor in the Discovery of Geological Time* (Cambridge, Mass.: Harvard University Press, 1987), 86–91.〔スティーブン・ジェイグールド『時間の矢・時間の環――地質学的時間をめぐる神話と隠喩』渡辺政隆訳、工作社、一九九〇年、一二〇–一二六頁〕

32 James Hutton, *Theory of the Earth*, e-version on Project Gutenberg, (1792) 2004, http://www.gutenberg.org/files/12861/12861-h/12861-h.htm.

33 Jack Repchek, *The Man Who Founded Time: James Hutton and the Discovery of Earth's Antiquity* (New York: Basic Books, 2009), 8.〔ジャック・レプチェック『ジェイムズ・ハットン――地球の年齢を発見した科学者』平野和子訳、春秋社、二

〇〇四年、一一–一二頁〕

34 Charles Lyell, *Principles of Geology* (London: John Murray, 1830), 1–4. Online facsimile at http://www.esp.org/books/lyell/principles/facsimile/.〔ライエル著、ジェームズ・A・シコード編『ライエル地質学原理（上）』河内洋佑訳、朝倉書店、二〇〇六年、四九–五二頁〕

35 Gould, *Time's Arrow, Time's Circle*, 167, 150–55.〔グールド『時間の矢・時間の環』、二一六頁、一九七–二〇二頁〕

36 Elizabeth Grosz, *Becoming Undone: Darwinian Reflections on Life, Politics, and Art* (Durham, N.C.: Duke University Press, 2011).

37 以下を参照。Repchek, *Man Who Founded Time*.〔レプチェック『ジェイムズ・ハットン』〕レプチェックの説明ではハットンは重要な発見者と断定されているが、この言説ではハットンの独創性に焦点を合わせるあまり、ハットン以前の地質学的研究を無視してしまっているところがある。ハットン以前の地質学的研究は、聖書の範囲に収まるキリスト教的世界観につねに関係しているわけではない。その上、歴史記述における近代的時間の発明は微妙に異なる道々をたどり、開かれていて根本的に異なる未来の観念を拓いている。以下を参照。Reinhart Koselleck, *Future Past: On the Semantics of Historical Time*, trans. Keith Tribe (New York: Columbia University Press, 2004), 240–43.

38 Gould, *Time's Arrow, Time's Cycle*.〔グールド『時間の矢・時間の環』〕

39 Martin J. S. Rudwick, *Bursting the Limits of Time: The Reconstruction of Geohistory in the Age of Revolution* (Chicago: University Chicago Press, 2005), 160. ハットンの世界では偶然的なものは考慮されておらず、秩序立った宇宙という自然神学観が残ったままである。

40 Gould, *Time's Arrow, Time's Cycle*.〔グールド『時間の矢・時間の環』〕

41 Simon Schaffer, "Babbage's Intelligence," http://www.imaginaryfutures.net/2007/04/16/babbages-intelligence-by-simon-schaffer/.

42 Rudwick, *Bursting the Limits of Time*, 161.

43 Ibid., 159–62.

44 Zielinski, *Deep Time of the Media*, 5.

45 Stephen Jay Gould, *Punctuated Equilibrium* (Cambridge, Mass.: Harvard University Press, 2007), 10.

46 Niels Eldredge and Stephen Jay Gould, "Punctuated Equilibria: An Alternative to Phyletic Gradualism," in *Models in Paleobiology*, ed. T. J. M. Schopf (San Francisco: Freeman Cooper, 1972), 82–115.

47 Peters, "Space, Time, and Communication Theory."

48 Fredric Jameson, *Archaeologies of the Future* (London: Verso, 2005).〔フレドリック・ジェイムソン『未来の考古学Ⅰ』秦邦生訳、作品社、二〇一一年、フレドリック・ジェイムソン『未来の考古学Ⅱ』秦邦生・河野真太郎・大貫隆史訳、作品社、二〇一二年〕

49 以下を参照。Alexander R. Galloway, Eugene Thacker, and McKenzie Wark, *Excommunication: Three Inquires in Media and Mediation* (Chicago: Chicago University Press, 2013), 139.

50 ツィリーンスキーは変異学シリーズ、ならびに［… *After the Media*］(trans. Gloria Custance, Minneapolis, Minn.: Univocal, 2013) として最近英訳された著作で、これらについて継続して議論している。

51 ネットワークコンピューティングとデータセンターが消費する正確な量についての数字には幅がある。相当の炭素排出を伴うエネルギーへの依存具合の数字についても同様である。Peter W. Huber, "Dig More Coal, the PCs Are Coming," *Forbes*, May 31, 1999. Duncan Clark and Mike Berners-Lee, "What's the Carbon Footprint of … the Internet?," *The Guardian*, August 12, 2010, http://www.theguardian.com/. Seán O'Halloran, "The Internet Power Drain," *Business Spectator*, September 6, 2012, http://www.businessspectator.com.au/article/2012/9/6/technology/internet-power-drain.

52 Anny Catania Kulper, "Architecture's Lapidarium," in *Architecture in the Anthropocene: Encounters among Design, Dep Time, Science, and Philosophy*, ed. Etienne Turpin (Ann Arbor, Mich.: Open Humanities Press, 2013), 100. テクノロジーという見地から鉱山について検証したルイス・マンフォードの読解も重要である。「鉱山こそじつに、十七世紀の物理学者たちが築き上げた観念世界を具体化したモデルにほかならない」。Quoted in Williams, *Notes on the Underground*, 22.〔ウィリアムズ『地下世界』、四〇頁〕

53 近年のメディアと文化の理論は、もっとも興味深いやり方で時間性の考えを再び取り上げている。メディア考古学の場合、こうした時間性の再考という要望は、物語と人間に依拠しない時間性の理解と共鳴する。その一例として、ミクロ時間性のケース（ヴォルフガング・エルンスト）が挙げられる。エルンストにとっては、ミクロ時間性によって、現実を産出するメディアが人間の五感ではアクセスできない速度で作動することについての存在論的基盤が明確になる。以下を参照。

Wolfgang Ernst, *Chronopoetik: Zeitweisen und Zeitgaben technischer Medien* (Berlin: Kadmos 2013). 以下も参照。Ernst, "From Media History to Zeitkritik," trans. Guido Schenkel, *Theory, Culture, and Society* 30, no. 6 (2013): 132–46. 同様に、近年のマーク・ハンセンの著作では、メディア理論の語彙を意識的な知覚とは異なる感覚体制へと組み込む必要性に注意が向けられてきた。ハンセンはホワイトヘッドに触発されたパースペクティヴを使って現象学の限界を詳述し、目下のユビキタスデジタル文化とそれが五感ではアクセスできないままに人間の一部として折り重なる速度を検討する助けとなるアプローチを練り上げようとしている。以下を参照。Mark B. N. Hansen, *Feed Forward: On the Future of the Twenty-First Century Media* (Chicago: University of Chicago Press, 2014). それとは対極的である、気候と地質の時間スケールも検討しなければならない。地質学についての本書に加えて例えば、絶滅と、自然および自然についての知の異様な時間性にかんするクレア・コールブルック議論を参照せよ。Colebrook, "Framing the End of Species," in *Extinction: Living Books about Life* (Ann Arbor, Mich.: Open Humanities Press, 2011), http://www.livingbooksaboutlife.org/books/Extinction/Introduction.

54 Peters, "Space, Time, and Communication Theory."

55 Fuller, *Media Ecologies*, 174.

56 以下を参照。Cubitt, Robert Hassan, and Ingrid Volkmer, "Does Cloud Computing have a Silver Lining?," *Media, Culture, and Society* 33 (2011): 149–58.

57 Paul Feigelfeld, "From the Anthropocene to the Neo-Cybernetic Underground: An Conversation with Erich Hörl," *Modern Weekly*, Fall/Winter 2013, online English version at http://www.60pages.com/from-the-anthropocene-to-the-neo-cybernetic-underground-a-conversation-with-erich-horl-2/.

58 Ibid.

59 Benjamin Bratton, *The Stack* (Cambridge, Mass.: MIT Press, forthcoming); Michael Nest, *Coltan* (Cambridge: Polity, 2011).

60 Rob Holmes, "A Preliminary Atlas of Gizmo Landscapes," *Mammolith*, April 1, 2010, http://m.ammoth.us/blog/2010/04/a-preliminary-atlas-of-gizmo-landscapes/.

61 スクラップ金属とテクノロジーと中国にはっきり焦点を合わせた研究として以下を参照。Adam Minter, "How China Profits from Our Junk," *The Atlantic*, November 1, 2013, http://www.theatlantic.com/china/archive/2013/11how-china-profits-from-our-junk/281044/. テクノロジー社会の一部としての金属の寿命については以下を参照。Graedel et al., "On the

Materials Basis of Modern Society.”

62 Ibid.

63 Garnet Hertz and Jussi Parikka, “Zombie Media: Circuit Bending Media Archaeology into an Art Method,” *Leonardo* 45, no.5 (2012): 424–30.

64 U.S. Environmental Protetion Agency, “Statistics on the Management of Used and End-of-Life Electronics,” 2009, http://www.epa.gov/osw/conserve/materials/ecyclying/manage.htm.

65 McKenzie Wark, “Escape from the Dual Empire,” *Rhizomes* 6 (Spring 2003), http://www.rhizomes.net/issue6/wark.htm.

66 Klare, *Race for What's Left*, 12.

67 “Chevron Announces Discovery in the Deepest Well Drilled in the U.S. Gulf of Mexico,” press release, December 20, 2005, http://investor.chevron.com/. 今のところもっとも深い井戸はペルシャ湾中央の海岸沖に位置するアル・シャヒーン油田（一万二千二百九十メートル）と、サハリン島海岸沖のオホーツク海にある深さ一万二千三百七十六メートルに達するものである。後者のプロジェクトはエクソン・ネフテガス社により実行された。

68 Heidegger, *Question Concerning Technology*, 16.〔マルティン・ハイデッガー『技術への問い』関口浩訳、平凡社、二〇〇九年、二六頁〕

69 European Union Critical Raw Materials Analysis, by the Eropean Commision Raw Materials Supply Group, July 30, 2010, executive summary by Swiss Metal Assets, October 1, 2011, http://www.swissmetalassets.com.

70 Clemens Winkler, “Germanium, Ge, ein neues, nichtmetallisches Element,” *Berichte der deutschen chemischen Gesellschaft* 19 (1886): 210–11.

71 以下を参照。Ryan Bishop, “Project ‘Transparent Earth’ and the Autoscopy of Aerial Targeting: The Visual Geopolitics of the Underground,” *Theory, Culture, and Society* 28 nos. 7–8 (2011) 270–86.

72 Williams, *Notes on the Underground.*〔ウィリアムズ『地下世界』〕

73 以下のマッケンジー・ワークの著作にみられる考えを参照して、そのような理論は明らかに「低い理論」だと思弁できるかもしれない。McKenzie Wark, *Telesthesia: Communication, Culture, and Class* (Cambridge: Polity, 2012), 12.

74 ジョナサン・スターンも深い時間にかかわるパースペクティヴの必要性を提起しているが、深い時間という用語は使用していない。「人類史におけるメディア史のスパンがおおよそ四万年だとしたら、私たちは心底真剣に最初の三万九千四百年のことをこれから再考すべきである」。Jonathern Sterne, "The Times of communication History," presented at Connections: The Future of Media Studies, University Virginia, April 4, 2009.

75 Friedrich Kittler, "Of States and Their Terrorists," *Cultural Politics* 8, no.3 (2012). 以下も参照。ブライトン大学のプロジェクト「硝酸塩の痕跡：イギリス－チリ間の採掘の歴史と写真」（ＡＨＲＣによる資金援助）。http://arts.brighton.ac.uk/projects/traces-of-nitrate.

76 Kittler, "Of States and Their Terrorists," 394.

77 Chris Taylor, "Fertilising Earthworks," in Ellsworth and Kruse, *Making the Geologic Now*, 130.

78 Sean Cubit, "Integral Waste," presented at the transmediale 2014 Afterglow festival, Berlin, February 1, 2014.

79 Geoffrey Winthrop-Young, "Hunting a Whale of a State: Kittler and His Terrorists," *Cultural Politics* 8, no. 3 (2012): 406. ウィンスロップ＝ヤングは、『重力の虹』（New York: Viking, 1973）における第二次世界大戦にかんするピンチョンのことばを続けて参照している。それはメディア、物質性、イデオロギー、戦争という広範囲にわたる論点にとっての適切なガイドラインだろう。「この〈戦争〉は政治とは無関係。政治は完全にお芝居、民衆の注意をそちらに向けておいておくためのものであり［……］その陰で、テクノロジーの要請こそが、専横的な力を揮い、事態を動かしていた［……］真の重要局面は、配分をどうするか、優先権をどこにもっていくかという点にある。「どこ」といってもどの企業ということではない──それは表向きのこと──そうではなく、どの〈テクノロジー〉に、人工物製造と電子技術、航空機その他のどのニーズに配るのか、それを理解しているのは支配層のエリートだけだ」。Ibid., 407.〔訳文では以下のピンチョンの邦訳を参考にした。トマス・ピンチョン『重力の虹（下）』佐藤良明訳、新潮社、二三六頁〕

80 iMineゲーム。http://i-mine.org/. Parikka, "Dust and Exhaustion."も参照。

81 William Jerome Harrison, *History of Photography* (New York: Scovill Manufacturing Company, 1887). ハリソンの地質学者としての経歴を踏まえれば、私たちの目的にとって彼はより興味深くなる。以下を参照。Adam Bobbette, "Episodes from the History of Scalelessness: William Jerome Harrison and Geological Photography," in Turpin, *Architecture in the Anthropocene*, 45–58.

82 ケリー・イーガンにお礼を。彼女は映画と化学物質を用いた自身のアート実践について、オートエスノグラフィ的に詳述したものをシェアしてくれた。

83 ジェーン・ベネットもドゥルーズ－ガタリに依拠しながらこうした概念的形象を使用している。以下を参照。Bennett, *Vibrant Matter*, 58–60.

84 Thomas Pynchon, *Against the Day* (London: Vintage Books, 2007), 72.〔トマス・ピンチョン『逆光（上）』木原善彦訳、新潮社、二〇一〇年、一〇一頁〕

85 Paul Caplan, "JPEG: The Quadruple Object," PhD thesis, Birkbeck College, University of London, 2013.

86 Homer H. Dubs, "The Beginnings of Alchemy," *Isis* 38, nos. 1–2 (1947): 73.

87 「雌牛の牧地より悪臭が暗天へと上昇し、暗天は齢六百年で黒砥石を生み、黒砥石は齢六百年で黒水銀を生み、黒水銀は齢六百年で黒金（鉄）を生み、黒金は齢数千年で黒龍を生む。黒龍が［永遠の］冬眠に入るところ、黒春が生まれる。」Quoted in ibid, 72–73.

88 William Newman, "Technology and Alchemic Debate in the Late Middle Ages," *Isis* 80, no.3 (1989): 426.

89 Vincent of Beauvais's *Speculum doctrinale*, quoted in Newman, "Technology and Alchemic Debate," 430.

90 Pynchon, *Against the Day*, 88.〔トマス・ピンチョン『逆光（上）』、一二二－一二三頁〕

91 Cubit et al., "Does Cloud Computing have a Silver Lining?,". 以下も参照。Michael Riordan and Lillian Hoddeson, *Crystal Fire: The Invention of the Transistor and the Birth of the Information Age* (New York: W. W. Norton, 1997).

## 訳註

1 オウィディウス『変身物語（上）』中村善也訳、岩波文庫、一九八一年、一七頁。

2 二〇一四年二月十一日号でパグレンがＮＳＡの建物を撮影した写真を確認できる。

3 生活様式が反映・適用された生物の形態。

4 原文では一七七八年の表記だったが、著者に確認の上で修正した。

5 ツィーリンスキーの変異学（Variantology）については、例えば以下を参照。Siegfried Zielinski and Silvia M. Wagnermaier, "Depth of Subject and Diversity of Method: An Introduction to Variantology," translated by Gloria Custance in *Variantology*

*1: On Deep Time Relations of Arts, Sciences and Technologies*, ed. Siegfried Zielinski and Silvia M. Wagnermaier (Köln: Walther König, 2005), 7–12.

6 インジウムはスマートフォンやタブレットのディスプレイなどに不可欠のレアメタルである。

7 マクルーハンの著作のタイトル（*Understanding Media*）を下敷きにしていると思われる。

8 原文ではカリウムに続けて窒素が再度言及されている。重複分の「窒素」は十九世紀以降に単離された窒素以外の成分（元素）の誤表記だと思われる。そのため、訳文では重複分は訳出していない。

9 punctuated imbalanceという表現は、断続平衡説（punctuated equilibrium）を踏まえた表現であろう。

第 3 章

# テクノロジーと心理地球物理学

地球の地層はごたまぜのミュージアムである。合理性に裏打ちされた秩序《オーダー》＝階層とアートを閉じ込める社会構造をすり抜けさせてくれる極限《リミット》と境界線を含むテクストが、堆積物には埋め込まれている。岩石を読むには、私たちは地質学的時間と地殻に埋没した先史時代の物質のレイヤーに自覚的にならなければならない。荒廃した先史時代の場を入念に見渡せば、現在の美術史の限度《リミット》を揺さぶる破損した地図の山が目に入ってくるのだ。

――ロバート・スミッソン

十八世紀初期の地質学言説によれば、地球は巨大な熱機関である。その内側には噴出しようとする熱く溶けた中心核がある。それは時を超えたエネルギー源のようにみえるかもしれないが、歴史的に形成されている。海から陸塊が上昇し動くことは、地球の息吹を示す。限定的にではあるけれども、のちに提唱される生ける実体としてのガイア理論を彷彿とさせる内容が、つまり吸入と吐出が初期の地質学言説の一部としてすでに登場していたのだ。土壌は媒介にかかわる主たる要素である。農業は生命を養い育むが、土壌とはメディアである。日増しに高まる人工合成土壌への要求が示すように、「土壌とはテクノロジーの形式である」。[*1] 汚染が止まらないこの惑星では土壌の生産は大きなビジネスになるだろう。この点が実感される現在から遡って二百年以上前のことであるが、ジェームズ・ハットンの世界観では大機械としての地球という観念が焦点となっている。産業時代がもうそこまで来ていることを考えると、それは極めて時宜に適っていた。地球は年月を経た機械だったし、キリスト教的な含意やインテリジェントデザインにみられる信念も依然として備えていた。なにもかもが偶然ではなく、むしろ高位の秩序によって統治されると〔考えられていたと〕いうわけだ。

深さとは時間を意味するが、熱も意味している。底深くには熱い中心核がある。ラドウィックの主張をパラフレーズすれば、内部熱は礫や砂、そのほかの海底下の組成物を溶かし、それらを岩へと固める一つの生命である。[*2] 固体とは自然史に属するものが長いプロセスを経て至る最終結果である。しかも、それは歴史である。だが、それは、金属の情動《アフェクト》というある種の新しい唯物論的形而上学としてマヌエル・デランダが語る意味での歴史である。このとき、〔デランダによれば〕金属は化学触媒として説明されなければならない。[*3] しかしながら、金属は化学反応だけでなく、社会と政治と経済そして確かにメディアテクノロジーにかかわる反応にも、触媒作用を及ぼす。

前章ではオルタナティヴな深い時間のためのいくつかのアイディアを概観した。ともかくスタートを切ったというわけだ。本書では、深さのコノテーション(現代のテクノロジー文化の存在には鉱山が不可欠という現実)に加えて時間性も指し示す、メディアテクノロジーをめぐる深いレイヤーを発掘することを私は示唆している。私たちの分析に欠かせないメディア史の時間——数百万年かかる地質学的形成物や鉱化作用にかかわる長大な持続時間、ならびに化石が分解して化石燃料層を形成し近代テクノロジー世界に不可欠となるのにかかる数百万年——について再考するとも言える。また、私たちは気候への影響をもっとも大局的な見地から説明し、メディアテクノロジーの果たす二重の役割を説明すべきである。この二重の役割とは以下の通りである。

1. 環境と気候という観点から知覚し、シミュレーションし、デザインし、計画を立てることを可能にする、認識論的枠組みとしてのメディアテクノロジーがある。メディアは、例えば気候変動についてこんにちの私たちがそうしているやり方で語ることを可能にする枠組みを構成する。[*4]

2. メディアテクノロジーは残効、残光[*5]として検討できる。こうしたメディアテクノロジーは、意図的な陳腐化とガジェット文化の化石化した痕跡として、ならびにメディアがそれを中心として機能するところの巨大インフラストラクチャー——エネルギーや原料生産、山のように廃棄されたキーボード、スクリーン、マザーボード、その他コンポーネント——として残存していく。

本章で上記テーマを発展させていく際は、アート的手法と美学との特別なつながりを踏まえる。実のところ、こうしたことにも先に言及したダブルバインドの特徴が現れる。「気候」のようなスケールや地質学的な時間スケールに基づく気候変動さえ語ることのできる、拡張的《イネーブリング》な美学がある。その一方で、地球物理学的なものに介入しそれを糧とする批判形式としての、こうした変動についての美学があるのだ。〔こうしたことを検討するために〕本章では、この著作における主たる概念の一つである〈心理地球物理学〉（*psychogeophysics*）を導入する。心理地球物理学は、概念でもありアート実践でもあり諸方法の混合でもあるが、シチュアシオニスムの語彙として周知の心理地理学の拡張である。心理地球物理学が主張するところでは、資本主義のエコロジーと地球のエコロジーとのあいだに広がる主観の転調をより根本的に理解するために、私たちは〔心理地理学の〕都市圏という焦点を超えて地球物理学的なものへと達する必要がある。このように適切に刷新されたシチュアシオニスムの美学についての議論——ここでマッケンジー・ワークの議論への同意を示しておくのが適切である。近年ワークは、特に軽視されてきた数名に目配せして、シチュアシオニスムの理論家と実践とテーマの関連性を強調している*6——は、地球物理学とメディアテクノロジーとの結びつきを語るという、思い切った方向へと展開していく。

本章では心理地球物理学の「マニフェスト」（『ミュート』誌所収）を、地球物理学的メディアアートにかかわる、拡張されたシチュアシオニスムとして論じる。*7 この文脈における概念的な議論は近年のアートとハクティヴィズム[1]のいくつかのプロジェクトと接続し、それらはこの〔心理地球物理学という〕挑発的な概念と噛み合う。そうしたプロジェクトとしてマーティン・ハウスの《アースブート》とフロリアン・ドンボワの《地震》のソニフィケーションを挙げるが、それら以外の地球の持続とサウンドと感覚に取り組む試みにも言及しよう。

## 心理地球物理学的な漂流

美学のもろもろの問いは、非人間的なパースペクティヴを出発点とすると独特の仕方で展開する。動物を考慮に入れると、ある美学の問い——必ずしもアートとその価値についてではなく、知覚と感覚についての問い——が、オルタナティヴな仕方で展開する。文学だと歌うネズミのヨゼフィーネ（フランツ・カフカの短編に登場する）は架空の動物世界と美的鑑賞の興味深い一つのストーリーであるが、生物学と実験心理学だとそれは測定可能な知覚の時間レートと閾の問題である。さまざまな動物の知覚レートは人間の五感とは大きく異なっている。鳥はどのように知覚するのか、魚はどのように聞くのか、蜂は独特の色彩感覚の世界にどのように組み込まれているのか、これらに認知的もしくは情動的に接近することは容易ではない。そのため、問いは哲学としての美学から生理学と実験心理学の分野へと移る。十九世紀に現れる生理学と実験心理学という分野でヘルムホルツらが登場してくる際は、物質的・経験的探究を用いていた。人間を含む動物の客観的・生理学的な閾の測定が問われたのだ。[*8] しかし、非有機的なものというパースペクティヴからこうした問いを出発させてみたら、なにが起きるのだろう？

岩石の記憶と人間社会の記憶は、異なる時間秩序に属している。[9] ラ・プルーシュ神父は、『自然の光景』（一七八三）[2]で、「石と金属のおかげで、世界の歴史が寸分違わず私たちに伝わっている」ことを思い出させてくれた。[10] 石や金属の能力、すなわち感覚と記憶と時間をめぐって実体化される鉱物組成は多くの美的なアイディアにとって少なくとも部分的条件となっている。そうした美的アイディアは「アート」にだけ限定されるのではなく、地質学と天文学の論点と共鳴するのだ。[11] メディアと美学をこのように広く定義することで、有機的な人間の身体とそれを取り囲む有機的なもの・非有機的なものとのつながりも検討できるようになる。

周知のように、二十世紀の芸術と哲学には、しきりに岩石の世界と交わろうとした伝統と例がある。ランドアートと環境芸術だけでなく、ロジェ・カイヨワのような人物もその良い例である。カイヨワは自然を神話との関係においてだけでなく、より広くアレゴリー関係においても捉えようと長期にわたり力を注いでいた。そのため、シュルレアリスト的なところのあったカイヨワは石に魅了されたのだ。その結果、素晴らしい岩のコレクション（〈奇妙〉、〈とっぴ〉、〈風変わり〉というカテゴリーで体系化された）だけでなく、非有機的なものと時間性と神話にかんする哲学的探究がもたらされた。[12] 実際、カイヨワの『石が書く』（一九七〇）では、石を物体として賞賛することから、視覚メディアとしての石のアーカイヴ的立ち位置および石の変形力へと、つまり化石に印されたはるか昔の想像《イマジナリー》の都市イメージおよび、岩と鉱物には石自体が産出するもう一つの力――変質作用の力――があるという暗示へと、力点が切り替わっていることが垣間見える。[13] 物体としての岩石から生産力としての鉱物と金属と地層へ。すなわち、鑑賞と知の対象から、冶金的なパースペクティヴ――金属はできることによって定義されるというパースペクティヴ[*14]——で把握される、力を与える触媒へと力点が切り替わっているのだ。

美学とテクノロジーと環境的なものにかんするポスト人新世の議論には、人間と動物と非有機的なものの関係をめぐる新たなエコロジーが含まれていなければならない。実際、生動唯物論〔3〕のスポークパーソンであるジェーン・ベネットが強調するように、「文化とは私たち自身の手によるものではなく、生物学と地質学と気候にかかわる諸力によって息を吹き込まれるようなものなのである」[*15]。ポスト人新世の議論をこのように明確にする動きは、複数の分野にまたがって生じている。動物美学はその一つである。マシュー・フラーの「動物のためのアート」がこのケースの範例となる[*16]。しかし、こうしたことは、知覚と感覚をめぐる有機的なものと非有機的なものの領域を真剣に考慮に入れる、動物美学以外のアートの形態でも生じている。ポストヒューマン——科学とテクノロジーとエコロジーの諸力によって、人間を人間たらしめるものごとについての確信がもてなくなった状況——について早急に検討するよう、倫理的に求められているということだろう。ロージ・ブライドッティが表すように、「惑星的で地球《ジオ》中心的な」パースペクティヴに取り組むことが、ますます必要とされるようになってきているのである[*17]。言い換えれば、上記のような説明によっても本章の心理地球物理学的な焦点によっても、人間をその環境から切り離すかもしれない自然の審美化（Aesthetization）——ティモシー・モートンも『ハイパーオブジェクト』で持ち出している点[*18]——については、私は触れることはしない。話は逆である。近接性を打ち立てること、すなわち、自然のエコロジーがテクノロジーのエコロジーと全面的に絡まり合うメディア自然[*19]をめぐる結びつきや連続体を地図化することに、私の議論の矛先は向いている。モートンはこうしたことをハイパーオブジェクトの〈粘性〉質と呼んでいるが、本章ではそれと似たテーマのいくつかをアートとテクノロジーのパースペクティヴから語ってみよう。

というわけで、問いは次のようになる。土壌と地殻と岩石と地質学的世界はいかに感覚するのだろう？と。これは、アルフレッド・ノース・ホワイトヘッドにはまるような人ならば誰しも魅力的に思うジレンマであることは明らかではあるが、それをメディアと美学のパースペクティヴから検討してみよう。地震や津波、電磁波その他の放射物のたぐいは、どうすればうまく〔議論に〕組み込めるだろう？　それらはモートンの言うハイパーオブジェクトかもしれないが、地球物理学的美学を焦点とするいくつかの語り口と活動とも一致する。ひょっとすると、これらを問う方法とは、概念的で形而上学的な議論や評論ではなく、エクスカーション、散歩、実験、試金なのだろうか？　もっと言ってしまえば、こうした手法がロンドン心理地球物理学サミット二〇一〇の活動を表すのにうまく当てはまるとしたらどうだろう。非人間についての形而上学的評論に代えて、例えばイースト・ロンドンで散歩してみよう。

ロンドン心理地球物理学サミットでは、一週間集中式で市全体を舞台に歩き、実地見学し、川を漂い、オープンワークショップを開催し、議論を交わして、新たな学際的枠組みである心理地球物理学を探究し、心理地理学を地球科学の測定手法と研究と突き合わせてみよう（犯罪科学捜査と地球物理学的考古学の擬似体験である）。ＳＰＡＣＥを中心に開催されるオープンなイベントとして、スクラップ金属からちょっとした地球物理学的測定装置を組み立てる実践的なワークショップ、そうした装置を都市で研究し長期にわたり使用するための実地見学、市全体を舞台とする散歩中に身体的・地球物理的データを測定し地図化すること、戦略的な地下ネットワークの配備、擬似体験と漂流と信号をたどるエクスカーションの融合、信号を使った川の生態系についての研究があります。これらと並行して広範で学際的な心理地球物理学のテーマについての短いレクチャーと議論が行われます。[*20]

心理地球物理学という概念は、心理地理学という概念――シチュアシオニストたちを徹底的に究明する二十世紀の芸術の語彙において、〔心理地球物理学よりも〕はるかによく知られた概念――と相補的な用語として導入される。[(4)] しかし、心理地理学的なものが私たちの五感と情動の方向づけに対する都市環境の特定の影響を分析することにかかわっていたとしたら、地球物理学的な捻りを加えることで〔心理地理学に〕より強い非人間的要素がもたらされて、現行の開発＝搾取の形式を自覚しながらも非有機的なものへの戦略的な見方もとれるようになる。心理地球物理学の手法は、一見したところ〔心理地理学と〕よく似ている。つまり、散歩することである。漂流・放浪し、訪れたり足繁く通ったりただ通り過ぎたりする場所を擬似体験で拡張してみよう。ピンチョンとJ・G・バラードの見方と小説を通して、自分たちの周囲にアプローチしてみよう。しかし、目にするものが唯一の現実の水準と考えてはいけない。見えないものと地下もある。地下は、アフォーダンス――私たちの習慣を支えるように知覚できるよう設計されていると、事物を認識させるもの――という考えを探究する独特な方法を開いてくれるかもしれないのだ。[*21] 一九五〇年代後半から始まるギー・ドゥボール－シチュアシオニスムの流儀では、心理地理学的なものによって物理的な風景が非難されるわけではない。そもそも、この術語は依然として「地理学」を保持しているのだ。実際、心理地理学の思弁的方法論へと歩を進める際に、ドゥボールは「土壊の組成や気候条件〕[*22]に言及するのを怠らない。後者〔気候条件〕は、都市生活の習慣的なパターンの地図化に導入されて、心《プシュケー》と都市環境のメディア－経済的結合を打破しショートさせるバリエーションを見出す方法を提供する。しかしながら、心理地理学の行動指針《ミッションステートメント》に続いて述べられるのは、もっぱら都市関連の省察である。もっとはっきり言えば、都市圏は、後の場合でも特権的に扱われて、後期近代の資本主義――メディア〈文化〉の条件に非常にしばしば固着するスペクタクルに適した資本主義――のカルトグラフィを提供する批判的方法論において特別な位置を占める。

マッケンジー・ワークは心理地理学的なものの一般理念を記述し、都市〔特にパリ〕とレトリスト・インターナショナル〔5〕とアート実践としての漂流の関係をめぐって紡がれた一九五〇年代の思考との関連を述べるという、計り知れないほど貴重な仕事をしている。ドゥボールとイワン・シュチェグロフ〔6〕の手にかかれば、心理地理学の方法論は、客観的な周辺環境と主観的な家の中とのあいだに広がる間個人的《インターパーソナル》なものを、社会科学的に記すことにとどまらなくなる。むしろそれは、複数の場と複数の経路《ベクトル》が層として重なり合ったような設定を通して導かれる襞として主観的なものを捉える、ラディカルな見解なのだ。流れと定点と渦を扱うカルトグラフィにとって、地理学的なものを撹乱することがいかに重要な一条件であるかをワークは論じている。[*23] 心理地理学という術語およびそれと漂流の関係には、生産の時間と余暇の時間について多くの含みがある。しかしながら、都市が第一に考えられていること、そしてこの点が近年の地球物理学的〔な捻りが加えられた〕バリエーションでいかに批判されているかにまずは焦点を合わせよう。

〈心理地球物理学〉という術語は、二〇一〇年にロンドン心理地球物理学サミットコレクティヴにより提議された。[*24]『ミュート』誌において、このコレクティヴは心理地理学的な焦点についてもっと地球よりの焦点へとスケールを改めるよう、かなりはっきりと要求している。心理地球物理学という考えは、心理地理学のいくつかの側面を挑発的に遠ざけようとしているのだ。ドゥルーズ－ガタリは家の中とソファを焦点とする精神分析理論の思考態度を批判して、偉大なる家の外であるスキゾ分析を対置する。こうしたドゥルーズ－ガタリの批判とときおり類似するかなり強めの表現で、心理地理学は住宅中心の思考態度のための方法論の見本だと批判される。心理地理学は精神と建築をめぐる洗練された《シヴィライズド》都会状態、すなわち家の中と都会に合わせて構造化された一連の生活様式にみられる洗練された《シヴィライズド》都会状態によって占拠されていると言われるのである。心理地球物理学の見地からすると、習慣的な生活を形づくるための出発点にさえなり得る、広範な地質学的文脈が抜け落ちているのだ。

心理地球物理学。まさに地球の重量が一丸となって宙吊りのものを引き下げようとするように（つまりは比較的微弱だが要となる力である重力の話だ）、人間の状態は地球全体によって形づくられている。それは精神のプレートテクトニクスとしての心理学である。[*25]

上記の文章に続いて、心理地理学的傾向の特徴とされる「ＩＮＭＢ（私の裏庭で）的地域主義および、都市と同時代を越え出た先を眺めるという野心の全般的な欠如」が酷評される。そもそも、このサミットのマニフェストは以下のような論調だ。

都市は現れては消えるし、住宅街には好不況が循環して押し寄せる。心理地球物理学的な視角をとればなにもかもがうまくいく。だがそれは、独りで手順にばかり夢中になるあまり（太鼓腹のGoogleユーゲントが背を丸めて自己陶酔的に作業する姿を思い出せば良い）、そしてこの上なく客観的な測定と生データに対する非理性的な考えにより、すでに眩まされている。[*26]

特に精神のプレートテクトニクスという点にかかわる心理地球物理学のいくつかの概念が、ロバート・スミッソンによるアースワークをめぐるアート言説を彷彿とさせる。スミッソンは、とりわけ一九六〇年代に公開されたテクスト「精神の堆積――アースプロジェクト」で、グレゴリー・ベイトソンのエコロジー思考と強く共鳴する言い回しを導入する。だが、それはアートと地質学が一体となった文脈で導入されるのだ。ダイナミックな――腐食・摩耗・合成・分解をめぐる――美的関係にまで及ぶ、精神と地球の連続性・トポロジカルなねじれ・接続はすでにスミッソンのアイディア中にある。脳と地球はプロセスの構造化を共有する。それが「抽象的地質学」[*27]とスミッソンが呼ぶものへと進展するのである。こうしたことは、実在するテクノロジー装置とシステムには縛られない一方で物質の領域は包摂するという、一風変わった仕方でテクノロジーを理解する方法をもたらしてもくれる。

ロンドン心理地球物理学サミットは惑星全体に及ぶ低周波の恐怖を退化を匂わせながら語り、心理地球物理学的な世界観《イメージ》を喚起する。それは、地質学と現代の資本主義的生活の関係を実際に検討するためには、都市と商店街と居心地の良い家の中に根差す美的手法では不十分だからだ。心理地球物理学のカルトグラフィの目的は、人間の定住と環境的なものとのあいだの緊張関係の解明である。この両者のあいだで張り詰める力関係は、環境保護政策《グリーン・ポリティクス》が語るそれよりもラディカルなものとして語られる。それはカントの崇高を現代のテクノロジー文化のパースペクティヴへと動員する観点の一つである。

山はパリより重要であり、火山はカイロより重要であり、地震はドバイより重要であり、地磁気北極はアメリカ大陸の全都市をひとまとめにしたものよりも重要である。十億年以上の間隙が生まれれば、ロサンゼルスは海に沈む（激変）し、そしてまた十億年という間隙が空く。十億年の間隙が生まれれば、庭の垣根は地面に倒れ（激変である）、そしてまた十億年もの間隙が空く。地理学ではなく地球物理学が私たちを規定する。緯度／経度による分類法には動き続ける地球という塊は収まらない。富士山にはGoogle Earthは必要ない。[*28]

心理地球物理学が目指すのは、惑星スケールの美学である。それは、一九五〇年代、六〇年代のパリという都市圏を前提にもともとはシチュアシオニストが生み出した都市という焦点を、都市には収まらない要素としての地球物理学的なものと噛み合うようにしていると見なすことができる。さらに言えば、ギャリー・ジェノスコが新四元素として、もしくは現代の生政治と環境についての文脈における地水火風元素の動員[*29]として言及する内容が、物質の持続性を理解する一つの方法である。この「元素的なもの」が、人間を焦点とするマクルーハンのテクノロジー理論のオルタナティヴとなるような、スミッソンの論点にみられる。そして、美学と環境的なものと拡張されたエコロジー的政治学をめぐって広く展開している現代の議論の一部として、心理地球物理学的なものがうまくいくかもしれない理由を理解するための道筋を、ジェノスコの「元素的なもの」は提供してくれるのである。

ポスト人文科学の言説がきっかけとなり、私たちの内なる動物（非意識にかかわることを強調するアプローチを用いた人間中心主義批判）にも、社会経済分野の一部としての動物（さまざまな産業において搾取されている動物）にも、等しく人文科学が開かれてきた[*30]のは確かにその通りである。その一方で、有機的なものと非有機的なものの連続体にもっと光を当てて浮き彫りにしていく必要はあるだろう。この種のカルトグラフィは『地質学的なものが今をつくる』[*31]のような近年の論集でみられはする。だが、心理地球物理学的なものは、近年のアートのプロジェクトと実践が独自のマニフェストでメッセージを出すことのできる、オルタナティヴな探究領域を誘発するように思われる。心理地球物理学が生物学的なものと非有機的なものと社会的なものにまたがる連続体となって作動するというのは、こうした意味においてである。それは、私たちの内側にある鉱物《ミネラル》と世に出てテクノロジー仕掛けのガジェット類を可能にする金属と岩石への倫理的‐美的パースペクティヴ――抽象的地質学――ももたらしてくれる。

というわけで、こうした地質学的唯物論を実際に活用する多彩なアート作品が、私たちが相当風変わりなものに対して目を留め耳を傾けるための鍵となってくれるかもしれない。それらは非人間的なもののヴィジュアルとサウンドを提供してくれるのだ。そうしたテクトニクス的見地を組み込んだ心理学の語彙と並べば、フェリックス・ガタリの精神のエコロジーにかかわる用語でさえ顔色を失うだろう。とはいえ、こうした語彙は先達なしにはあり得ないのだけれど。

## 地質学とかかわるアート、土壌とかかわる機械

地質学的形成物、地震、融氷のサウンドスケープ、電磁場を形成するさまざまな放射エネルギーなどは、いかなる美学の体制に属するのだろう。地質学的なものと人の手によるものを結合させたいとき、どのような種類の美学の語彙が使えるのだろう。イマニュエル・カントの『判断力批判』を含む美学の言説は外界との具体的なかかわり方を整備してきたわけであるが、より特定的に言うと地質学的なものとのかかわりが興味深い。それは、とりわけ十九世紀初頭のドイツとイギリスで流行し、文学と哲学を活気づけたテーマだった。[*32] 十八、十九世紀の地底世界は地質学と鉱山にだけかかわっていたのではなく、ロザリンド・ウィリアムズが論じるように、〈崇高〉と〈空想《ファンタジー》〉のような術語も地下をめぐる想像的なもの《イマジナリー》の一部だったのだ。[*33] 十八世紀から続く廃墟へののめり込み、絵画に入り込む考古学的熱狂へののめり込みも、その一つであった。ジョヴァンニ・バッティスタ・ピラネージによる描写表現《イメジャリー》は、十八世紀後半における古代ローマ帝国の再イメージ化の好例である。ジョン・マーティンの《ポンペイとヘルクラネウムの壊滅》（一八二二）は、畏敬の念を喚起する地球物理学的力の恐怖を象徴している。それは人間の文明を脅かす崇高な脅威としての恐怖であり、このよく知られた火山噴火を神話的な地位へと押し上げるのだ。廃修道院などのさまざまなイメージも、考古学的なものと遺跡と地球物理学的要因による都市

の荒廃へののめり込みを例証する他の主題と並んで、イギリス絵画には不可欠である。[*34] ここ数十年のアート言説では、クリティカル・アートの一環として――とりわけランドスケープアートと例えば地球詩学という「地球へのかかわり方と世界を開くことに根本的に関係する」[*35]概念において――、地質学と偉大な家の外を再浮上させるさまざまな布石が打たれてきた。

　風景と地質学を取り込んだ写真によるアートを一目見るだけで、十八、十九世紀の哲学から、そして人の尺度と自然の計り知れなさが織りなす対照的な情感から受け継いできたかなり古典的な美学的傾向が、確かに今でも思い出される。こうしたことは風景画から国立公園のテクノロジーへと引き継がれ、複製技術による理想的な自然美の捕獲といったようなことを示している。リチャード・グルーシンによれば、アメリカの文脈では国立公園とはテクノロジーにより自然を複製する様式を表す。[*36] それは理想化された一連の状況《コンディション》＝条件として、自然を表象し、地理学と地質学と建国と美的関心を絡め取っていく。イエローストーン国立公園やグランドキャニオンといった地球物理学上の独特さを備えた場所は、すでに十九世紀には地質学が加味された美学が取り扱う風景と環境になっていた。イマニュエル・カントによる美学の語彙は、例えばクラレンス・ダットンによる地図帳《アトラス》付きの『グランドキャニオン地域の第三紀史』（一八八二）で、再利用されたのである。この著作の語りと図版《イメージ》では、グランドキャニオンを取り上げる言説は美《ビューティ》から崇高へと変わっている。この認識の限界とかかわる崇高について、グルーシンは以下のように巧みに記述している。

　それを浸食と堆積という付着成長作用と共通点のある術語で表象する限り、ダットンによる崇高の知覚をめぐる認識論の説明は、結局のところ地質学的である。ダットンにとって、地質学的な一節と文学的な一節には、すなわち科学的な目的と美学的な目的には根本的な違いはない。*37

ダットンの散文と図版《イメージ》では、グランドキャニオンの風景は台地と地層すなわち「ジュラ紀の残り」*38についての地質学的カルトグラフィとなり、再メディア化された自然についてのある種のアーカイヴといった美学的な描写・規定で今に伝えられる。このように崇高を地質学的な深い時間の美学と見なすアイディアは、ロザリンド・ウィリアムズによって論証されている。〔ウィリアムズによれば〕地質学的な思考だけでなく「産業テクノロジーの美学的発見」*39も、この種の十九世紀の美学によって支えられている。風景画は（近代の学問領域および思考態度としての）地質学の誕生と密接に関係しているのだ。

だが、より長大なパースペクティヴに関連させながら、地質学的なものを扱うアートの多くは、人間が地球に対して詩的ということにとどまらない工学技術を駆使していることを認めている。これは人新世の議論でここ数年取り上げられている点であり、美学によるいくつかの重要な介入の原動力にもなっている。もっとはっきり言えば、そのような美学による介入は、人文科学《ヒューマニティーズ》＝人間らしさの本質をめぐる倫理的な問いを投げかける絶好の位置にある。それは、惑星規模の工学と著しい変化が私たちの拠って立つ物理的な大地に加えられる時代に、私たちは十分根拠のある人文科学＝人間らしさを保ち続けることができるのだろうか？と、問うのである。

人新世の代わりに、マイナー概念としての心理地球物理学を論じてみよう。ここでの「マイナー」とは、アート言説においてでさえ注目の度合いが低いという意味でのマイナーであり、潜在的なものすなわち変異と逸脱の諸力を結集するという、ドゥルーズ＝ガタリ的な意味におけるマイナーでもある。それは、大元となる公理的原理一式を確立しようとするよりは、ひとところにとどまらない潜在的な線を発見する実験なのだ。[*40] 本書の場合、美学的問いはアートにだけ限定された考察からはどんどんと乖離し、知覚を可能にする時空間的条件とより強くかかわるようになっていく。その一方で、こうしたことに関係するような知覚は部分的には人間とのかかわりを断ち、広範囲にわたる気候的・地球物理学的な領域を考慮に入れた包括的な動的編成へと向かう。この文脈において、ケイティ・パターソンのインスタレーション《ヴァトナヨークトル氷河（ザ・サウンド・オブ）》は魅力溢れるプロジェクトだ。パターソンは、伝達を支えるテクノロジー的インフラストラクチャーを地球物理学的なものがもたらすサウンドスケープと実際に接続させている。

氷河がどんな音を出すのか、いままでに思い巡らしたことは？　氷河の〈呼び声（通話）〉とはどのようなものなのだろう？

水中マイクの導線をヨークルスアゥルロゥン潟湖――氷山だらけのヴァトナヨークトル氷河河口にある氷潟湖――へと引いてアンプとしての携帯電話につなげ、氷河に至る通話可能な電話線とした。+044（0）7757001122には世界中どの電話からでもかけることができるし、かければヴァトナヨークトル氷河につながる。この電話番号を白いネオンサインにし、ギャラリーに展示した。[*41]

氷河電話サービスは、ゆるやかに溶けゆく海の聴覚的な圏域と位置変化のリマインダである。それはこの惑星の地質学的圏域への一風変わった通話なのだ。この作品では、伝達メディアは、私たちの暮らす世界とはかけ離れているが、気候変動にかんするさまざまな表象を通して常に現前しているところへアクセスできる測定装置にもなっている。溶ける氷と氷山は、多様な因果関係を誘発しかつその因果関係により誘発される、ゆるやかな変化を告げる。そうした因果関係と、人間、テクノロジー、そして産業文化の奇怪な遺産は当然無縁ではない。海のサウンドスケープでさえ気候変動についての美的測定装置であり、〈傍若無人新世〉についてのアートなのだ。パターソンの作品と対応するものとして、海の酸性レベルが上昇することで聴覚的環境が変化しているという科学ニュースも検討しておこう。それは、水という伝達メディアを介したクジラのコミュニケーション方法に対して特に影響を及ぼしているが、変化にかんする幅広い美的指標でもある。音響メディアとしての海と氷河とは、産業時代の余波が書き込まれる表面であり、地質学的な巨大信号増幅器としても作動する。その上、それは特に海の酸性レベルの上昇によって一種のタイムマシンとなり、一億四千五（±四）百万年前から六千六百万年前の白亜紀初期へと私たちを連れ戻すのだ。[*42]

心理地球物理学よりも早くテクトニクスに魅了されていたアート作品として、例えばフロリアン・ドンボワのソニフィケーション作品《地震》が挙げられる。[*43] ドンボワによる聴覚地震学は、地震の時間的展開と聴覚の関係を音響プロセスとして確立することを通して、地球物理学的な出来事を理解するタイムクリティカル[*44]な方法論として提示される。だがそれはメディアアートの方法論でもあり、こんにちのいわゆるアートと科学のコラボレーションを示す適例である。いずれにせよ、心理地球物理学は現代のメディアアート界では随分とマイナーな動向ではあるが、本当に適切だと感じられる方法で、深海と深部地殻にかかわる論点を語ることができる。心理地球物理学は、ポストヒューマン理論を一種の惑星規模の冒険的試みとして回帰させるのだ。この試みは、ドゥルーズ主義者が地球への生成変化と呼ぶであろうものごとを呼び出す。そして、心理地球物理学は安定化とロマン主義化に向かう地球観に異議を申し立てもするのである。*45

地球とその地球物理学的な圏域は、大地や地下では終わらない。それは気候と電磁場の一部としても広がっている。この点については、ダグラス・カーンの近著『地球のサウンド、地球のシグナル』における地図化が水際立っている。カーンによる風変わりな電気アートのメディア史は、電気を帯びる自然物へと遡り、それを前例としてアルヴィン・ルシエの脳波アートからジョイス・ヒンターディングの自然界の電磁現象を用いた作品までの、はるか後代のプロジェクトにも地球が参入してくる様子を取り上げている。*46 二十世紀中葉のサウンドアートに現れたプロジェクトは、単に自然や個人について語る以上のことを達成した。それらを語る代わりに、大気圏外空間と脳のつながりを実験的につくり上げたのだ。その際の方法には、非人間的領域という新たな焦点としてこんにちラベルが貼られるものの、ごく初期の段階がみられる。その上、大気と地球を測定するための十九世紀初頭のテクノロジーをめぐる動的編成についてのメディア史は、音波と電磁波を使った後の大半のアートのためのメディア考古学的出発点である。自然圏にかかわるテクノロジーについてのエピステーメーが、アート－テクノロジーをめぐるメディア実践によって再分節化されるという二重分節が見出されるのは、この文脈だ！*47

カーンの議論を読むと、地球の回路化が理論的にもメディア史的にも地下から上方へと進展していく様子を理解できる。カーンが強調するように、テクノロジーとしての地下は二十世紀のアヴァンギャルド以前に、そして謎に包まれた秘密軍事作戦とも無縁であるところで始まる。「十九世紀のあいだ、通信技術は地下を進んだ。それは必ずしも隠し立てしたり支配を受けたりするようなものではなく、もっともありふれた電信と電話によるメッセージでさえ、地球を経由して一巡し完成するテクノロジー回路をたどっていた」。[*48] 閉鎖型の金属回路よりも、開放型の地球回路が先行するというわけだ。[*49] 無線通信により、電離圏は一九二〇年代までに国際的なネットワーク文化の一部となり、第二次世界大戦後には軍事が可能にした衛星時代が到来して、大気圏外空間がこのネットワーク文化の一部となった。技術メディアと地球物理学が生んだ通信文化は、拡大する回路の一部として考えることができる。地下から大地上方へ、人間の意図的なメッセージとホイッスラー空電〔7〕が共存する信号空間としての電離圏へ、そして宇宙へと回路は上昇し拡大している。宇宙とは拡張された人新世の（そして宇宙ゴミという傍若無人新世の）縁なのだ。この点については、第5章で掘り下げていこう。

カーンの説明は地球物理学に重点を置いた美学にうまく合っている。私はこの美学を心理地球物理学による挑発を通して検討したいのだ。カーンを際立たせているのは、拡張した地球により回路と化した技術メディアのエネルギー史を地図化していることである。放射エネルギー、電磁気、地球の大きさ《マグニチュード》といった自然の「事物」はアートの語彙へと染み込みつつあるので、こうしたことでもなければ多くの場合極めて人間中心的な美学の焦点に、非人間的要素がごく少量密かに持ち込まれる。そうして一捻りされた美学は、これまでとは異なる一連の問いをもたらす。それは普通は「科学的」〔8〕と考えられるテーマへと接続されて、ラトゥール的な問いを呈示するのだ。すなわち、厳然たる事実の美学とはなんであるのか、知――科学的な知を含む――にかかわる私たちのいつもの前提に通じるものごとが産出されるのは、どのような種類の社会的・美的な動的編成においてなのかという問いである。[*50] だが、この美学は以下の問いも回帰させる。すなわち、わたしたちの美学とメディアの感覚を、とにもかくにも実際にアフォードするのはなんなのだろう？　そして、私たちの美学、知覚、感覚作用、そして非人間的主体の感受性にかかわる地球と大地と脱大地とはなんなのだろう？と。

## 心理地球物理学的カルトグラフィとしてのアースコンピューティング

カーンのメディア（アート）の自然史は、心理地球物理学の焦点と共鳴する。とはいえ、後者はより御し難い実践ベースの試みではあるけれども。人新世について議論され、メディア研究と新しい唯物論との関連で「物質性」というテーマが進展しつつある只中では、さまざまなアーティストたちがデジタル文化の政治学と結びつく方法も用いて装置とインフラストラクチャーをめぐる地質学的物質性と向き合っている。このようにメディア環境を維持するものごとについての探究を象徴的に示しているのが、トランスメディアーレ二〇一四のフェスティバル・レジデンシーに端を発した、ジェイミー・アレンとデイヴィッド・ゴーティエの《クリティカル・インフラストラクチャー》プロジェクトである（図6）。《クリティカル・インフラストラクチャー》は、「現在のメディア考古学」および「インフラ－デジタル的なもの、もしくはインフラ－テクノロジー的なものとしてのポストデジタル的なもの」[*51] と称するだけでな

図6：インスタレーション作品《クリティカル・インフラストラクチャー》では、地質学にかかわる機械装置およびメタファと、ビッグデータマイニング分野との融合が探究されている。詩的に言えば、このプロジェクトは社会メディア圏に岩石圏–土壌圏を注入している。デイヴィッド・ゴーティエとジェイミー・アレンによるプロジェクト。Courtesy of Transmediale/Simonetta Migano Transmediale/Elena Vasilkova 2014.

く、地質学の術語と方法も取り入れている。アーティストで科学技術者のアレンとゴーティエは、地質学と建築の調査機材を使い、ますますみえにくくなっているテクノロジーの領域を下支えするものごとを探究する。具体的に言うと、探究の対象は、密かに作動するセキュリティ産業・監視産業の分野と、クリティカルマテリアルとそのサプライチェーン――経済安全保障体制の一部――、この両方である。

より直接的に心理地球物理学のマニフェストに関連するのが、例えば、マイクロリサーチラボグループ（ベルリン／ロンドン）による実験的プロジェクトと、ジョナサン・ケンプ、ライアン・ジョーダン、マーティン・ハウスによる《結晶世界》プロジェクトである。[*52] 近年では《結晶世界》（「脱結晶化」、「再結晶化」、《結晶世界》）は三度繰り返され、化学物質や天然元素、単なるサーキットベンディング以上の激しさでハードウェアを切り開くDIY的な手直し工作を含む、さまざまな方法が用いられた。例えば――

図7：ジョナサン・ケンプ《結晶世界 v. 2.0》、2012年。硫酸塩とリン酸塩といったさまざまな沈殿生成物が確認できる。コンピュータ廃品と鉱石によるインスタレーションに、グランド・ユニオン運河の弱酸性の水を六週間絶え間なくかけ続けたあとの状態である。Courtesy of the artist.

ベルリンとロンドンで異なるバージョンで開催された――「結晶世界」展では、一八六〇年代に登場したメンデレーエフの周期表に対する捻りのきいた見解が提示された。メンデレーエフの周期表自体は経験的だけでなく思弁的でもあり、化学元素には一定のリズムがあることを示唆していたのだ。[*53] これらのプロジェクトのなかには展覧会よりもラボでの実験に近いものもある。だが、それらは、科学的プロセスにみられるような物質の安定化ではなく、テクノロジーとして再領土化される地球の変異と地層の探究を目指している（図7参照）。

ハウスとケンプとジョーダンはさまざまな手法を用いて、結晶化と脱結晶化のプロセスをデジタル文化を定義するものとして探究した。彼らによれば、「コンピュータとは高度に秩序化された一連の鉱物である」し、（脱／再）結晶化はコンピュータの物質の系統を追跡する手法である。それはまさに地層化にかかわる深い時間を追跡するようなものだ。そこでは、コンピュータテクノロジーの（コルタンに金、銅などの）鉱物的・金属的土台だけでなく、抽出と組立のプロセスについても詳述される。このプロジェクトは、廃棄されたテクノロジーから有価値物を抽出するプロセスの再現でもあるのだ。加えて、それはアートの語彙と手法の射程にかんする試行でもある。このプロジェクトは、アートにかんする慣例的な規定を越えて、「高温高電圧の合成地質学、結晶体による信号処理、思弁的地球物理学、人新世における（再）化石化、回折オッド〔9〕のイメージングを構築すること」[*54]を通して美的手法を練り上げる筋道となるし、そこでのコンピュータハッキングの作業が錬金術の系統に再び結びつく。その基本要素——この場合は菌類から泥までの要素——が、コンピュータのような先端テクノロジーに使われている高度に洗練されているであろう物質に接続するのだ。先端テクノロジーの内部は剥き出しにされて、それを構成する銅やアルミニウムと併置される。こうした諸要素が織りなす布置からは、ポスト黙示録的な雰囲気が漂ってくる。例えばロンドンでの《結晶世界》プロジェクトがそうであったように、《結晶世界》プロジェクトはワークショップだけでなく作品でもある。それはコンピュータ文化についてのとっぴなインスタレーション作品で、〔コンピュータについての〕異様な逆転である「錆と、硝酸銀水溶液を使って捕捉した銅と亜鉛の塊」[*55]を目玉としている。

《結晶世界》プロジェクトのオープンラボと展覧会は心理地球物理学的な探究であり、テクノロジー的-化学的手法と情報テクノロジーと資本主義のつながりを立証する。このプロジェクトはバラードからピンチョンまでのフィクションの話だけでなく、マルクスの遺産とは異なる種類の物質史も召喚する。このプロジェクトの実践では、（新しい）唯物論的批評は結晶作用にかかわる地質学的時間に組み込まれ、労働と具体的な政治経済的背景を理解するのに応用される、すなわち、物質が社会関係を再生産する情報テクノロジー機械へと触媒作用によって変化する背景を理解するのに応用される。こうしたことが、都市の通りだけでなくコンピューティング（特にハードウェア）のアーキテクチャと地層とのつながりも取り扱う、心理地球物理学的カルトグラフィに関連するのだ。だからこそ、《結晶世界》プロジェクトについては実際のところをはっきりと認識する必要がある。それは、鉱物と基板《サブストレート》の物質性、ならびにグローバル規模で展開するメディア生産にかかわる物質性の探究なのである。簡潔に言えば、多種多様な物質性が活動しているということ〔に目が向けられているの〕である。こうして、生ける労働者は消費されて死せる労働機械へと物化されるというマルクス主義的命題は、結晶作用のプロセスとして言い直されるが、同時にそうした機械は必ずしも死んではいないことを主張するようになる。生ける地球物理学的地層が、新たなメディウムを駆動する過去の生の太古の痕跡が、この機械の内部では維持されているのだ。この意味で、ケンプとジョーダンとハウスの作品および方法論は、化石と太古の水準と興味深い関係を結んでいる。

このプロジェクトにはメディウム概念の操作《ベンディング》が十分に認められる。《結晶世界》プロジェクトは、メディウムという術語の通信的《コミュニケーショナル》な定義からその生物学的・地質学的ルーツへと遡るし、しかもエネルギーと物質《マター》の動員にかかわる広きにわたる政治経済への目配りを疎かにしていないのだ。はっきり言えば、政治経済的なものは、当節の文化理論が高く評価する新しい科学とテクノロジー唯物論と比べて、単なる「古い」唯物論ではない。このプロジェクトと心理地球物理学は、文化技法と地球の物質性との連続体、文化技法と情報および基板《サブストレート》をめぐる物質性との連続体、文化技法と地に呪われたる者[10]およびメディテクノロジーをめぐって人々を利用し使い捨てることとの連続体を探究しているのだ。

〔マイクロリサーチラボの一員である〕マーティン・ハウスのプロジェクト《アースコード》では、思弁的なハードウェアが使用・濫用されて、地球との距離（感）はより一層近づき濃密になる。ブライドッティの術語で言えば、それは文字通り地球中心主義的なデジタル文化の解釈であろう。ハウスの《アースコード》では、地球をマザーボードとして、コンピュータを直接土壌から実際に起動できるかが探究されるのだ。実験的なハードウェア構成により、大地に差し込み可能な特注USBを使ってオペレーティングシステムを土壌から起動することが可能となる。つまるところそれは「地電流式オペレーティングシステム」である。それは、このプロジェクトではメディア考古学的なメディア史へのエクスカーションとメディア地質学的な発掘作業になって、「最初は十九世紀の電信設備の発電機として活用された地下の電気の流れ、すなわち地電流の使用」[56]を復活させる。この二十一世紀の地電流式オペレーティングシステムには先行するオリジナルがあり、それが十九世紀半ば以来議論されてきた「地電流」というわけだ。地電流は、地質学にかんする言説・調査遠征と新興の電気ベースの技術メディアの両方にとって、興味関心の的であった。メディアは電気を土台として作動し、かつこうした地球回路と地球電流の存在と論証のための測定装置として機能してもいたのである。電信士は地球物理学的探究を行っていたという点で、メディア認識論の開拓者だったのだ。[57]

ここで二十一世紀のコンピュータ文化に戻ってみれば、ハウスの地球起動式《アースブート》装置とは、グローバル規模で地球と地質学を大々的にテクノロジーに利用する企業のコンピューティングをショートさせる戦術である。《アースブート》プロジェクトは、独占的に所有される《プロプライエタリ》手段のためにかなり吸血鬼じみたやり方で物質が使用されていることを批判的に理解することから始まっている。この点はハードウェアにも

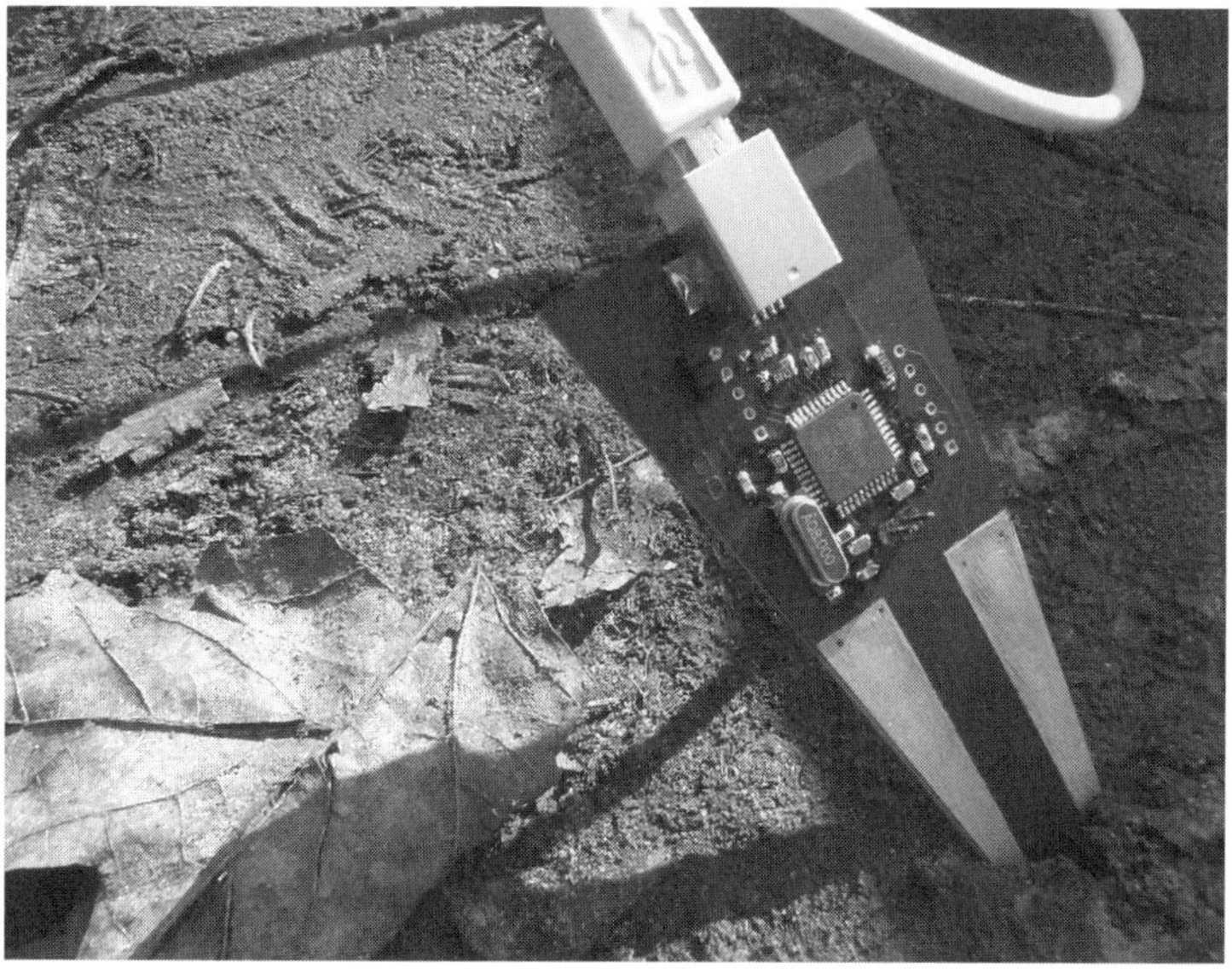

図8：マーティン・ハウスの《アースブート》では、ランドアートとスミッソンの抽象的地質学がコンピュータ時代に再び実現《リマテリアライズ》される。本作品では、オルタナティヴなコンピュータのオペレーティングシステムを立ち上げるのに必要な地球の電流を測定するための、思弁的なインターフェースが組み立てられている。Courtesy of the artist.

みてとれる（図8）。それを土壌の下層土《サブストレート》に直接突き刺すこと《リンク》で、従来のハードウェア構成と起動シークエンスだけでなく、企業が設定するコマンドの連鎖＝指揮命令系統——その指揮命令《コマンド》における「始原《アルケー》」——も回避される。もちろんこのプロジェクトはかなり思弁的ではあるが、メディアテクノロジーの資本主義と絡み合った地質学を浮き彫りにするカルトグラフィの典型である。

　ハウスのコンピュータをめぐる動的編成の中心となるのが、〔基板や基質、基層や下層土の意味をもつ〕サブストレート概念である。この概念は、「電気的な論理ゲートをつくる複雑な工程」にかかわるのに加え、思弁的な地球物理学的意味を含んでいる。それは、キットラー経由で*[58]ブラム・ストーカーの『ドラキュラ』を参照することで引き出されている。ソフトウェアは抽象化のプロセスだが、サブストレートはその詩的でしかもテクノロジーにかかわる物質性において考える必要がある、というわけだ。

ソフトウェアによる抽象化にもかかわらず、地質学的なものは地球という基層《サブストレート》として、すなわち私たちと私たちの物質にまつわるものとして、独特な魅力を保持している。同時に、基板《サブストレート》は一連の経済的・政治経済的帰結も提示する。コード化されて可視性を欠いている、つまり「暗号化」が不可避であるソフトウェアとは対照的である。例えばブラム・ストーカーの『ドラキュラ』は、先行する数々の小説に依拠しているが、物質とサブストレートの問いを身体へと転じていく。ドラキュラのウイルスコードが実行されるのは、彼のサブストレートである掘りたての土《アース》との接触面なのだ。ロンドンに運ばれて撒かれるのは、こうした土である。それは感染経路なのだ。[*59]

この文脈だとウイルスコードは、ソフトウェアエージェントの作用よりも、〔基板や基層、基質といった意味をもち、物質的である〕サブストレートに関与している。[*60] 美術史の観点からすれば、ハウスは、スミッソンのアースアートと一九六〇年代のヴィジュアルアートにおける地球物理学言説も活かして、心理地球物理学に寄与している。《アースコード》プロジェクトはスミッソンと直接にかかわるが、いずれにせよそのつながりは相当明白である。金属と化学反応プロセスがアートスタジオへと参入することで、地質学的・エコロジー的に重大な意味をもつ物質の使用と、それ以上に重要なヴィジュアルアート／メディアアートにおける非テクノロジー的条件、この両方が強調される。非テクノロジー的条件としては、酸化・水和・炭化・溶解などが挙げられる。スミッソンによれば、それらは「岩石と鉱物の分解における主要プロセス」[61]である。スミッソンはこうしたことにかかわる地球由来《ジオセントリック》の物質性に重きを置く。それは、産業によって大量生産される製品《テクノロジー》からより根源的な地層とスミッソンが呼ぶもの――アートの物質性に対する私たちの感受性に影響を及ぼすもの――へと移行する際に現れ出る。「素材が分解されたり破砕されたりすると、産業によって板金・押出成形I形鋼・アルミチャンネル・筒・ワイヤー・管・冷間圧延鋼・鉄棒などへとこれでもかと精錬される以前の、地球の下方にある複数の地層《サブストラータ》に気づかされる」[62]。この一節《パッセージ》／移り変わりは、カイヨワが仄めかした見込みを実現するものだ。つまり、岩と石と広義の地質学的なものは美学の対象であるだけでなく、化学的・テクノロジー的変性をもたらす可能性を秘めた触媒でもあるということである。地質学的資源と地球物理学的領域をこのように見通すと、触媒としての金属が目に入ってくる[63]。心理地球物理学による地図化は、新たな化学反応にとってだけでなく社会的・経済的な関係とクラスタにとっても、金属が触媒となるような方法を対象としている。それは思弁的なアート実践による金属的・化学的関係の追跡を通して、物理的に組み込まれた《ハードワイヤード》（権）力関係を浮き彫りにするカルトグラフィなのだ。私たちは、都市についてのカルトグラフィの代わりに、地球物理学的なものに埋め込まれたテクノロジー的なものについての構成《アーキテクチャ》を浮き彫りにするカルトグラフィに立ち会っているところなのである。

心理地球物理学のマニフェストのなかには、シチュアシオニストの都市という焦点に対して挑発的な（私からしてみれば遊び心に満ちた）攻撃を行う主張もみられる。都市という焦点がエコロジー的な批判をまったく併せ持っていなかったわけではない。いずれにせよ、都市はいつでもその地球物理学的な環境に寄食して存続していくのである。都市は可変的なのだ。ワークを引用しよう（シュチェグロフについて論じている箇所である)。「自然が都市のための消費資源として姿を現す過程《プロセス》で、都市が自然を変形して第二の自然とする際の工程《プロセス》が露わになる「こと」」。[*64] このスタンスを持続可能な都市というあまりに単純な考えと混同すべきではないと、ワークは強調する。都市は砂漠により蝕まれ徐々に姿を消し飲み込まれるし、地震のような地球物理学的な出来事により崩壊する。電磁パルスを放つ強烈な太陽フレアも、電子機器を利用する通信技術とインフラストラクチャー（例えば電力供給）の両方に重大な帰結をもたらすだろう。私たちは生活にかかわる有意味な地形として人文科学が焦点を合わせる場と、物質としての地形――地質と天気と気候を通してそれ自体を再生産する地形――を区別する傾向もある。[*65] 火山は私たちの批評理論や文化地理学が扱う地形とは言い難いが、その地質を理論化する必要はある。というのも、どのような地理学上の「場」という考えであっても、居住者による意味作用という有意味な行為と地球物理学的な力とが等しく作用して、絶えず分節化されるからだ。[*66] 都会の生活にも非都会の生活にもどのみち地球物理学的なものは満ちている。それは、私たちの脳と骨と身体に金属的なものと鉱化作用が満ちていることと並行するかのようである。金属的なものと鉱化作用は地球の持続時間に則っているため、数億年にわたる惑星時間の歴史と私たちをつなぐのである。だがこうしたことは、心理地理学や心理地球物理学が必要であることも意味している。それらは、場－空間－地形の抹消や地球工学が大規模で抜本的な改変によって直接的・間接的に地形を生み出してきたことについて語ることができるからである。戦争から工学まで、ドレスデン〔11〕から広島まで、ポール・ヴィリリオに敬意を表しつつ、テクノロジー文化をめぐる地球物理学的な力に付いて回るものとして消滅の美学を語ることもできる。[*67]

シチュアシオニスムの方法は、テクノロジーとコンピュータ文化の領域にも接続する。ドゥボールの漂流の定義は、すでにそのまま使えるある種のハッカー宣言であった。「漂流という観点からすれば、都市には、特定のゾーンへの出入りを強く思いとどまらせる絶え間ない流れ・固定点・渦を備えた、心理地理学的な輪郭がある」。[*68] ドゥボールのこの発言に見解を述べるというかたちで、ワークは以下のように続ける。「漂流はこれらの輪郭を発見する。都市とは国家や市場の利益に換算できない〈美的実践〉である」。[*69] ワークの文章における都市という単語を、例えばコンピュータに置き換えてみれば、限界点・非合法的使用・参入阻止ゾーンを熱心に探し求めるオルタナティヴなコンピューティングのための記述とロードマップの始まりを手にすることになる。テクノロジー機械は、国家や市場の利益に換算できない美的実践というわけだ。こうしたドゥボールやワークとの交錯に地質学的なものを加えると、心理地球物理学にかかわる（複数の）プロジェクトの背後にある思考の理解に近づく。その背後には、惑星規模で地球中心的な側面が――資源とアフォーダンスの両方としての――地球物理学に左右される機械をめぐるテクノロジー的現実に、どのように寄与しているのかという思考があるのだ。深い時間としての地下（第2章参照）によって、実験的なアート実践との再接続が見出される。それは文字通りの地下と土壌と基層《サブストレート》を発掘するが、テクノロジーアートの実践と結びついて、デジタル産業の法人資本主義[12]が維持しようとする地球との独占関係を迂回する可能性について思弁するアート実践なのである。

　文学史は、メディア地質学のための、より正確に言えば文化研究が考慮すべき地質学のインパクトを探るための空想の参照点に満ちている。その範囲は、オウィディウスからトマス・ピンチョンの暗号めいた説明にまで及ぶ。「神聖文字風の通りの裏には、超越的な意味があるのか、そうでなければ地球があるだけ」。[*70] ピンチョンの一節（『競売ナンバー49の叫び』（一九六六））は、シチュアシオニスムのよく似た有名なスローガン「敷石の下には砂浜がある」を先取りしている。その一方で、私たちの心理地球物理学的な文脈にもつなげてみたくなる。すなわち、テクノロジー文化の心理地理学的カルトグラファーとしてのピンチョンである。近年の『ブリーディング・エッジ』（二〇一三）での永久凍土層についての説明が示唆するように、いくつかの面では、彼は心理地球物理学的でさえある。

メディアとアートをめぐる地質学の詩的歴史には、採鉱と冶金の精妙な術《アート》についての記述（特にゲオルギウス・アグリコラの『デ・レ・メタリカ』）も含まれている。それには銅と錬金術、物質からみるメディア史、天文学と惑星の大きさ、深宇宙《ディープ・スペース》になる深い時間《ディープ・タイム》、これらのストーリーが随伴している。本章では、トレヴァー・パグレンによる鉱物と軌道の相互連関についての写真を用いた素晴らしい調査のような事例を取り上げるところまでいかなかったが、それについては簡単にではあるが第5章で続けることにしよう。

神聖文字風の通りにかんして『競売ナンバー49の叫び』の最後の方に記されたピンチョンの説明は、カイヨワの『石が書く』と並行する。カイヨワにとっての石とは、原アルファベット、物語、終わりない思弁への誘い、想像力、ファビュレーション[13]、一見不動の岩石の表面で増殖する束の間の意味である。ピンチョンの随分とドライな問いは、文化理論を取り巻く状況を見定めるのに有益な道筋でもある。はっきり言ってしまえば、断固として意味を見出そうという決意や、宗教などにおける超越的存在に意味を帰着させようという決意に満ちたパラノイアじみた知への関心から、文化生産をめぐる生政治と地政学に関連して絶えず動員されるアクティヴで動態的な実在へと、だが大地と地下としての〈地球《ジオ》〉に実際にかかわってもいるところへ移行してみたらどうだろう？ということなのだ。それは、ある意味、聖書の時間から深い時間と地質学的な地球の理解へと切り替えることである（第2章参照）。石に書かれたものには過去や宗教的啓示にかかわる解釈学的秘密が仄めかされている、とはしないでおこう。おそらく、それらは記号論的意味での記号というよりは、地質《ジオロジー》がメディアへと変形し、メディアがその地球物理学的条件を明らかにする混合記号論[*71]の一環として物質の様相を示す、シグナルなのだ。

非人間的なものと反人間的なものは地質構造《テクトニクス》[*72]として、地震として、海底として回帰する。つまりはゴミと合成的な地質学的形成物のレイヤーとして回帰する。この点は後続の章で検討しよう。地質構造は、もっとも深い時間にかんする美学として、そしてもっとも繰り返される時間——おそらくは幻覚として現れた意味、つまりは戒めとして神聖文字により石の上に書き取られたものをめぐる時間——として戻〔14〕りもするのだ。ここでオウィディウスの文章をもう一度引いておこう。「人間は地中奥深くまで手を伸ばして富を掘り出し、それが私たちの諸悪の源となった」。これは傍若無人新世時代に対する完璧な警句である。

次章ではつらい仕事《ハードワーク》とハードウェアの傍若無人さについて続けよう。地下と基板《サブストレート》からわずかに上のほうへ、家の内外の空気中に漂う塵埃のついた表面へと移行する。そこでは、新しい唯物論による批判的分析のための経路として、塵埃の微粒子が焦点となる。これは心理地球物理学による地図化の拡張でもある。すなわち、地球物理学の事例研究を非有機的なものと現代のデジタル資本主義と絡み合わせて、新しい唯物論の政治経済的な含意のいくつかを理解する方法としてみようというわけだ。[*73]

## 原註

1 Rachel Armstrong, “Why Synthetic Soil Holds the Key to a Sustainable Future,” *Guardian Professional*, January 17, 2014, http://www.theguardian.com/.

2 Rudwick, *Bursting the Limits of Time*, 162.

3 Delanda, *Deleuze: History and Science*, 78.

4 以下を参照。Chun, “Crisis, Crisis, Crisis.” Edwards, *Vast Machine.* より一般的に言うのであれば、こうしたことは文化技法の言説にも関連づけることができるし、メディアテクノロジーを文化技法として考えることもできる。「つまるところ、メディア／メディウムズ（media/mediums）の概念を、どのような特殊な文化であっても意味生産の土台である弁別（そして弁別の揺らぎ）を処理する、存在論的・美的操作と歴史的に結びつけるということだ」。ベルンハルト・ジーゲルトによるこうした人類学的定義から、作動するメディアテクノロジーが備えるエコロジー的意味へと移行できる。上記は以下より引用。Siegert, “The Map Is the Territory,” *Radical Philosophy* 169 (September/October 2011): 14. 本書はこうしたつながりを十分に調査していないので、多くはオルタナティヴなルートを仄めかすのにとどまっている。その詳細と一貫性については、今後取り組むことにしよう。

5 残光（afterglow）はトランスメディアーレ二〇一四のテーマであった。

6 McKenzie Wark, *The Beach beneath the Street: Everyday Life and the Glorious times of the Situationist International* (London: Verso, 2011). Wark, *The Spectacle of Disintegration: Situationist Passages out of the 20th Century* (London: Verso, 2013).

7 The London Psychogeophysics Summit, “What Is Psychogeophysics ?,” *Mute*, August 4, 2010, http://www.metamute.org/.

8 実際、キットラーたちにとって、こうしたことは心理学的主体から生理学的な測定対象への切り替わりを示す、ラディカルな認識論的閾であった。生理学が内的経験に取って代わり、反応の閾と速度を科学的に測定できることが「感情」に取って代わったのである。以下を参照。Kittler, *Gramophone, Film, Typewriter*, 188.〔フリードリヒ・キットラー『グラモフォン・フィルム・タイプライター（下）』石光泰夫・石光輝子訳、ちくま学芸文庫、二〇〇六年、一三三–一三五頁〕Cf. Sybille Krämer, “The Cultural Techniques of Time-Axis Manipulation: Friedrich Kittler’s Conception of Media,” *Theory, Culture, and Society* 23, nos. 7–8 (2006): 93–109. ヘルムホルツについては以下も参照。Henning Schmidgen, *Helmholtz Curves: Tracing Lost Time*, trans. Nils F. Schott (New York: Fordham University Press, 2014).

9 このような主張は、A・N・ホワイトヘッドの哲学を通すともっともよく理解できる。以下を参照。Steven Shaviro, *Without Criteria: Kant, Whitehead, Deleuze, and Aesthetics* (Cambridge, Mass.: MIT Press, 2009).

10 以下より引用。Ziolkowski, *German romanticism and Its Institutions*, 33.

11 John Durham Peters, "Space, Time, and Communication Theory."

12 Marina Warner, "The Writing of Stones," *Cabinet*, no. 29 (Spring 2008), http://cabinetmagazine.org/issues/29/warner.php.

13 Roger Caillois, *The Writing of Stones*, trans. Barbara Bray (Charlottesville: University Press of Virginia, 1985), 4–6.〔ロジェ・カイヨワ『石が書く』菅谷暁訳、創元社、二〇二二年、一〇-一四頁〕

14 これは(マイナー科学としての)冶金術というドゥルーズ-ガタリのアイディアのバリエーションの一つであり、『千のプラトー』およびジェーン・ベネットによって動員される生気唯物論の手法にみられる。「職人は金属にできることを理解したがり、科学者は金属とはなにかを知りたがる。だからこそ、職人は金属に生命を認めることができ、それゆえに金属とより生産的な協力関係を結ぶことができるのだ」。Bennett, *Vibrant Matter*, 60.

15 Benett, *Vibrant Matter*, 115.

16 Matthew Fuller, "Art for Animals," *Journal of Visual Art Practice* 9, no.1 (2010): 17–33.

17 Rosi Braidotti, *The Posthuman* (Cambridge: Polity, 2013), 81.〔ロージ・ブライドッティ『ポストヒューマン』門林岳史監訳、フィルムアート社、二〇一九年、一二三-一二四頁〕

18 Morton, *Hyperobjects*.

19 以下の著作のイントロダクション参照。Jussi Parikka, ed., *Medianatures: The Materiality of Information Technology and Electronic Waste* (Ann Arbor, Mich.: Open Humanities Press, 2011). http://www.livingbooksaboutlife.org/.

20 二〇一〇年八月二一七日に開催されたロンドン〔心理〕地球物理学サミットのワークショップの説明。http://turbulence.org/blog/2010/06/21/the-london-psychogeophysics-summit-london/.

21 もちろん、不可視の地下(もしくは洞窟。洞窟ははるか後代のドイツロマン主義の焦点である鉱山を先取りしている)については、哲学の言説と神話においても長い歴史がある。それは感覚と理性的精神の区分、知覚の作用対理性の働きに関連する。それはプラトンの区分に現れるトポロジーにも通じている。プラトンの区分は哲学的であることに加え大地と地下にもかかわっており、地下には身体ではなく精神によってしか到達できない。「可視的なものは諸感覚へと到達するが、不可視のものは精神による推論《リーズニング》=理性の働きによってしか把握できない。不可視のものをαιδεςと呼ぶことで、プラトンは、魂にふさわしい不可視の世界を伝統的な神話の観念であるハデス（Αιδου）の王国と同一視するよう提案する。ハデスと目に見えないもののつながりは、少なくともホメロスの詩にすでにみられる神話の伝統の一部であり、プラトンは『クラテュロス』でもそれについて言及している。『クラテュロス』でプラトンは、ハデスの語源はαειδες（可視的でない（not-visible））ではなく、むしろειδέναι（知ること（to know））であるとしている（404b, cp.403a)」。Radcliffe Guest Edmonds, *Myths of the Underworld Journey: Plato, Aristophanes, and the "Orphic" Gold Tablets* (Cambridge: Cambridge University Press, 2004), 179.

22 Guy Debord, "Introduction to the Critique of Urban Geography," trans. Ken Knabb, in *Critical Geographies: A Collection of Readings*, ed. Harald Bauder and Salvatore Engel-Di Mauro (Kelowna: Praxis (e)press, 2008), 23. 出典元は以下の通り。"Introduction à une critique de la géographie urbaine," *Les Lèvres Nues*, no.6 (September 1955). 〔ギィ・ドゥボール「都市地理学批判序説」、『状況の構築へ――シチュアシオニスト・インターナショナルの創設』（アンテルナシオナル・シチュアシオニスト1）木下誠監訳、インパクト出版会、一九九四年、三〇四-三一二頁〕

23 Wark, *Beach beneath the Streets*, 28.

24 心理地球物理学という術語とその背後にある共同作業には、かなりの厚みがある。心理地球物理学という概念を案出したのが十中八九オズワルド・バートルードとマーティン・ハウスであっても、『ミュート』誌の文章をおおむね手がけているのはウィルフレッド・ハウ・ジェ・ベクである。ジョナサン・ケンプといった、このリサーチとグループにかかわり活躍した人たちのいくつかの成果が二〇〇八年のｘｘｘｘ-ぺーネミュンデ・プロジェクト（ピンチョンとキットラーの強いつながりが仄めかされている）でみられるのは確かかもしれない。そうだとしても、この術語がその定義をよりはっきりさせて使われるようになったのは、二〇一〇年のトランスメディアーレのためのリサーチグループおよびプロジェクト《未来都市のトポロジー》においてである。この用語の歴史と厚みについては、以下のウィキペディアのページに多くの情報が掲載されている。http://www.psychogeophysics.org/wiki/doku.php?id=wikipedia. ジョナサン・ケンプにも感謝。心理地球物理学という用語と歴史について、著者は二〇一四年一月にeメールでケンプにインタビューを行った。

25 The London Psychogeophysics Summit, "What Is Psychogeophysics?"

26 Ibid.

27 Robert Smithson, "A Sedimentation of the Mind: Earth Projects," in *Robert Smithson: The Collected Writings*, ed. Jack Flam (1968; reprint, Berkeley: University of California Press, 1996), 100–113. 以下を参照。Etienne Turpin, "Robert Smithson's Abstract Geology: Revisiting the Premonitory Politics of the Triassic," in *Making the Geologic Now: Responses to the Material Conditions of Contemporary Life*, ed Elizabeth Ellsworth and Jamie Kruse (New York: Punctum, 2013), 174.

28 The London Psychogeophysics Summit, "What Is Psychogeophysics?"

29 Gary Genosko, "The New Fundamental Elements of a Contested Planet," talk at the Earth, Air, Water: Matter and Meaning in Rituals conference, Victoria College, University of Toronto, June 2013.

30 例えば以下をみよ。Cary Wolfe, *What is Posthumanism?* (Minneapolis: University o Minnesota Press, 2009). Kari Weil, *Thinking Animals: Why Animal Studies Now?* (New York: Columbia University Press, 2012). Nicole Shukin, *Animal Capital: Rendering Life in Biocapital Times* (Minneapolis: University of Minnesota Press). Matthew Calarco, *Zoographies: The Question of the Animal from Heidegger to Derrida* (New York: Columbia University Press, 2008). 以下も参照のこと。Dominic Pettman, *Human Error: Species-Being and Media Machines* (Minneapolis: University of Minnesota Press, 2011).

31 Ellsworth and Kruse, *Making the Geologic Now*.

32 Ziolkowski, *German Romanticism and Its Institutions*, 18–22. 残念ながら、美と崇高についてのカントの問いに分け入る余裕はない。部分的にではあるが、こうしたことはホワイトヘッドを土台とした近年の美学的な哲学の言説に再浮上している。それは特にShaviro, *Without Criteria*でみられる。ここまできた私たちであれば「地球詩学」とでも呼ぶであろうものごとの主題は、山から海までの自然に関与する考えを用いている限りにおいて、カントが焦点化した崇高の一部と見なせるかもしれない。しかし、カントにとってこうした崇高の様相は実のところ内向き、すなわち精神のほうを向いている。「ここからまた見てとられるように、真の崇高さはただ判断する者のこころのうちにのみ求められなければならず、そのものの判定がこういったこころの情調を引きおこすような自然客体のなかに探されてはならない。だれがいったい、荒々しい無秩序のうちでたがいに重畳して、氷の山頂をいただく異形の山塊、あるいは荒れくるう冥《くら》い大洋などを崇高と呼ぼうとするというのだろうか。とはいえ、こころがじぶん自身の判定においてみずからが高められたと感じるのは、こころがこれらのものを観察するさい、それらの形式を顧慮することなく構想力と理性——理性はこの場合、規定された目的をまったく欠いているけれども、構想力と結合し、構想力をたんに拡張することになる——とに身をゆだねながら、それでもなお構想力の勢力の総体をもってしても、理性の理念には適合しないしだいを見いだすときなのである」。Immanuel Kant, *Critique of Judgment*, trans. Werner S Pluhar (1790; reprint, Indianapolis, Ind.: Hackett, 1987), §26, "On Estimating the Magnitude of Natural Things, as We Must for the Idea of the Sublime," 257.〔イマニュエル・カント『判断力批判』熊野純彦訳、作品社、二〇一五年、一九七－一九八頁〕というわけで、本書の文脈では、美しいものと、ホワイトヘッドの非有機的なものへのパースペクティヴにかんするシャヴィロの議論が、私たちの地球中心主義の議論に関連するいくつかの側面にとってヒントとなるかもしれない。

33 Williams, *Notes on the Underground,*17.〔ロザリンド・ウィリアムズ『地下世界』市場泰男訳、平凡社、一九九二年、三二頁〕

34 ロンドンのテート・ブリテンで開催された「破滅欲」展（会期は二〇一四年三月四日から五月十八日）では、近代でこのように想像《イマジナリー》された廃墟に関連する視覚芸術分野の所蔵作品が、巧みにキュレーションされていた。

35 ケネス・ホワイトの議論。引用は以下から。Matt Baker and John Gordon, "Unconformities, Schisms and Sutures: Geology and the Art of Mythology in Scotland," in Ellsworth and Kruse, *Making the Geologic Now*, 163–69. 一九七〇年代におけるホワイトによるこの概念の提唱と、ハイデガーからドゥルーズ－ガタリさらには宇宙論的次元にまでわたる、その理論的影響についての説明は以下を参照。Kenneth White, "Elements of Geopoetics," *Edinburgh Review* 88 (1992): 163–78. 以下も参照。The Scottish Centre for Geopoetics, http://www.geopoetics.org.uk/.

36 Richard Grusin, *Culture, Technology, and the Creation of America's National Parks* (Cambridge: Cambridge University Press, 2004).

37 Ibid., 131. Clarence E. Dutton, *Tertiary History of the Grand Cañon District, with Atlas*, in *Monographs of the United States Geological Survey*, vol.2 (Washington, D.E.: Government Printing Office, 1882).

38 Dutton, *Tertiary History*, 39.

39 Williams, *Notes on the Underground*, 88.〔ウィリアムズ『地下世界』、一二九頁〕

40 Deleuze and Guattari, *A Thousand Plateaus*, 361–74.〔ジル・ドゥルーズ＋フェリックス・ガタリ『千のプラトー（下）』宇野邦一ほか訳、河出文庫、二〇一〇年、三二－五八頁〕

41 "Vatnajökull (the sound of)," Katie Paterson, project description, http://www.katiepaterson.org/vatnajokull/.

42 「私たちはそれを白亜紀の聴覚的効果と呼んでいます。地球規模の温暖化により余儀なくされた海の酸性化によって、一億一千万年前つまり恐竜時代と類似した海の聴覚的条件に私たちは立ち戻っているように思えるからです」。"Dinosaur-era Acoustics: Global Warming May Give Oceans the 'Sound' of the Cretaceous," *Science Daily*, Octoer 18, 2012, http://www.sciencedaily.com/.

43 以下を参照。Florian Dombois, homepage, for project information, http://www.floriandombois.net/.

44 ヴォルフガング・エルンストにとって、タイムクリティカルなメディアにより、必ずしも人間が直接には知覚することのできないような時間スケールの出来事が測定可能になる。一方、タイムクリティカルなメディア自体もまたそうした仕方で作動する。エルンストによれば「技術的－数学的コンピューティングでは極小の時間的モーメントが内部演算と人間－機械のコミュニケーション（「割り込み」）の全プロセスの成功にとって決定的となっているので、タイムクリティカル性は知のエコノミーにおいて認識論的な注目を浴びる新たな対象である。文化が語られるのではなく計算されるとき、タイムクリティカル性をプロセス指向的な（ゆえに動的な）メディア考古学により焦点化する必要がある」。Jussi Parikka, "Ernst on Time-Critical media: A Mini-Interview," blog post, *Machinology*, March 18, 2013, http://jussiparikka.net/2013/03/18/ernst-on-microtemporality-a-mini-interview/. 以下も参照。Wolfgang Ernst, "From Media History to Zeitkritik," trans. Guido Schenkel, *Theory Culture, and Society* 30, no. 6 (2013): 132–46.

45 これは、リン・マーギュリスによるガイア論の理解と共鳴する。加えて、地球哲学の文脈におけるドゥルーズの欠点について関連する諸論点を発展的に議論した著作として、以下を参照。Woodard, *On an Ungrounded Earth.* グラントに依拠しつつウッダードが指摘するのは、ドゥルーズによる地球の記述に潜む身体愛《ソーマフィリア》になりそうなところと、その他の動きの固定化のたぐいの危険性である。このたぐいは、生命的なエージェンシーを地球に認めるという点からすると、十分に満足いくものではない。「フッサールが地球を過剰なまでにロマン主義化した大地（*Boden*）として方舟化すること（それは「原方舟」としての地球であり、単なる経験の限界である前コペルニクス的状態へと時間的に引き戻されてしまう地球である）や、メルロ＝ポンティが示すような、ハイデガーであれば〈開示性〉（*Offenheit*）と呼ぶであろうものについては、言うまでもない。掘削機械と大規模エネルギー兵器とエコロジーの全面的崩壊によって私たちが破壊し始めているのは、死体ともの言わぬゆりかご、この両方のような地球のイメージである。これらのイメージは、一方では思考を固定化し、もう一方では人新世的な思考と存在に重みを与えるという、二重に犯罪的な機能を果たす」（6）。

46 Kahn, *Earth Sound Earth Signal*.

47 初期の技術メディア装置の認識論的機能にかんする議論でカーンが論拠とする多くのことがらは、ヴォルフガング・エルンストのメディア考古学にもみられる。以下を参照。Ernst, *Digital Memory and the Archive*.

48 Kahn, *Earth Sound Earth Signal*, 255.

49 「〈地球回路〉は地球の音とそれ以外の非自然的な音に開かれていた。それに対して、〈金属回路〉はそれ独自のテクノロジーの閉回路上で閉じていた。開かれた回路における音はノイズと考えられることが極めて多かったが、審美的に聴かれたり、科学現象として観察され測定されたりすることもあった」。Kahn, *Earth Sound Earth Signal*, 256.

50 Bruno Latour, *What Is the Style of Matters of Concern?* (Amsterdam: Van Gorcum, 2008).

51 Transmediale/Resource: Residency project Critical Infrastructure, http://www.transmediale.de/resource/residency-project.

52 このプロジェクトはジョナサン・ケンプが立ち上げ、のちにケンプ、ジョーダンおよびハウスにより共同で準備された。http://crystalworld.org.uk/.

53 Delanda, *Deleuze: History and Science*, 87. 以下も参照。Matthew Fuller, “The Garden of Earthly Delights,” *Mute*, September 19, 2012, http://www.metamute.org/editorial/articles/garden-earthly-delights.

54 The_crystal_world:space:publicity project, http://crystal.xxn.org.uk/wiki/doku.php?id=the_crystal_world:space:publicity.

55 Fuller, “Garden of Earthly Delights.”

56 Martin Howse, “The Earthcodes Project: Substract/Shifting the Site of Execution,” microresearchlab, http://www.1010.co.uk/org/earthcode.html.

57 *Encyclopaedia Britannica*, s.v. “Earth Current.” こうした先駆者たちのなかで、地電流にかんして日中の変動や大地の影響などに興味を抱いたのが、バーローとウォーカーである。

58 以下を参照。Fredrich Kittler, “Dracula’s Legacy,” in *Literature, Media, Information Systems*, ed. John Johnston (Amsterdam: G+B Arts International, 1997), 50–84.〔フリードリヒ・キットラー「ドラキュラの遺言」大宮勘一郎訳、フリードリヒ・キットラー『ドラキュラの遺言』原克・大宮勘一郎・前田良三・神尾達之・副島博彦訳、産業図書、一九九八年、三一–六九頁〕

59 Howse, “The Earthcodes Project.” 土壌にも歴史があるということが重要である。地質学において土壌を岩の残りに過ぎないと見なす議論は、土壌には独自の状態・生・歴史があるというオルタナティヴな議論に十九世紀のあいだに次第に道を譲っていく。以上については、土壌科学と地質学の転換にかんする文献を読めば良い。土壌はまさに異種混淆的な要素をめぐる動的編成へと変貌する。以下を参照。Denizen, "Three Holes in the Geological Present," in *Architecture in the Anthropocene: Encounters among Design, Deep Time Science, and Philosophy*, ed Etienne Turpin (Ann Arbor, Mich.: Open Humanities Press, 2013), 35-43.

60 Cf. Jussi Parikka, *Digital Contagions: A Media Archaeology of Computer Viruses* (New York: Peter Lang, 2007).

61 Smithson, "A Sedimentation of the Mind," 106.

62 Ibid.

63 マヌエル・デランダは「金属の情動」を語り、化学反応の触媒としての金属の役割を指摘する。デランダの議論をかいつまんで言えば、金属の情動は、実際に化学的相互作用が生じる際にみられる分子の変化の可能性に関連するということである。触媒は化学反応の際には変化しないため、相互作用に有益なのだ。より一般的な意味で、金属的なものには生命が満ちているさまはさらに重要である。こうした新しい唯物論的なパースペクティヴでは、日ごろ重要であった物質的存在（労働、空間、衣服、食料）の一覧は拡張されて、分子レベルでの反応まで収録しそうだ。もっと言えば、私たちの身体と脳における金属は、テクノロジーをめぐる動的編成における金属と同じように伝導性の要素であり、さまざまな水準に跨がる多様な現象を突っ切って進む。方法論的に言えば、こうしたことは、スケールに左右されない存在とその作用の実在に関心を示す、新しい唯物論的な動的編成の理論に関連し、初期の唯物論哲学の人間中心的焦点を正そうとしている。
Delanda, *Deleuze: History and Science*, 78.

64 Wark, *Beach beneath the Street*, 29.

65 Paul Lloyd Sargent, "Landscapes of Erasure: The Removal—and Persistence—of Place," in Ellsworth and Kruse, *Making the Geologic Now*, 108. 建築と人新世の議論によっても、私たちは都市と地質学について再考を余儀なくされている。「とりわけ地質由来《ジオロジー》の物質でできている、もしくは土地や地層《ジオロジー》の上にあるものごととしての都市のイメージは、核燃料・堰き止められた川・大気中の炭素・その他の都市化の代謝物といった、未来の時代にまで衝撃を及ぼす形式で地質学をつくるものごととしての都市という考えとますます競り合わなければならなくなっている」。Denizen, "Three Holes in the Geological Present," 29.

66 Ibid.

67 以下を参照。Sargent, "Landscapes of Erasure," 109.「時が経てば、都市や田舎において、そして「人の手が入らない野生の」場所においてさえ、川は向きを変え、池は干上がり、ショッピングセンターは建設され、カジノは破綻し、森は焼かれ、作物は成長し、海は汚染され、貯水池はつくられ、雲に薬品は散布され、大聖堂は建立され、村は略奪され、地域は高級化され、図書館はいっぱいになり、衛星は打ち上げられ、歴史は忘れられ、移民は強制送還され、ビジネスは引き継がれ、外来種は入り込み、もともと現地に暮らしていた人々は退去させられ、ランドマークには新たな名前がつけられる」。

68 Debord, as quoted in Wark, *Beach beneath the Street*, 28.

69 Wark, *Beach beneath the Street*, 28.

70 Pynchon, *The Crying of Lot 49* (New York: Harper and Row, 1966), 181–82.〔トマス・ピンチョン『競売ナンバー49の叫び』佐藤良明訳、新潮社、二〇一一年、二二七頁〕

71 フェリックス・ガタリが用いる意味で使用する。

72 フリッツ・ライバーと反人間という主題についてのユージーン・サッカーの議論と比較せよ。Thacker, "Black Infinity," 173–80.

73 生気的物質を史的唯物論と並行するものとして見なす、ジェーン・ベネットの提案と比較せよ。以下を参照。*Vibrant Matter*, 63.

**訳註**

1 ハッキング（ハック）とアクティヴィズムを掛け合わせた造語。

2 初版は一七三二年に刊行されている。

3 ベネットについては、例えば以下を参照。浅沼光樹「ジェーン・ベネット『生動的物質』」、『現代思想』、二〇二二年一月号、三八–四五頁。

4 心理地理学について、ドゥボールは「都市地理学批判序説」で以下のように説明している。「心理地理学という語は［……］客観的な性質によって生活と思考の条件を唯物論的に見通すことから生まれたものではない。地理学は、たとえば、土壌の構成や気象状況のような、一社会の経済的編成に対して、そして、そこから、その社会が世界を把握する仕方に対して、一般的な自然力が及ぼす決定的な作用を考察する。心理地理学は、意識的に整備された環境かそうでないかにかかわらず、地理的環境が諸個人の情動的な行動様式に対して直接働きかけてくる、その正確な効果を研究することをめざしている」。

5 ギィ・ドゥボール「都市地理学批判序説」、『状況の構築へ——シチュアシオニスト・インターナショナルの創設』（アンテルナシオナル・シチュアシオニスト1）木下誠監訳、インパクト出版会、一九九四年、三〇四-三〇五頁。シチュアシオニスト、漂流、心理地理学について整理・論述した議論として、例えば以下がある。南後良和「シチュアシオニスト——漂流と心理地理学」、加藤政洋・大城直樹編著『都市空間の地理学』、ミネルヴァ書房、二〇〇六年、五二-六九頁。

6 the Letterist International。前衛的芸術運動を展開したレトリスムより分岐し、ギィ・ドゥボールらによって結成された、一九五〇年代のパリを中心としたアーティスト・理論家たちの集まり。シチュアシオニスト・インターナショナルの前身。

7 Ivan Chtcheglov。フランスの政治理論家、アクティヴィスト、詩人。ジル・イヴァンの名前でも活動。シュチェグロフとシチュアシオニスム、心理地理学の関係については、例えば以下を参照。木下誠監訳『状況の構築へ』、四五-四六頁。

8 雷の放電現象によって生じ、伝播する電磁波。もしくはそれが原因となって生じる、ラジオの雑音。

9 ラトゥールは、少なくとも『社会的なものを組み直す』において、「厳然たる事実」と「議論を呼ぶ事実」を区分している。同書の訳者である伊藤嘉高の訳註によれば、「両者を二分法的に捉えて、〈厳然たる事実〉を感覚与件として、〈議論を呼ぶ事実〉を意見、解釈、価値とするのは、後述のようにラトゥールのいう「近代憲法」によるものでしかなく、議論を呼ぶ事実が出発点であり、厳然たる事実が終着点である」。ブルーノ・ラトゥール『社会的なものを組み直す——アクターネットワーク理論入門』伊藤嘉高訳、法政大学出版局、二〇一九年、五〇九頁（訳註54）。

10 化学者カール・フォン・ライヘンバッハ（一七八八-一八六九）によって提唱された、「自然力」のことか。

11 フランツ・ファノンの著作『地に呪われたる者』を踏まえているように思われる（フランツ・ファノン『地に呪われたる者』鈴木道彦・浦野依子訳、みすず書房、一九九六年）。ゆえに、コロニアリズム的体制への批判、コロニアリズム的体制における非抑圧者とのつながりが仄めかされることになる。それと同等以上に、採掘や鉱物の精錬・加工といった、地球や大地とのかかわり合いによる物質的＝身体的影響を被る者たちにかかわる表現でもあるだろう。この点は、特に第4章の塵埃と労働と身体とのかかわりにおいて前景化する。

第二次世界大戦末期の一九四五年二月十三日から十五日に、ドレスデンは連合国よる大規模な無差別爆撃の対象となった。

12 企業の株主が、個人ではなく法人であり、法人を中心として作動する資本主義体制のこと。

13 例えば、小谷真理は「実験寓話」という訳語を当てている。「ファビュレーションとは「一九七〇年代中葉、ロバート・スコールズがポストモダン実験小説論のために案出した装置の名称だったが、スコールズの内容に鑑みるならば「実験寓話」とでも訳せるだろうか。それは、現実から切り離されたまったくフィクショナルな架空世界の物語でありながら、最終的に現実世界へフィードバックしてその問題点をリアルに暴き出すという、実験的にして教訓的効用をもつ物語形式である」。小谷真理『女性状無意識』、勁草書房、一九九四年、一〇頁。

14 原文で使用されているfoldは、「褶曲」を表す地質学用語でもある。また、この一文について著者に確認したところ、「深い時間をめぐる美学は、「反復」(recursions)の美学と時間性ともかかわっている」として理解することも可能である返事を得た。

第4章

# 塵埃と消耗する生

塵埃粒子の一粒一粒が、物質・運動・コレクティヴ性・相互作用・情動・分化・組成・底知れぬ暗さについての独自のヴィジョンを備えている。

——レザ・ネガレスタニ『サイクロノペディア』

かつて私は〔フィンランドの〕北部に暮らしていた。フィンランド南部でも雪が降るような年があり、そうしたときには、スポーツの授業用にスキー板を、別の週にはスケート靴を持参しなければならなかった。アイススケート場の隣にあったものに、注意が払われたためしはない。そこには雪置き場があった。雪夜のあとには街路の除雪作業で雪置き場に雪が積み上がる。雪の小山は、私が暮らしていたような小さな町でもときにかなり大きく、滑走や雪のお城づくりのための、一時的ではあったが完璧な自然の丘であった。

この雪の小山にそれ以上の意味があるとは、私はまったく考えもしなかった。例えば、それらが氷河であるとはまったく考えもしなかった。クリスティアン・ニール・ミルナイルによれば、そのように考えるべきなのであるが。[*1] ミルナイルは、都市の雪捨て場を重要な地質学的布置として語る。私たちメディア理論研究者は、自分たちの研究分野として、雪以外の種類の廃棄物の山を第一に考えている。ベンヤミンのくず拾いの比喩から目下の関心事である電子廃棄物までといったように。だが、雪は非人間的な収集者なのだ。雪は蓄積者として働き収集した物を、夏までには跡に置いていく。雪はある種の書き込み面として働く、もしくはまるで息をするキノコのように働くことで、私たちを取り囲む重い大気を例証する。地質学的なものは表層部分にとどまらない。

都会の道路の上空のもやのなかに漂う堆積物がある。タイヤの磨耗による鉛とクロム酸塩からなる低線量の有毒なほこり、排気管から出る炭化水素と硝酸塩、硫酸塩にその他の金属の微粒子と混ざり合ったもうもうたる煤が立ち込めているのだ。ブレーキを踏んでランプが灯るたびにブレーキはすり減って、顕微鏡でしか見えない銅、亜鉛、鉛の薄片を残していく。*2

ミルナイルが示唆するように、地質学的なものは四散した断片〔1〕に似ている。私たちは都市の汚物〔2〕と廃棄物と塵埃の心理地球物理学をそうしたことばで語ることさえできるのだろうか？　自動車による汚染とその他の原因がもたらす塵埃が、白い雪の上に筋を残す。まるで塵埃が断片として外側と内側に振り撒かれるかのようだ。本当のところ、白い雪はない。雪が長時間白いままというのは稀である。広告や映画で想像《イマジナリー》される純白な代物は、実のところそう頻繁にあるわけではないのだ。その代わり、塵埃がある。塵埃自体はゆるやかな結びつき《コレクティヴ》に基づく動的編成の奇妙なケースである。塵埃は、鉱物や金属と一体になってそれらを長距離にわたり運搬するのだ。*3 だが、塵埃は、塵埃による物質の移動に付いて回る社会・政治・メディアの領域にまたがった論点を引き寄せるという意味でも、コレクティヴな動的編成である。この点については「金属と微生物、残留性有機汚染物質と殺虫剤」*4を考えれば良い。塵埃は、特定の地域や風に限定されないし、惑星の範囲にもとどまらない。何トンもの宇宙塵は、私たちがこの世ならざるもの、外惑星のものを吸い込むことを思い起こさせる。環境諸学が教えるように、有機体も非有機体も塵埃と化学物質を吸収するのだ。塵埃に加え、数十年間使用されていないDDTその他の化学物質の痕跡が私たちの身体には依然として残っている。化学物質は、人間と動物と土壌と地球をつなぐ環境的連鎖の一環として残存するのだ。それ以外のスケールでもこうしたことは進行する。何十万年も経っている氷層には地球の化学的変形が記録されている。サンゴに目を向けてみよう。数百万年をも記録する装置として、人新世とより近年の原子力時代の残余物（大気中とサンゴ中の炭素14の濃度などで測定可能である）の指標として、サンゴを考えることができる。

サンゴが一九五〇年代後半と一九六〇年代初頭の大気圏核兵器実験を記録していることを、科学者たちはサンゴ年輪を通じて発見した。十七世紀後半の小氷期と同じく、産業革命の証拠も記録されている。日々成長するサンゴの年輪には、天文学者が最初に仮定した次第に減速していく地球の自転も記録されるかもしれない。*5

本章では、先行する章で取り上げたメディア文化における地球物理学にかかわる深い時間および、それと人体と労働をめぐる物質性とのかかわり、この両者との関連において塵埃の微粒子を取り上げ読み解く。ゆえに、本章のこの二重分節は塵埃と消耗に関係することになる。塵埃という考えは、鉱山労働者の肺と、経済特区でデジタルメディアのコンポーネント生産を下請する中国人労働者の肺へと、わたしたちを誘なう。健康リスクはメディア唯物論と、塵埃は思弁的実在論と深く絡まり合うけれども、こうしたことに消耗する認知労働者階級《コグニタリアート》についてのフランコ・ベラルディ（ビフォ）による説明とともに政治的な角度からアプローチしてみよう。本章ではこうした認知資本主義の側面に注意を向け、より平凡な労働と物質の特徴が認知資本主義の土台となっていると論じたい。塵埃はそのストーリーを物語るが、語り手〔である自身〕が非人間的エージェンシーであることに絶えず気づかせてくれるやり方で語るのだ。メディア地質学は塵埃とともに続く。メディア地質学は完全に大地側でもなければ、完全に大気側というわけでもない。

## 塵埃という事物ならざる事物

塵埃には詩的なところがある。それはおとぎ話の題材であり、見捨てられた場所——屋根裏に砂丘や、ずっと前に存在しなくなっているかのような場所——のお話の題材だ。塵埃まみれの本は、本棚と原稿の上でゆっくりと層を成すアーカイヴの時間を示す。マルセル・デュシャンが一九二〇年代に制作した《大ガラス》は、塵埃が寄り集まった《コンピレーション》作品である。ある意味、デュシャンは塵埃に作品をまかせた。芸術作品として美術館に設置されたのは、非人間的な微粒子によるゆっくりとしたひと時の寄り集まり、つまり「意図的な無為」[6]であったのだ。塵埃は、たとえそれ自体はどんな制約も容易にすり抜けることができるとしても、変形することはある。スティーヴン・コナーに倣って述べるならば、塵埃とは無定形であり、変態しさえするのだ。[7]塵埃は量も夥しい。微粒子はいたるところにあり、見えも聞こえもしない共同体を形成する。それらは、人間には想像できないスケールで凝集するというわけだ。私たち人間のほうが少数派である。微粒子には微粒子の人間にまつわる事物に対する言い分があり、私たちが意図的にもしくは偶然残していく、陳腐化したテクノロジー、残骸、モニュメントなどを覆っていく。ゆえに、これらの残してきた事物だけでなく、徐々に堆積する塵埃にも私たちは気づかされる。塵埃は地層を形成する。塵埃は物質の時間性の目印に、積み上がり沈澱するという過程にある物質性の目印に、そ

して——百万年単位のプロセスを通して——固体が移ろっては戻るという変形の目印になる。塵埃は群がって覆いかぶさって、排出されて立ち込める。「どんなに深呼吸しても、塵埃は決して枯渇しない」[8]。息切れにさえどこか詩的で非現実的《ロマンティック》なところがある。なにしろ〔息切れと結びつく〕肺病が繊細な魂の記号だからだ。そして肺病は長い文化史を備えている。プッチーニのオペラからトーマス・マンの『魔の山』（一九二四）までの非常に広範囲に及ぶ事例で、結核は重要な役割を果たしている。結核を患い青白くなった身体は、この病のせいで閉塞した肺は神話のように実体がなく空虚だというイメージをもたらす。まるで肺結核が身体を物質から解放するかのようだ。「肺結核（TB）とは分解、発熱、脱物質化である。それは液体性の病——身体が痰と粘液と唾に、終いには血液と化す病——であり、空気の病、より良い空気を必要

図9：レイチェル・デ・ヨーデ《ほこりの肖像》、2014年。Courtesy of the artist.

とする病でもある」。[9] 肺病を患った身体は疲弊しやすく、喘いで空気を切に求めることになるのだ。それは疲労した身体である。そして、疲労とは私たちが現在進行形でたどるべき重要な進路でもある。そのため、労働する身体に目を向けよう。

　塵埃をひどく取り込んでいる人々がいる。それは朝五時に都会の企業オフィスで働く、薄給そうな清掃作業員だけではない。塵埃は、髪、繊維、剥離した皮膚、草木の花粉、土壌鉱物のような無機物といった、とても多くの事物で構成されている。塵埃さえ金属的で地質学的である。ただし、塵埃のもう一方の極は高性能《スマート》である。修復・改良・工学処理のための仕組みとして有機体に入り込み宿る微粒子、スマートダスト、工学処理された微小な事物があるのだ。スマートダストは、人間社会の営みを促進・追跡・記録・統治する非人間的なトランザクション世界を黙って強調する。こんにち私たちを魅了するのは、微細でモバイル性があり、ピアネットワーク化されていて、受信データを計算・処理しさらなる広範囲へと送信できる事物である。この意味で、塵埃は「物質の変形と循環における認識可能な最小の存在」[10]と見なすことができる。しかし、コンピュータ計算にかかわる塵埃の考古学ははるかに深い歴史を抱えている。その始まりはそろばん（abacus）とその語源学的ルーツでありヘブライ語で「塵埃」を意味する*abaq*に遡るのだ。古代の土砂板《ダストボード》は繰り返し消して使える計算用プラットフォームであり、書き込み面だった。バビロニア人および初期イスラム世界のさまざまな学者たちがこのプラットフォームを利用していた。それを構成していたのは「板もしくは板状物と砂や塵埃の細かな粒のレイヤーで、模様・文字・数字を書いては手や布切れでさっと消せたであろう」。[11]

　理論——物質性とメディアに関連する理論——のための進路として塵埃を追いかけていたら？　塵埃

が「汚物研究《ダート》」としてのメディア地質学を行う一つの筋道だとしたら？　汚物研究とは複数の機関と学問領域にまたがる探究のやり方であり、それによって、設計《デザイン》の問題を考える際には経済・環境・仕事・スキルをめぐって複雑に絡み合ったエコロジーと地質学を念頭に入れなければならなくなる。ネッド・ロシターが思い出させてくれるように、汚物はノイズをもたらすので、汚物研究は「地政文化《ジオカルチャー》的、社会的、政治的、認識論的といったさまざまな種類の対立に必ず出くわす、横断的な知の生産様式として」[*12]理解できる。それはメディア地質学で強調するところにぴたりとはまる。すなわち、労働・経済・表象・言説についての論点と絡まり合うメディア文化の物質性と時間を、非有機的な構成要素を通して追跡することに適合するのだ。

塵埃は私たち――そして私たちが思考すること――をさまざまな場へと連れ出し、多様なアジェンダを呼び起こす。本書だと、塵埃はグローバル規模の労働やデジタル文化のメディア唯物論の問題について語り、非人間的な微粒子を通してメディア唯物論にアプローチする方法を浮かび上がらせる。コンピュータゲームからガジェット生産工場へと向かい、新しい唯物論と思弁的哲学において理論的発掘を行って、サイエンスフィクションと日々の現実を支える工学処理《エンジニアリング》へと議論を進めよう。私たちの現実と空想は塵埃まみれだ。フランク・ハーバート『デューン』（一九六五）が明らかにエコロジーとかかわる例であるように、さまざまなフィクション作品からは塵埃と砂丘《デューン》が切り離せない。

物質としての事物は程を弁えている――大半は数えられる――としばしば誤解されるが、厚かましくも数えられない塵埃はそうではないなにかの表れである。そうした「事物」は非物質的なのだろうか？　それはちょっとばかり重いだけで空気とほぼ同じなのだろうか？　気体と同じく、大気的であるのは間違いない。塵埃は空気と息と多くの性質を共有している。そうした性質ゆえに、私たちは個や空間の境界について再考を迫られる。皮膚のような私たちの安定的な輪郭が示すやり方で、空気と息を閉じ込めることはできない。吸い吐くことのプロセスについてペーター・スローターダイクが語るところでは、それは子どもが石鹸の泡をふっと吹いて自分の一部を輸出するという外在化や拡張の際にみられるような、一種の脱領土化なのだ。[*13] 塵埃も環境的・大気的な性質を多分に備えており、それを通して独特な時空間の思考が出現すると考えなければならないのである。

ならば、塵埃とは単なる「物質」ではなく、物質についての私たちの考えをかき乱すなにかなのだろう。スティーヴン・コナーによれば、塵埃は「反物質」でさえある。「塵埃からは空気が奪われて、塵埃を構成する粒子間のすきまは最小限にまで減じている。ゆえに、塵埃とは押殺、窒息の効果なのだ」。[*14] 塵埃によって表層についても考えさせられてしまう。塵埃は表層を露出させるのだ。

同時に塵埃を特徴づけるのは、露出した内部とでも呼べそうなものが最大化されることである。そこでは、粒子の内部質量に対する表面積の割合は極めて高くなる。粉末が溶液や懸濁液をつくるのに効果的なのは、こうした大きな表面積を化学反応に活用できるからだ。一方で、塵埃のような物質《サブスタンス》は内部をもたない、すなわち全体が露出した内部のようなものなので、それ以外の事物に輪郭つまり外郭をはっきりさせる線をもたらす。塵埃自体には形もなければ縁もないので、形を溶かしもすれば現しもするのだ。それはまるで雪のようである。雪は適切な量であれば魔法のように新しい明瞭な外郭を事物に与えるけれども、適量を過ぎればどのようなランドマークもことごとく特徴のない吹きだまりと小丘《デューン》の下に消し去ってしまう。*15

## ハードウェアとつらい仕事《ハードワーク》をめぐるゲーム

塵埃とゲームを取り上げる理由とは？　非人間について語ることとは、事物や物体だけでなく、長大な時間や物質にかかわりときには抽象的でさえあるネットワークについても語ることである。労使関係はその例である。そのネットワークは抽象的ではあるが完全に実在的《リアル》であり、現代の情報テクノロジー（ＩＴ）関連の実践では脱人間化が進行しているという点で非人間的でもある。他方で、ＩＴ仕事の文化技法とはコミュニケーションにネットワーキング、そして創造的表現のような認知資本主義の技法であるだけではなく、——工場において、そして廃棄されたエレクトロニクスが分解されるときに——ＩＴの存在そのものを担保しさえする技法でもある。

私は労働と物質性とＩＴを取り上げる二つのゲームに焦点を合わせる。最初に取り上げるのはよく知られている方のゲームだ。それはユーザをiPhone世界へと連れて行ってくれるが、そこは私たちが日常生活でiPhoneを使って経験するような世界ではない。モレインダストリア（Molleindustria）のPhone Story*16は、Androidのスマートフォンでは利用できるがiTunes App Storeでは禁止されているアプリであ

図10：インスタレーション作品《タンタルの記念碑》は、通信技術、タンタル採掘、コンゴ内戦が絡まり合う回路を取り上げている。ハーウッド、ライト、横小路《タンタルの記念碑–残余》、2008年。ラクス・メディア・コレクティヴのキュレーションによる「今の名残（The Rest of Now）」展（Manifesta7、ボルツァーノ／ボーツェン、イタリア、2008年）にて。Photograph by Wolfgang Trager. Reprinted with permission.

る。それは、鉱山からAppleのサプライヤーであるフォックスコン（富士康）の深圳《シンセン》市の「経済特区」にある工場まで、生産にかんする連鎖と労働条件を詳しく取り上げている。そうした鉱山や工場は、労働者の自殺に悩まされ、私たちのiPadの上品な輝きを保証するアルミニウム塵という副産物にかかわる幅広い健康問題が表れ出る場所であり、ガジェット文化の後ろ暗い無意識なのだ。[*17] アルミニウム自体は、テクノロジーがもたらす現代性において主たる化学物質であり金属である。物神のごときその輝きは、ポスト第二次世界大戦の自動車文化と同じく、イタリアの未来派の特徴である。[*18] ユートピアへの展望の残り滓が、グローバル規模で分配される安価な労働力〔を提供する労働者〕のやわらかな生体組織に書き込まれるとは痛烈な皮肉である。

　金属と鉱物のさまざまな物質性は、広きにわたるデジタル経済を描き出すのに欠かせない。そのうちのいくつかをデジタル文化の——地球規模の政治《グローバル・ポリティクス》と絡まり合った――化学的側面を自覚する一環として地図化しよう。メディアアートで良い例となるのは、《タンタルの記念碑》（二〇〇九、図10）とYoHaの《アルミニウム》プロジェクト（二〇〇八）である。これらは金属の残留物としての物質性に焦点を合わせている。モレインダストリアの痛ましいほどにシンプルなゲームは、メディアの物質性の暗黒面についての別の地図を生み出している。この地図は非有機的・有機的な物質性にかかわる。採鉱、自殺、電子廃棄物そして計画的つまり緻密に予定された陳腐化が、魅力溢れる愉快な端末装置の倒錯的側面を形づくっていることを、この地図は描き出すのだ。*19 コンゴの鉱山での児童労働、中国のフォックスコン工場で働く多くの労働者を自殺へと追いやるすさまじい労働条件、電子廃棄物という厄介な負担の一因でもある製品に仕込まれた計画的陳腐化。iデバイス〔3〕を可能にするのは、こうした怪しい労働実践なのだ。そのようなテーマからゲームの筋をつくることは、クリエイティヴなデジタル性の文化を支える、非物質的とまでは言えない陰鬱な文化技法を見つめることなのである。

　ニック・ダイアー＝ワイスフォードとグレイグ・デ・ピューターの『帝国のゲーム』で記されているように、モレインダストリアのゲームは手続き批判を効果的に行っている。すなわち、それは、プレーヤー‐主体を引き込むアルゴリズムの論理を、限定的で反復的であり憂鬱で非道な外部なき世界をシステマチックに生産することに巧みに重ね合わせて《マッピング》いるのだ。*20 ハードウェアをめぐる地政学との関連で、そうした批判を動員してみたらどうだろう？ 私たちモバイル機器の消費者自身が、ハードウェアと労働と作業工程の苦しみとのつながりにおいて理解されなければならないとしたら？ 例えば、生産の外部委託《アウトソーシング》とは、こうしたハードウェアの地質学を西洋の視界から遠く離れた場所へと外部委託することでもある。

歴史的には、アウトソーシングはデジタルテクノロジーの軽さとモビリティを強調する消費者言説の出現とつながる。だが、アウトソーシングは外部委託先の過酷《ハード》さを覆い隠しているのだ。こうした過酷さをめぐるパースペクティヴは、ゲームと非物質的労働にかんする議論――『帝国のゲーム』のことばを使えば、労働としてのゲームは特別な「コミュニケーション上の協力、ネットワーク化されたテクノロジーの使用、労働と余暇時間との境界の曖昧化」を伴うという議論――を軽んじるものではなく、むしろ非物質性を支える裾野的な労働機構を取り上げるものである。このような非物質的ではない――工場での、生産ラインでの、そして肺病をもたらす――労働は、一風変わった非物質性の考えを示す。この考えでは、ほぼ非物質的とも言える「肺」の性質と呼吸が、主たる概念的進路となる。それをたどることで、メディア地質学の文脈に一見逆説的な独特の組み合わせが提供されるのだ。

もっとも重い空気を吸い込んだらどうなるのだろう？　デジタル文化がもたらす金属と化学物質の残余を吸い込んだとしたら？　肺の汚染を通して魂の搾取について語るべきだろうか？　イタリアの哲学者フランコ・ベラルディ（ビフォ）にとって、魂は資本主義による搾取と生産の一環として言語・創造性・情動の動員を理解する方法になっている。魂は認知資本主義による開発＝搾取の新たな寄る辺《グラウンド》なのだが、それは消耗することもできる物質的な魂である。

ある時期には、地球外空間の征服は資本主義の拡張にとって新たな発展の方向であるように思えた。その後になって、そうした発展はとりわけ内的空間、内的世界、心すなわち魂の空間、時間の征服に向かうことがわかった。*21

上述の内容は、認知資本主義の世界とコグニタリアートにかかわる。そこでは知識に情動、その他の知的スキルが活用＝搾取すべき生産力として動員される。ゆえに、そうしたスキル一式と認知にかかわる労働力を慎重に管理し組織する実践が求められるのである。[*22] だがそれは、物質的土台なしに非物質的なものが存在するということではない。さらに言えば、「消耗／抑鬱」でビフォが論じるところによれば、衰退するグローバル経済体制と心理圏には関係が――明らかにフェリックス・ガタリのエコロジー思想が全面的に浮かび上がってくるような仕方で、連合する抑鬱状態が――ある。つまりは、エコロジーについては、自然だけでなく主観性と社会関係を通しても私たちは考える必要があると、ビフォは論じているのだ。気分管理のさまざまな精神薬理学的手法と精神障害、ビフォはこの両方の増大を指摘し、脳を動力源とする認知資本主義の副作用とクリエイティヴィティという繰り返される呪言に注意を払っている。彼は以下の結論に到達する。すなわち、消耗と抑鬱は、創造と認知にかかわる資本主義と世界経済の理解にとって実のところ鍵となる身体状態である、と。擦り切れた魂ではデジタル機械についていけないのだ。

　ビフォによれば、資本主義の拡張主義的衝動は新たな天然資源を求めるだけでなく、無限にみえる人間の創造力へも向けられる。[*23] 消耗についてのビフォの強調を私も継続したいのは、こうした姿勢においてである。ただし、こうした消耗はまだまだ特権的な情報産業労働者の精神的《メンタル》知的能力にしかかかわらないと誤読すべきではないということと、デジタル機械自体は無限とも非物質的とも理解されないことには注意してほしい。むしろ、採掘や工場の生産ラインにおける、そして「認知資本主義」の一部として直ちに認められるわけではないその他の仕事内容における、ひどく消耗する肉体労働によっても、デジタル文化は維持される——機械は陳腐化し動かなくなるが、その残りはメディア廃棄物と未来の化石として残り続ける（第5章参照）——のだ。そして、先端テクノロジー産業向けの鉱物やその他の物質の需要が高まっているために、生態資源も消耗されてしまう。

だが、実のところビフォは魂にかんする物質的な考えを強調してもいる。ビフォによれば、魂とは、呼吸と肺と複数のスケールにわたる絡まり合いからなる問題《マター》＝物質なのだ。もっとはっきり言おう。デジタル文化をめぐる空気と大気は金属と化学物質をたっぷり含んでいることと、デジタル文化という分野《グラウンド》は鉱物などの採掘作業と引き換えに開かれることを、私たちは理解する必要がある。ケイ素からコルタンまでの鉱物と金属の物質性が、肺の物質性と絡まり合う。換言すれば、こうしたことは、ハードウェア端末にみられる非有機的なものの物質性と、ハードウェアを下支えする労働とつながるつらい仕事《ハードワーク》をめぐる物質性〔の絡まり合い〕なのである。

私が論じたい二つ目のゲームはiMineである。ゲームの内容的には一つ目のPhone Storyと大きな違いはない。iMineは、〔Phone Storyと〕同様にさまざまなプラットフォームで利用できる。その焦点は、コンゴ共和国におけるコルタン採掘者の苦しい生活である。このゲームは相当シンプルで、控えめに言っても内容はくどく本当に退屈で気は滅入るし、コルタン採掘のためのアクションはスマホかキーボード上でのうんざりするほど繰り返しの多いジェスチャに限定されている。〔だが両者の〕プレイの仕方は異なっている。Phone Storyだとユーザはスクリーンにタッチするだけだが、iMineではユーザはスマホをぐっと突き出さないといけない。しかし、より概念的に言えばそしてナラティヴの観点からすると、iMine

というゲームは、その開発者／アーティストによって「残り続けるハードウェア」と描写されるものごとに触れている。

こんにちのテクノロジーが提供するすべての「魔法」、つまりユビキタス・コンピューティングとネットワーク化されたコミュニティは、ハードウェアと物理的出力と通信インフラストラクチャの信頼性に依拠している。電子工学的に拡張された日常生活の経験は過去数十年間で著しく変化してきたが、これらの新しい経験の領域を支える物理的条件はそうではないということである。ハードウェアは、精密かつしばしば困難な状況下で、依然として製造されなければならない。ハードウェア用の物質はすべて、ある時点では地中を端緒としていた。デジタルテクノロジーを生み出す物質の起源に近づけば近づくほど、それをめぐる条件はしばしばより困難なものになる。[*24]

二つのゲームは、どのような報酬もろくに貰えない掘削と労働の、目的もなければ手も足も出ない状況を伝えるかのようだ。iMineの鉱山労働者は、スズ・タンタル・タングステン・金などの査定額に関連する、グローバル市場での鉱物価格という抽象的なフローの一部として地図化される。iMineは、反復的な採鉱プロセスが鉱物取引に財政基盤を提供する抽象的な価値の一部であることを明確にしているのである。そしてそれは、過去数十年のメディア理論の誤認である、テレマティクス[4]は私たちを反復的で退屈な仕事から自由にし、遊び心に満ちた認知能力を解放して「冗長なものを情報へと」[*25]変形できるという信念と戦ってもいる。二つのゲームともにこうした信念に抗い、物質からみるどのようなメディア理論にとっても重要な点、すなわち労働のようにITも物質的であるという点に気づかせてくれる。ITの物質性は――鉱物と化学物質とかかわる――部品《コンポーネント》でできているので、いつの日かどこかで終わりを迎える。〔だが〕それはただ消え去りはしない。物質としてのITを生産することとそれが終わりを迎えることというシンプルな連鎖の両端には、労働する有機的身体が含まれている。この有機的身体の一体一体がメディアにかんする効果《エフェクト》と情動《アフェクト》の書き込み面となっているのである。

メディアは身体においてそして身体を通して、より広く言えば物質と事物を通して作動する。というわけで、フリードリヒ・キットラーの物質からみるメディア理論が、〈書き取りシステム〉(*Aufschreibesysteme*)すなわち「言説ネットワーク」として強調しているものごとにかんする独特な焦点に目を転じてみよう。それは、書き取りシステムと、キットラーが属するニーチェ－カフカ－フーコーの軸を彷彿とさせる*Aufschreibesysteme*という術語を系譜学的に説明することに関連する。つまり、社会的な指示は精緻な練習により肉体へと刻み込まれるが、それはメタファであるだけでなく、〈メディア〉機械の規律訓練による権力を通して作動するということに関連する。身体は御され、特定の身振りと記憶のパターンに基づいて振る舞うのである。*26

〈書き取りシステム〉という術語は、十九世紀後半および二十世紀前半のダニエル・パウル・シュレーバーをめぐる奇妙な事例に由来する。高名なドイツ人裁判官のシュレーバーは最終的に妄想型統合失調症と診断され、その結果多くの時間を治療と入院に費やした。シュレーバーの症例は、フロイトら多くの人々にとっての事例研究として広く議論されるようになった。こうした診断・治療・入院を一因として執筆されたのが、『ある神経病者の回想録』(一九〇三)である。*27 風変わりだが魅力溢れる自伝的散文で書かれたこの著作で、シュレーバーは身体と、彼についてのあらゆることを書き留める天上界の書記官のための書き取り面について語っている。キットラーにとっては、それが技術メディアの新たな効果を理解する方法となっている。*28 このときの身体は無抵抗の被害者と化す。「聖なる神経光線が侵入しては撤退し、器官を破壊して脳の線維を引き出し、通信線を敷設して情報を伝達する」*29 のだ。シュレーバーのような幻覚の事例研究は、研究の中心および認識の対象としての身体もつくり出す。それがフロイトにとっては心的身体であり、キットラーにとってはテクノロジー的身体であったのだ。

キットラーはテクノロジーとの関連でさらにこの観念を練り上げて、技術メディアの世界にかんして言うと「身体」についての焦点はぼやけたままだと主張する。実際、こうしたスタンスは文化理論の語彙を用いて非人間たちを真剣に取り上げる際には重要である。今までのところ、そうした措置はテクノロジーや科学的要素、技術決定論的アプローチと軽蔑的に呼ばれてきたもの（メディア理論家のジェフリー・ウィンスロップ＝ヤングが大変適切かつあからさまなブラックユーモアを交えて呼ぶところによれば、メディア理論における「悪虐非道」〔5〕*30）の観点から行われてきた。

けれども、そういうアプローチを拡張して身体へと改めて向き直ることができる。キットラーが技術メディアについて書くきっかけとなった、シュレーバーの話から採用された身体モデルだけがあるわけではないのだ。書き取りシステムのモデルとして、シュレーバーの苛まれた身体に代えて、デジタル電子メディアの生産〔工程〕でハードウェア端末に携わる薄給の（そして酷使された）労働者の身体――整然とした製品生産ラインという、洗練されたブランドが生産プロセスと低賃金労働を直結させる場所で働く、病んで傷つきやすい生贄としての身体――ではどうだろう？　これらの身体は、ＩＴの生産――

そして廃棄——によってもたらされる物質性が肺や脳や神経システムなどにまで書き込まれているという意味において、エピステーメー的対象でもある。はっきり言ってしまえば、そうした身体は、ショーン・キュビットも要求した概念的転回である「残り続けるハードウェア」を表す書き取り面なのだ。

以上を納得してもらうために、私が考案したチャートを見てほしい。それは私なりの金属・化学物質症候群チャートである。このチャートが扱うのは、シュレーバーの身体を通して影響を及ぼし、そしてシュレーバーの身体に書き取る天上界の書記官ではない。その代わりに、シュレーバーの場合とは異なる種類の物質が、金のような有価物質のためにデバイスを開けてITのハードウェアとかかわる労働者の身体にいかに書き取られるかを、このチャートは表している。

鉛：中枢神経系および末梢神経系、血液系、腎臓、生殖系にダメージを与える。
カドミウム：腎臓などに蓄積。
水銀：脳と腎臓に影響を及ぼす。胎児にとっても同様。
六価クロム／酸化クロム：細胞膜を通過し、汚染された細胞中でさまざまな毒性作用をもたらす。
バリウム：脳腫脹、筋力低下を引き起こし、心臓と肝臓と脾臓にダメージを与える。*31

リストは続けられるが、メディアテクノロジーの物質性とその物質が私たちの脳や脾臓と絡まり合っていることにかんして、上記の内容で要点は十分に押さえられる。それはまた、ハードウェアと〈つらい仕事《ハードワーク》〉の両方にかかわる化学物質と金属と鉱物の物質性と、労働を通してそれらの系譜的痕跡を地図化する方法も指し示している。こうしたことは、デジタルメディアと、グローバルに進行する採掘およびより安価な条件に応じた労働力の配分によって、近年に浮かび上がってきた論点とは限らない。たくさんの危険に満ちた化学物質が採掘および石炭と銅の使用から発生していたし、ガソリンが輸送メディアを走らせ続けることで鉛が発生していたのだ。また、私たちは二酸化硫黄を含んだ空気を吸い込んでは咳をして吐き出している。それはとりわけ都市圏において、そして酸性雨として国境も越えていく現代の大気の特徴である。[*32]

機械に加え、化学物質も近代メディア時代の誕生を促進する。この点についてのリチャード・マクスウェルとトビー・ミラーの指摘は鮮やかだ。二人は多岐にわたる研究と統計データを結集して十分な支柱とし、身体と環境に対する初期印刷テクノロジーの物質的影響を論じている。十九世紀に生じた製紙用の繊維加工のイノベーションは、大規模な水質汚染と森林破壊の直接的な一因となる毒性副産物――フィンランドで製紙工場が隣接する川のそばで暮らしていたときに、私はその効果を目の当たりにした――をもたらした。[*33] それに加えて、例えばインクについて検討してみよう。インクが象徴するものの記号論について熱心に語るようなメディア研究のトピックを検討するときには、インクは平凡でこれといった特徴のない要素にすぎない。だが、印刷メディアの台頭時には、インクは命にかかわる物質だったのだ。マクスウェルとミラーが書くように、「インクはランプブラック、テレビン油に煮アマニ油からできていた。ランプブラックは肺と粘膜に有害であった。テレビン油は神経系、肝臓、腎臓にとって有害であった。煮アマニ油は肌の炎症を引き起こした。十九世紀のほとんどの期間、アメリカ南部におけるテレビン油の抽出と蒸留は奴隷労働に依存していた。南北戦争後は、［テレビン油の抽出と蒸留にかんしては」強制労働が常態化した」。[*34]

このようなオルタナティヴな「シュレーバー」を地図化することは、電信のような技術メディアにも転用できる。化学反応としてのそして有毒性を備えているものとしてのメディアの物質性の効果は、まったくもって非物質的に思える通信技術《コミュニケーション》を維持するのに必要なものごとを検討する際に明らかとなる。一九八〇年代以来、マーケティング言説においてそして理論的著述においてさえ漂う軽さが、私たちのデジタルコミュニケーションにトレードマークとして一貫して押されてきた。まさにそれと同じように、電信の非物質性という幻想が労働者の身体には直接書き取られる。電信という通信技術はもちろん電気を土台としていた。より具体的に言えば、それはメディア史の記述ではしばしば無視されてきた電池というイノベーションを土台としていた。マクスウェルとミラーをもう一度引用すれば、初期の電池は硫酸と硝酸からなる「化学的エネルギーストレージ」の重要な例であったのだ。「液体電池酸により電気を発生させる化学反応が生じ、その構成要素（亜鉛や銅や水銀などの物質）が溶けることで、有毒ガス（アメリカの電信で使用されていた初期のグローブ電池の場合は一酸化窒素）が生じた」。[*35]

深呼吸して息を肺の奥へと送れば、肺と粘膜は傷つき、皮膚炎が生じる。吸って吐いている空気は金属質である。

## 残留する元素や要素

近代メディアテクノロジーは、「混合した物質性」とでも呼べそうなものを精巧につくり上げている。それはフェリックス・ガタリが混合記号論について語るところと類似している。この観念では、労働の実践から生産チェーン、そして当該のテクノロジーを構成する化学物質と構成要素に至るまで、さまざまな物質性が作動していることが認められている。つまり、これらは記号技術的編成なのだ。実のところ、「新しい唯物論」——近頃では意味や表象、意味作用を過剰に強調することへの対抗を示唆する術語——について話をすると、私たちはバラエティに富んだ複数の唯物論に直面していることを思い出す。多様な物質性と、物質性とはなにかという常に異議申し立てを受ける問いの意味を、私たちは取り扱っている最中なのだ。ポストフォーディズム的マルクス主義は、ドイツメディア理論に対するオルタナティヴを提供する。アクターネットワーク理論が喚起する一連の関心事は、ブライドッティやグロスのようなドゥルーズに影響を受けた学者のフェミニズム唯物論が喚起する関心事とは異なっている。情動《アフェクト》理論は物質にかかわる新たな観点から実体化の問題を検討する。初期のレイモンド・ウィリアムズ以来、カルチュラル・スタディーズは文化生産の実践との関連で唯物論について語り続けてきた。思弁的実在論もこれらの議論に遅れてきた参入者の一人である。[*36] いわゆるドイツメディア理論は、メディアテクノロジーの物質性を再検討する助けとなってきた（第1章参照）。例えばキットラー、より最近ではクラウス・ピアス、ヴォルフガング・エルンスト、ベルンハルト・ジーゲルト、マルクス・クライェフスキらの素晴らしい研究が、技術メディアを理解するためには科学とテクノロジーの歴史と実践について細部にまで分け入る必要があることを示している。しかしながら、近代メディアは化学にもかかわる。それは亜鉛や鉛のような構成要素と、生産メカニズムと労働条件に直結した体系的な健康被害にかかわっているのだ。

新しい唯物論の名の下に多くの議論が進行するが、それと並行させてある種のマルクス主義的な史的唯物論を検討すべきだろう。マヌエル・デランダは、批判的なやり方で、マルクスの価値理論における人間中心的な性質をかなりうまく指摘している。「価値の源であったのは人間の労働だけであり、蒸気機関、石炭、産業組織などはそうではない」。[*37] だが、マルクス主義的な議論を人間中心的だからといって、完全に却下する必要はないのだ。実のところそれは、労働と価値と資本主義と資源枯渇をめぐる論点を再考して、それらをポスト人間中心的な観点から、本書の文脈だと（化学物質と金属からテクノロジー／メディアにまでわたる）より地球中心的・非有機的な観点から流用していく必要があると促しているのである。

マルクスは土壌（農業の進歩）と資本の関係にはっきり気づいていた。私たちも〈ビオス〉（*bios*）と資本の関係に気づくべきである。この延長上にジェイソン・W・ムーアが呼ぶところの「ピークを都合よく設定すること《アプロプリエーション》[6]」があり、それは「史的システムとしての資本主義の時空のいたるところでみられる炭層、油田、帯水層、小作農階級をめぐる囲い込みと消耗の長大な歴史として描写される。こう考えると、主たる問題は「あらゆるものごとのピーク」ではなく、ピークを都合よく設定することである。こんにちの資本の問題とは、理論上の枯渇ではなく、(労働をよりいっそう減らして)自然を安価に我有化《アプロプリエーション》する契約機会なのだ」。[*38] しかし仕事がある以上、つらい仕事《ハード》はある。理想化された脳資本主義(認知資本主義)の考えとではなく、安価で反復的で身体的に消耗する労働と対応する仕事があるのだ。それは労働と生物圏とのあいだにある、私たちが自覚すべきつながりである。労働は仕事《ワーク》と「時間スケールが百万年であるかもしれない生物圏」[*39] の働き《ワーキング》から成り立つ。光合成プロセス、化石燃料、そして希土類鉱物という、地質学的な持続の記憶である一方で先端テクノロジー情報文化に欠かせない一部として採掘されて、今やますます中心的な役割を担うようになっているもの。これらすべてが、労働の物質性と地球の物質性にかかわる長期持続との絡まり合いにおける肝心要である。そうしたパースペクティヴが通常露わになるのは、規範的な生産プロセスが決定的な限界を迎えたときのみであることははっきりしている。この点については、二十世紀の哲学者たち——ハイデガーからジル・ドゥルーズにブルーノ・ラトゥールまで——が絶えず言及してきた。一度ものごとがうまくいかなくなるだけで、今度はその複雑さが目に入ってくるのだ。私たちの場合だと、惑星規模のスケールでものごとはうまくいかなくなるだろう。つまり、化石燃料(石油はいうまでもないが、石油ピークにかんする言説も含む)[*40] から上述の希土類鉱物までの資源の枯渇である。この枯渇資源リストに綺麗な水、空気、土壌を追加しておこう。

ギャリー・ジェノスコはエンペドクレスの四元素である地水火風に言及し、現代における物質の実在《リアリティ》をめぐる現実《リアリティ》を分子化[7]する方法にしている。現代では、四元素とその新しい変異は——経験的かつ形而上学的という——二重の役割を果たしている。ネガレスタニに依拠しつつ、ジェノスコは環境的、美的

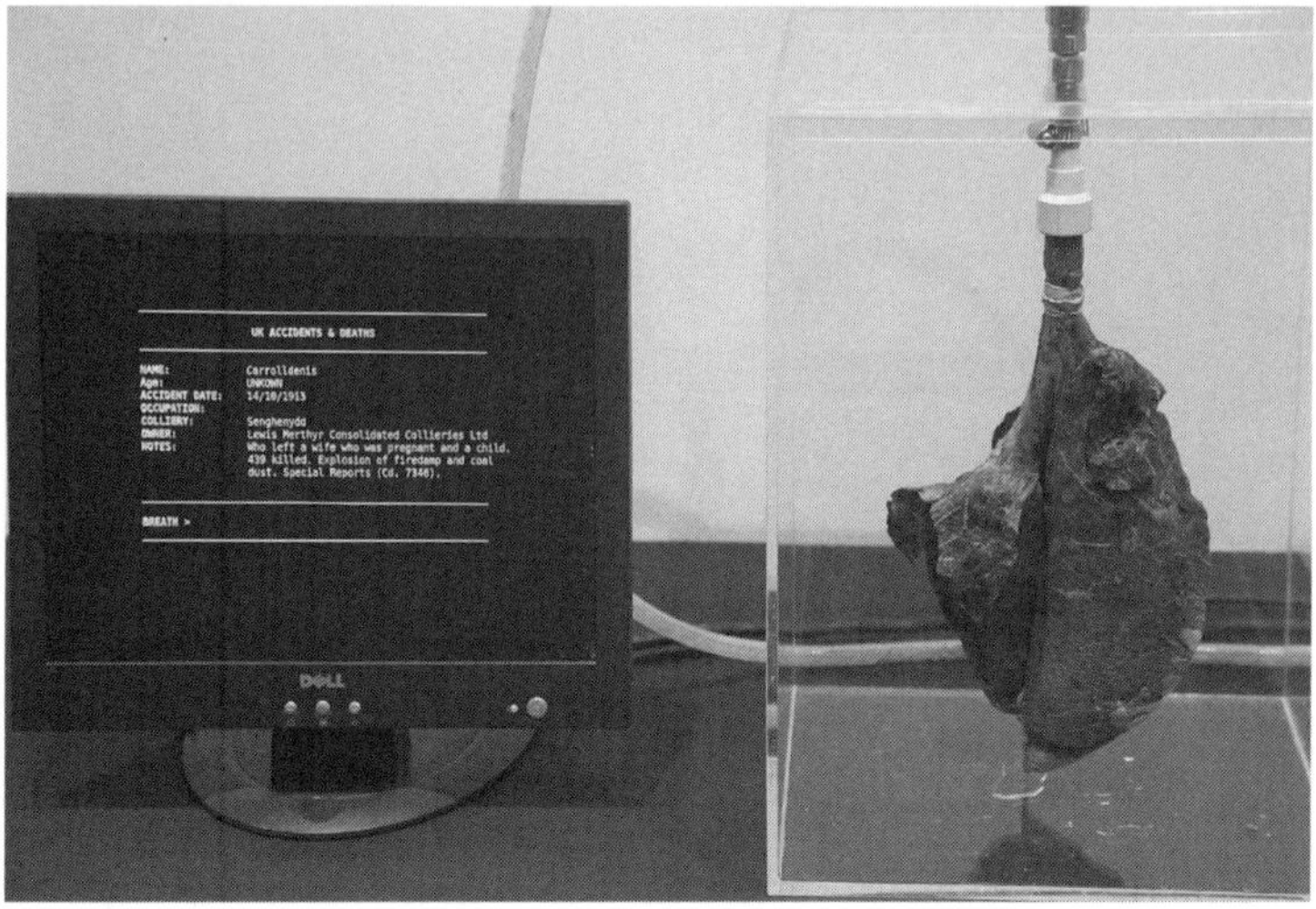


図11：YoHaのインスタレーション《石炭が焚き付けるコンピュータ》、2010年（部分）。「石炭が焚き付けるコンピュータ&タンタルの記念碑」展（アーノルフィニ、ブリストル、イギリス、2010年）にて。
Photograph by Jamie Woodley. Reprinted with permission.

な元素の理解[*41]からより分子的な洞察へと深く踏み込む。汚染された大気、血まみれの採鉱、新たな汚染のかたち、その他の元素が混合されて生まれる惑星規模の新たな機械状系統流〔8〕を含む、現代の論点の構成をジェノスコは地図化しようとするのだ。機械状系統流は、従来の四元素の性質を受け継ぎながら、再浮上する。

これらの元素には、地球上の夥しいケーブル束という、惑星規模の系統流が巻きついている。このケーブル束が独自の産物をもたらしているのだ。電子機器としての大地。ボトル詰の水のような液体としての水。それはプラスチックごみが破裂すると激しく噴き出して空中に図形を描くほどだ。諸ガス（温室効果ガス）としての空気。そして、人工プラズマとレーザーとしての火である。[*42]

こうした事物の新たな混合は、メディアテクノロジー的なものにかかわる元素だけでなく、環境と政治と経済の論点の一環として現代の文化を生み形づくる、より広い事物の混合も探究する方法である。塵埃という観点から考えてみよう。先述したように、塵埃は物質と論点のコレクティヴな動的編成と見なせる。塵埃は地球（砂漠）の多くと私たちの陳腐化したメディアの多くを覆うだけでなく、電子ハイテク製品の生産プロセスにも関与する。YoHa のアートプロジェクト《石炭が焚き付けるコンピュータ》（二〇一〇）は、化石燃料、鉱山労働者の肺、気管支炎、肺気腫とコンピュータ文化が絡まり合っていることを明確に示している（図11）。石炭はもっとも重要なエネルギー資源の一つで、クラウドコンピューティングのデータセンターの動力源であるだけではなく、コンピュータ生産自体にも絶対に欠かせない。公開されているところによれば、「コンピュータのライフサイクルで使用されるエネルギーの八十一パーセントが製造プロセスで費やされており、今のところそれは複数の国で高水準の石炭消費により賄われている」。[*43] 環境への衝撃に加え、そうした生産プロセスは直接的な健康被害を肺に及ぼす。肺に地質学的に重い空気が書き込まれてしまうのだ。要するに、息切れが起こる。「用心のため緊張して息が切れ、蒸し暑い夜気が酷く不快で息が切れる」とは、ヘルマン・ブロッホが『ウェルギリウスの死』[*44] で書くところだ。鉱山と採掘をめぐる地下文化は産業化を評価するのにも欠かせないし、コンピュータ文化には付き物の傍若無人新世を評価するのにも必須である。有機体という書き取り面に刻まれた息切れ状態は残り続け、地球物理学的な痕跡と鉱山の塵埃が書き込まれたことを示すのだ。

採掘というパースペクティヴからデジタル文化を眺めた際、石炭塵だけが唯一浮かび上がってくる塵埃というわけではない。ケイ素塵は、石炭塵とはまた別の重大な危険を採掘者に及ぼすことが認められている。[*45] 古い（視覚）メディアであるフィルムの生産という観点からいくと、ニューヨークはロチェスターにあるイーストマン・コダックのパーク・プラントは、同地域の重度の汚染源でありかつ莫大な量の真水を消費することに加え、酸蒸気と塵埃の発生場所でもあった。[*46] 銀幕の銀は地味な生産工程の末端で扱われ、労働者の健康に深刻な影響を及ぼした。加えて、マクスウェルとミラーが詳細に論じるように、硝酸を使用したナイトレートフィルム黎明期には、綿も欠かせない物質であった。綿も塵埃状のメディア物質としてたなびき、〈ビシノーシス〉として知られる綿肺症という健康被害を、この古いメディアに携わる労働者の身体に書き込んだのである。

塵埃は肺の内部を覆い、捨てられた電子装置を覆う。計画的陳腐化により、電子装置は速やかに確実に塵埃まみれの状態へと切り替えられる。塵埃は、洗練された電子工学とそれを用いた製造によって定義されるデバイスから締め出されているとも考えられている。実験室での作業のように綿密なコンピュータテクノロジーの製造プロセスには、特定の無塵性が要求されているのだ。ジェニファー・ガブリスが記しているように、「電子機器は、製造中に少しでも塵埃が混じり込むと、機能しなくなる。［……］塵埃はこれらの機械の機能を脅かす。だが、塵埃は電子機器の物質性と時間性を締めくくる印として回帰するのだ」。[*47]

石炭や塵埃とは時代遅れもはなはだしいと、感じるところはある。〔だが〕鉱山は、認知資本主義とITをめぐる状況でも中心的な位置を占めている。ハーウッドが思い出させてくれるように、たとえ鉱山の位置がインドや中国などに替わったとしてもそうなのだ。すでに初期のメディア時代において、金属と鉱物が中心的役割を果たしていた。初期メディア時代には銀や銅などが欠かせなかったのだ。では、「新しい」メディアにかんしては？「クリーン」なデジタルメディアさえ、塵埃という残留物とともに出来上がる。つやつやの製品《プロダクト》の存在を支えるのは、石炭を燃料とするコンピューティングである。[*48] メディアは磨き抜かれる。文字通りの意味でも。

アルミニウム塵は、コンピュータ制御テクノロジーを製造する過程で生じる余剰「産物《プロダクト》」の一つである。例えば、iPadの外被の研磨工程を思い浮かべればよい。すでに言及したように、微細な塵埃粒子は二重の危険を伴う。それらは大変に燃えやすく、そしてより重要なことに、さまざまな肺疾患を労働者に引き起こすのである。

YoHaの《石炭が焚き付けるコンピュータ》は、地下での採掘というパースペクティヴからコンピュータ文化を理解するのに良い筋道となる。また、二〇〇八年から開始されたYoHaの《アルミニウム》プロジェクトは、《石炭が焚き付けるコンピュータ》と並行して、テクノロジーの金属的-化学的構造にかかわっている。[*49]《アルミニウム》プロジェクトは「未来の金属としての美しさ、清廉潔白さ、軽さ、豊富さ」により定義され、政治的現実（二十世紀初めのイタリアにおける未来派とファシズム）と物質性が入り混じった、アルミニウムをめぐる想像《イマジナリー》を取り上げているのだ。アルミニウムは想像された意味の領域と長く尾を引く残留物質の両方を担い、まとめ上げる。こうしたことが一九三〇年代のイタリアのアルミニウム工場というロケーションを土台とするインスタレーションの手法となり、メディアエコロジーのパースペクティヴからこのアルミニウム工場が探究される。ここには、工場にエネルギーを供給する送電線のようなローカルな要素と当時のイタリアを象徴する国家の金属としてのアルミニウム神話の両方が含まれている。そしてそこには、一九三〇年代を通して加速する産業化および、物質とテクノロジー文化をめぐる現代の問題とアルミニウムをつなぐさらに長くより抽象的な関係もかかわってくるのだ。

ラクス・メディア・コレクティヴとのコラボレーションで鍵となった術語と方法論が、例えば「残留」という考えであった。

どのような物質、場所、事物や人からでも、価値の抽出には精錬純化のプロセスがつきまとう。このプロセスの最中、当の対象は状態の変化を被り、少なくとも抽出物と残留物という二つの物質に分かれる。残留物をみても、なにか(対象、人、状態、存在)が生産されたり、存在するようになったりするさまをはっきり示すような物語は皆目見つけられないと言えるだろう。残留物とは価値の抽出後に山となって残るものすべてである。[……]残留物の歴史はない。放棄のための地図帳もない。人となりを知るための回想録もない。*50

精錬純化というアートの方法論が、とりわけ残留物につながる。それは残り物を取り巻く物質、労働、想像《イマジナリー》をめぐるオルタナティヴな物語に関係し、(メディアの/政治の)歴史における失われた道筋と敗者というある種のメディア考古学的精神と共鳴するが、*51ここでは金属からみるメディア文化の地質学にも関連する。塵埃の追跡という、新たな種類の文脈とストーリーと非言説的な実在を結ぶ理論的方法論に、残留物ははっきりと姿を表している。精錬純化は、日常生活を静かに支える、ハイテクと科学に裏打ちされた高性能な物質的コンポーネントをもたらすだけではない。精錬純化は、消耗品として使い捨て可能と見なされる、二つの「表面」――ともにハードウェアの化学的影響を受ける、労働する人間と労働環境――に書き込まれる残留物としてその姿を再び現しもするのだ。

健康リスクはデジタル文化の生産工程の末端におけるコスト削減の実践度合いを示す指標の一つだが、上述のような意味において、塵埃はほぼ知覚不可能な非人間的要素の重要性を理解するための申し分のない進路となる。このように残留を通して物語をつくることは、現代の生政治的・地政学的現実の構造の一要素として塵埃を認識することに結びついている。それは、塵埃の特異性についてのネガレスタニの考えにみられる、いくつかの洞察と響き合う。

塵埃粒子の一粒一粒が、物質・運動・コレクティヴ性・相互作用・情動・分化・組成・底知れぬ暗さについての独自のヴィジョンを備えている。それは具体化したデータベースであり、結合と反応の準備ができているプロットであり、物語を立ち上げ展開する準備ができているプロットなのだ。一筋の塵埃粒子の流れ以上に具体的な物語の行はない。[*52]

このような物語では言語的・象徴的な束縛は弱まる。塵埃は物質性をもつ情動的な力を運び、それを中心にコレクティヴ性を組み上げる。塵埃は私たちの外側にとどまるのではなく、私たちに入り込む物語である。塵埃は一息吸い込むごとに這入っては、私たちの生体組織と絡まり合うのだ。もっと言ってしまえば、塵埃のような変形にかかわる物質的作用因は――高性能《スマート》だろうと単なる肺への刺激だろうと――記号《シンボリック》によって紡がれる物語に収まりきらないものがあることのリマインダなのである。[*53]

## 塵埃と労働の政治経済学

いわゆる新しい唯物論は、大きな哲学的ポテンシャルを秘めており、複数のスケールとアートの方法を横断して塵埃の物質性を分析する手助けとなる。[*54]それは残留についてのカルトグラフィを提供できるのだ。非人間的粒子というエージェンシーとそれが作動する物質性の骨組みを理解する一助となるという点で、新しい唯物論は活気づく可能性のある方法論でもある。メディア研究寄りの私からしてみれば、身体とその能力の強度――声やダンス、運動と関係性、肉質、存在論的一元論、生成力のある物質についてのオルタナティヴな認識論など――や言語的な意味作用に縮減できない対象を積極的に意味づけることにだけ、新しい唯物論はかかわるのではない。私は、こうしたパースペクティヴがどのようなものであれ、退けたいわけではない。むしろ私はメディアにかかわる物質をめぐる特殊性とエージェンシーについても指摘したいのだ。新しい唯物論は、技術メディアが「文化」を伝え、加工処理する方法にすでに現れており、それは独自の（ダナ・ハラウェイの用語を用いれば）自然文化の連続体、本書のケースに即して言えばメディア自然にかかわっている（第1章参照）。

研磨されたiPadから生じる塵埃粒子は、まごうことなき美しさを備えたフェティシズム的表面から出た残留物である。その塵埃粒子は、中国人労働者のやわらかな生体組織にグローバル化した賃労働関係が書き込まれたことを示すのだ。もちろん――ネッド・ロシターを要約すれば――塵埃は「商品という形式が、それ自体を労働と生の経験から抽出する奇怪な力」*55についてのとても良い指標だろう。汚れのない電子商品の表面が「中毒を引き起こす生産条件とそれが労働者の健康と環境に与える影響」*56をかえって露わにしてしまうのだ。はっきり言ってしまえば、「非人間」とか「非人間的転回」といった術語に忠実でありたければ、そして原子の語彙や生産力にさえ帰し得ない新しい唯物論を用いることも主張したければ、新しい唯物論の政治経済学についても考えるほうが良いだろう。このとき、新しい唯物論は、仕事、廃棄物、仕事の一部として人間の身体を浪費することについて、パースペクティヴを拓く手助けとなる。私たちは肺と呼吸――そして息切れと息継ぎのための時間管理――でできた物質と切り離せない魂に注意を払う必要があるのだ。この魂は、物質とは無関係に息を吸い吐く、単なる非物質的で疑似神話的な存在物ではない。それは絶えず身体を介して生み出される。これがフーコーの主張していることである。この魂は形体なき唯物論の象徴として、それゆえに肺に付着するものの象徴として生み出されもする。物質と切り離せない魂は仕事をし〔9〕、仕事で出た汚れはコンピュータ産業資本主義の重い空気の中にある肺に残される。

簡潔に言えば、私は、明らかにメディア唯物論のアジェンダの一部であるいくつかのテーマを、それらが政治的に重要な唯物論にどのような態度をとるのかを示すことで、処理しようとしているのである。こうしたことが、残留物と物質性の追跡を経由して、メディア地質学と関連する。残留物と物質性は、惑星規模の持続時間・化学組成・メディアテクノロジーを、政治・美学・メディアについての伝統的な語彙では捉えられない方法で作動する動的編成へと結びつけるのだ。

YoHaのメンバーであるハーウッドが物質の働きとの関係において明確にしているように、物質には独自の能力がある。それは「繰り返し可能性を発現し、肉体と社会的なものと政治的なものと経済的なものを変形する。つまるところ、ある物質が地球やその文脈から剥ぎ取られ人間のエコロジーを汚染するときに、なにが可能になりなにが妨げられるのだろうか」。[*57] ハーウッドの指摘では、物質と非人間と非有機的なものの働きが――人間の関心事と絡まり合った現実《リアリティ》＝実在として――明確にされている。ハーウッドは、《石炭が焚き付けるコンピュータ》プロジェクトの裏にあるアイディアを明確にしながら、先述の物質性と鉱物と地政学の文脈と関係する意見を述べている。

政治的・地理的・経済的状況が揃うと、物質は力としても存在する。アルミニウムは国家の金属を「必要とする」イタリアのファシズムを「必要と」し、石炭と鉄がない代わりにボーキサイトはあるイタリアを「必要とする」。イギリスでは長いあいだ石炭は深い露天鉱山から採掘され、その立坑ではポンプによる汲み上げが必要だったので蒸気機関が生み出される。ひるがえってそれはより多くの石炭と労働力を必要とするというわけだ。タンタルはコンゴの政情不安を、SonyのゲームをプレイするT子どもを「必要とする」。[*58]

〔以上の内容には〕商品とデジタル文化とともに生み出される、ばかげて聞こえるがリアルであるさまざまな「要求」を付け加えることができるかもしれない。エレクトロニクス文化はますます高くなる電子廃棄物の山を、機械の内部にある希少な物質を求めるがらくた収集者と合わせて、「要求する」かのようだ。デジタル文化は、消費の中心から（いわゆる）グローバル・サウスへと追いやられ、貧弱な労働条件ゆえに健康を危険にさらし、下請契約人としての取り決めのために企業責任から除外される、薄給労働者という暗部を要求すると言えるかもしれない。デジタル資本主義は持続不可能な開発《エクスプロイテーション》による自然の搾取とエネルギー（石油）から物質（銅など）にまでわたる資源の枯渇を請求するとさえ、主張できるかもしれない。こうしたことを、生産の諸様式の偶然性を無視する決定論的態度として取り違えてはならない。それは、一方の極である生産の暗黒面が労働とグローバル経済と密着している様子に目を向けるよう、印を付けているにすぎないのだ。

機械の死後の生（補遺参照）は、私たちがメディア文化の非人間的次元を探究して追跡《トラッキング》することで浮かび上がる、さらに先にある「物質性」を提示する——そして、メディア装置以前のメディアの物質性へと焦点を合わせると、残留と精錬純化についてのカルトグラフィのためのもう一つの道《トラック》がみえてくる。

というわけで、構成要素の物質性と電子メディア廃棄物に焦点を合わせると、極めて長期にわたる不均等なメディア文化の空間的分布——そして労働力分布——のネットワークが示唆されるのだ。それはグローバル規模での市場の拡大を奇妙なかたちで強調する。メディア視聴率を分析するニールセン社によるような気がかりな説明では、「清潔な飲料水より携帯電話を自由に利用できるアフリカ人のほうが多い」[*59]という事実はなんら問題のない統計データとして理解され、テクノロジーによるアフリカ大陸の大変革という重大なビジネスの好機が声高に主張される。ときに塵埃は水不足と等価でもあるのだ。どのようなケースでも、コロニアリズムから始まり、二十世紀、二十一世紀を通して続いた近代テクノロジー社会の資源獲得競争——アフリカを含む地球全体にわたる鉱物と金属と石油の探査であり、その結果戻ってくるのは洗練された消費製品にすぎない――と、ビジネスの好機として再領土化される大陸のあいだには、異様なフィードバックループがある。このような精錬純化の文脈において、私たちは――環境と人間の両方にかかわる――残留物とはなにかという問いを絶えず発する必要があるのではないだろうか？

物質性は多種多様な複合体だと想像してみよう。それは、まずは何百万年という時間をかけて堆積する鉱物のパースペクティヴで捉えられ、次いでアフリカ諸国で安価な労働力を使って採掘され、ＩＴ工場で使用される。iPhoneは、あらかじめ予定された短い使用期間を過ぎると電子廃棄物の物質性の一部となり、河川への投棄や焼却により環境に有害な要因を自然へと漏出する。焼却する場合、燃焼によって中国、インド、ガーナの薄給労働者の神経系に付着する毒性蒸気が発生する。マヌエル・デランダは、岩石・鉱物・生体物質・言語の長大な持続とがっぷり四つに組むための提案として、数千年にわたる非線形的な歴史を記した。[*60] 本書で示唆するように、私たちはデランダの記述を――ネガレスタニがセオリー・フィクション[10]の著作で示唆する方法で――石油や塵埃、その他の物質的エージェンシーにかかわる百万年、十億年におよぶ非線形的な歴史へと転換する必要がある。私たちは新しい唯物論者のように、考古学者兼地質学者のように思考して、地層化したものが現代の生政治圏に参与するさまを発掘する必要がある。こうしたことにメディア地質学は関与するのだ。すなわち、メディア地質学は鉱物・化学物質・土壌という、現代のメディア消費文化を構成する事物を積極的に動員するための資源をめぐって展開するのである。手短に言えば、メディア地質学はエネルギーと、十九、二十世紀の産業〔工業〕体制だけでなくポスト産業〔工業〕体制の後釜であるようなエネルギー体制にかかわるのだ。より安価な生産拠点と引き換えにフィンランドで放棄された製紙工場は、サーバファームとして部分的に再利用されている。製紙工場の近くには水があり、水は冷却機構——再生可能エネルギー——として作動するからだ。デジタルとはエネルギーをめぐる体制なのである。すなわち、それは人間というエネルギーと技術機械に必要なエネルギーから成る体制なのである。

結論づけるならば、仕事中の魂だけでなく仕事中の肺についても語る必要があるのは、このような労働と塵埃の物質性をめぐる文脈においてである。本章は、政治的に重要な論点とハードウェアの後ろ暗い面を結びつける、技術メディア文化のオルタナティヴな物質性についてのリマインダだ。「コグニタリアート」——ITに支えられた、認知にかかわる創造的で知的《スマート》な労働者階級——とは「記号的労働のフロー」だとビフォが言及するとき、彼の議論はIT《バーチャル》労働者階級に対するどんなにおおまかな言及よりも、広範囲にわたる物質性を射程に収めている。ビフォからすれば、コグニタリアートは「身体、セクシュアリティ、死を免れない身体性、無意識」を必然的に伴っているからである。それはマッテオ・パスキネッリが求めるところと共鳴する。パスキネッリは、メディア文化とクリエイティヴィティ言説にかんする説明に、物質と後ろ暗いリビドー的エネルギーの両方を含めるよう求めているのだ。[*61] だからこそ、コグニタリアートの文化技法とテクノロジーについての理解がどのように拡張されたとしても、魂だけでなく息を吸う場所も必ず考慮されなければならない。こうしたことには、精神力を消費するハイテクを用いた通信業務のプロセスにますます注ぎ込まれる精神労働と、塵埃に侵害される肺の両方が含まれる。そこにはまた、IT文化の存在にとっての社会技術的条件である化学物質と鉱物とハードウェアも含まれている。ビフォに言わせれば、「生命、知性、悦び、呼吸、つまりは人間性が形而上学的な負債を支払うため犠牲になる」。[*62]

息切れは、原因が塵埃粒子でも増大する不安障害・パニック発作でも、非物質的労働と自然界を物質として消耗することが切り離せないことを示している。「輝く都市」における合理化・濾過・最適化された「的確な空気」という、ル・コルビュジェが空想した近代は束の間の夢だと証明された。コルビュジエとは異なる観点から息切れについて論じたのが、ペーター・スローターダイクである。スローターダイクは、二十世紀の始まりを息切れについての特定の出来事と結びつけたのだ。それは第一次世界大戦の初期段階で起こった。「一九一五年四月二十二日、特別編成のドイツ「ガス連隊」は、北イープル塹壕線突角部に配置されたフランス軍・カナダ軍に対して最初の大規模な軍事行動を起こし、塩素ガスを戦闘に使用した」。[*63] 息切れ、すなわち（スローターダイクが呼ぶところの）「空気テロリズム」にエスコートされて、テクノロジーの二十世紀は二十一世紀へと向かう。私たちは二十一世紀でも同じ危険に引き続き直面している。その元凶は、国家テロリズムのみならず、産業〔工業〕生産とポスト産業〔工業〕生産を横断する（複合的な）企業テロリズムだ。二十一世紀とは農耕地の縮小を引き起こす塵埃の、水資源枯渇の、砂漠化の世紀である。これらの論点は私たちの生産様式における残留物を露わにする。塵埃・水資源枯渇・砂漠化とは、地球物理学的テロリズムにほかならない。

---

**原註**

1 Christian Neal MilNeil, “Inner-City Glaciers,” in Ellsworth and Kruse, *Making the Geologic Now*, 79–81.
2 Ibid., 79.

3 Negarestani, *Cyclonopedia.* 以下を参照。Gary Genosko, "The New Fundamental Elements of a Contested Planet," talk presented at the Earth, Air, Water: Matter and Meaning in Rituals conference, Victoria College, University of Toronto, June 2013. この主張の重要性を強調するのが、冷戦時の核実験文化と気候研究の緊密なつながりである。核実験による放射性降下物は成層圏を通り抜けるので、爆発の余波を観測追跡することは炭素14を含む微粒子の地球規模の循環を理解するきっかけとなった。例えば地球の炭素の痕跡が、この惑星の包括的なダイナミクスを理解するエージェントになるというわけだ。たいへん皮肉なことにその一助となったのは、先端的なコンピューティングが可能にした核爆発だったのである。Edwards, *Vast Machine,* 209を参照。

4 「こんにち、アフリカの塵埃が金属と微生物、残留性有機汚染物と殺虫剤を運び、これらの汚染物質が衰弱しつつあるカリブ海のサンゴ礁に降り落ちる。ある病原性の菌類はカリブ海の温かく淡い色の水中では〔サンゴの〕ヤギ目の病とサンゴの大量死の原因となることが知られているが、それはマリのサヘル地域の土壌に由来していた」。GinaRae LaCerva, "The History of Dust," *Feedback* blog, http://openhumanitiespress.org/feedback/newecologies/dust/.

5 James P. Sterba, "In Coral Layers Scientist Find a History of the World," *New York Times,* August 10, 1982.

6 Colby Chamberlain, "Something in the Air," *Cabinet* 35 (Fall 2009), http://cabinetmagazine.org/issues/35/chamberlain.php.

7 Steven Conner, "Pulverulence," *Cabinet* 35 (Fall 2009), http://cabinetmagazine.org/issues/35/chamberlain.php.

8 ネガレスタニの*Cyclonopedia*における架空の人物ハミド・パルサニ博士による。

9 Susan Sontag, *Illness as Metaphor* (New York: Farrar, Straus, Giroux, 1977), 13.〔スーザン・ソンタグ『隠喩としての病・エイズとその隠喩 新版』富山太佳夫訳、みすず書房、一九九二年、一九頁〕

10 Jennifer Gabrys, "Telepathically Urban," in *Circulation and the City: Essays on Urban Culture,* ed. Alexandra Boutros and Will Straw (Montreal: McGill-Queen's University Press, 2008), 49.

11 Jonathan M. Bloom, *Paper before Print: The History and Impact of Paper in the Islamic World* (New Haven, Conn.: Yale University Press, 2001), 129.

12 Ned Rossiter, "Dirt Research," in *Depletion Design: A Glossary of Network Ecologies,* ed. Carolin Wiedemann and Soeke Zehle (Amsterdam: Institute of Network Cultures, 2012), 44.

13 以下を参照。Peter Sloterdijk, *Bubbles. Spheres Volume I : Microspherology,* trans. Wieland Hoban (Los Angeles, Calif.:

Semiotext(e), 2011).

14 Connor, "Pulverulence."

15 Ibid.

16 http://phonestory.org/.

17 iPhone 5がローンチされて数百万台出荷された初日には、鄭州のフォックスコン（富士康）の工場でストライキが発生し、それに先立って太原では小競り合いが起こっていた。以下を参照。Adam Gabbatt, "Foxconn Workers on iPhone 5 Line Strike in China, Rights Group Says," *The Guardian*, October 5, 2012, http://www.guardian.co.uk/. このような生産における問題は、完全無欠のAppleのマーケティング資料からはきれいに拭い去られて、人間工学《エルゴノミクス》に基づいた製品仕様が強調される。

18 グラハム・ハーウッドのテキストとYoHaの二〇〇八年のプロジェクト《アルミニウム》全般を参照（http://www.yoha.co.uk/aluminium）。近代産業主義とそのファシズム的美学（政治と化学の共鳴を探る考古学の一種としての未来派にかかわる）は、日々の一部として割り当てられている。それは例えば以下の通りである。「アルミニウムのクリスマスツリー、鍋釜類、ドアと窓枠、外壁材、屋根材、日よけ、高圧電線、ワイヤー、ケーブル、テレビ・ラジオ・コンピュータ・冷蔵庫・エアコンのコンポーネント、缶、ビンの栓、ホイル、ホイルコンテナ、やかんとソースパン、プロペラ、飛行機、変速装置、モーターのパーツ、テニスラケット、そしてツェッペリン飛行船」。アルミニウムについて重要な学術的研究としてはMimi Sheller, *Aluminum Dreams: The Making of Light Modernity* (Cambvridge, Mass.: MIT Press, 2014)がある。

19 以下を参照。http://www.phonestory.org/.

20 Nick Dyer-Witheford and Greig de Peuter, *Games of Empire: Global Capitalism and Video Games* (Minneapolis: University of Minnesota Press, 2009), 199.

21 Franco "Bifo" Berardi, *Precarious Rhapsody: Semiocapitalism and the Pathologies of the Post-Alpha Generation* (London: Minor Compositions, 2009), 69.〔フランコ・ベラルディ（ビフォ）『プレカリアートの詩』櫻田和也訳、河出書房新社、二〇〇九年、一〇九-一一〇頁〕

22 Dyer-Witheford and de Peuter, *Games of Empire*, 38.

23 Franco "Bifo" Berardi, "Exhaustion/Depression," in Wiedemann and Zehle, *Depletion Design*, 79–84.

24 http://i-mine.org/.

25 Vilém Flusser, *Into the Universe of Technical Images*, trans. Nancy Ann Roth (Minneapolis: University of Minnesota Press, 2011), 112.

26 以下を参照。Pasi Väliaho, *Mapping the Moving Image: Gesture, Thought and Cinema circa 1900* (Amsterdam: Amsterdam University Press, 2010).

27 Daniel Paul Schreber, *Memoirs of My Nervous Illness*, trans. Ida Macalpine and Richard Hunter (London: W. M. Dawson, 1955).〔ダニエル・パウル・シュレーバー『ある神経病者の回想録』渡辺哲夫訳、講談社学術文庫、二〇一五年〕

28 Kittler, *Discourse Networks 1800/1900*.〔フリードリヒ・キットラー『書き取りシステム1800・1900』大宮勘一郎・石田雄一訳、インスクリプト、二〇二一年〕ダレン・ワーシュラーに感謝を。ワーシュラーは、フランツ・カフカの『流刑地にて』（*Strafkolonie*, 一九二〇）におけるよく似た表現とこの小説における身体を書き取り面として扱う恐ろしい機械を見出して、肺と身体とシュレーバーとキットラーのあいだの概念的なつながりに注意するよう促してくれた。

29 Kittler, *Discourse Networks 1800/1900*, 292.〔キットラー『書き取りシステム1800・1900』、五七一頁〕

30 Geoffrey Winthrop-Young, *Kittler and the Media* (Cambridge: Polity, 2011), 121.

31 Jim Puckett and Ted Smith, eds., *Exporting Harm: The High-Tech Trashing of Asia*, report prepared by the Basel Action Network and Silicon Valley Toxics Coalition, February 25, 2002, http://www.ban.org/E-waste/technotrashfinalcomp.pdf.

32 以下を参照。John McNeil, *Something New under the Sun*.

33 Maxwell and Miller, *Greening the Media*, 46–47.

34 Ibid., 47.

35 Ibid., 53.

36 以下も参照。Jussi Parikka, *What is Media Archaeology?* (Cambridge: Polity, 2012), 163–64.

37 ドルファインとファン・デル・トゥインによる、マヌエル・デランダへのインタビューより。*New Materialism*, 41.

38 Jason W. Moore, "Crisis: Ecological or World-Ecological?," in Wiedemann and Zehele, *Depletion Design*, 73–76.

39 Yann Moulier Boutang, *Cognitive Capitalism*, trans. Ed Emery (Cambridge: Polity, 2012), 19.

40 「石油ピーク」の推定値はさまざまである。それは複雑に絡み合った認識論とそうした地質学的データを測定する難しさだけでなく、当の経済的利害関係を例証している。いくつかの最悪の試算によれば、また近年の調査においても、石油ピークに到達するのは二〇二〇年より前でさえあるかもしれない。私たちはメディアテクノロジーにかかわるエネルギーの広範囲に及ぶ文脈を知る必要がある。その上、石油依存は重大な帰結を複数の業界にまたがってもたらすので、もっとも憂慮すべき業界を選んでそのためにだけ便宜を図るのは当然難しい。あるレポートによれば「食品と食品加工、第一次農業、金属と金属加工、輸送といった主要産業界が危機にさらされた」。というわけで、近年のレポートでは、人と事物の移動の縮減だけでなく、有機農業に依拠する化学肥料農法も示唆されることに驚きはない。このレポートを要約して大まかに言うと、ライフスタイルが変化してローカル性と脱中心化にかかわる度合いが強まっていることが示唆されている。Nafeez Ahmed, "Imminent Peak Oil Could Burst US, Global Economic Bubble—Study," *The Guardian*, November 19, 2013, http://www.theguardian.com/.

41 以下を参照。Hans-Erik Larsen, *The Aesthetics of the Elements* (Aarhus, Denmark: Aarhus University Press, 1996). David Macauley, *Elemental Philosophy: Earth, Air, Fire, and Water as Environmental Ideas* (Albany: State University of New York Press, 2010). バシール・マコールのヴィデオアート作品について、エンペドクレスの四元素というレンズを通したライアン・ビショップの議論も参照せよ。Bishop, "The Elemental Work of Palestinian Video Art," in *Palestinian Video Art: Constellation of the Moving Image*, ed. Bachir Makhoul (Jerusalem: Al-Hoash/Third Text, 2013), 88–109.

42 Genosko, "New Fundamental Elements of a Contested Planet."

43 YoHa, *Coal Fired Computers* project, http://yoha.co.uk/cfc.

44 ブロッホによるこの一文はPeter Sloterdijk, *Terror from the Air*, trans. Amy Patton and Steve Corcoran (Los Angeles: Semiotext(e), 2009)〔ペーター・スローターダイク『空震——テロの源泉にて』仲正昌樹訳、御茶の水書房、二〇〇三年〕のエピグラフでもある。

45 Maxwell and Miller, *Greening the Media*, 79.

46 Ibid., 73–74.

47 Jennifer Gabrys, *Digital Rubbish: A Natural History of Electronics* (Ann Arbor: University of Michigan Press, 2011), 139.

48 Matthew Fuller, "Pits to Bits: Interview with Graham Harwood," July 2010, http://www.spc.org/fuller/interviews/pits-to-bits-interview-with-grahm-harwood/.

49 http://www.yoha.co.uk/aluminium.

50 Raqs Media Collective, "With Respect to Residue," 2005, quoted on the Aluminium project web page, http://www.yoha.co.uk/node/536. メディアをめぐり「残されるもの」については以下も参照。Charles R. Acland, ed., *Residual Media* (Minneapolis: University of Minnesota Press, 2007).

51 例えば以下を参照。Huhtamo and Parikka, *Media Archaeology*. Parikka, *What Is Media Archaeology?*

52 Negarestani, *Cyclomopedia*, 88.

53 スマートダストについても注目せよ。本論考では詳述はしないが、それはとりわけ新興の軍事応用には重要である。しかしながら、スマートダストは軍事応用にとどまらない。都市環境にそうしたスマートさを実装できれば、管理される環境という新たなパラダイムが生まれることを、スマートシティについてのあらゆる話題は例証している。スマートダストがクリエイティヴな情報都市の目印だとしたら――スマートダストはクリエイティヴな脳と都市自体とともに作動する（こうして都市は脳と化して話しだす）という点で、そうだとしたら――、物言わぬまま情報とクリエイティヴィティと絡まり合う塵埃《ダスト》も忘れてはならない。それは情報テクノロジーのスマートさの残余の一端程度ではあるが、（ネガレスタニの哲学的な考えが意味するところの）クリエイティヴで効力のある問題＝物質《マター》としてのその性質は知っておく必要はある。Brendan I. Koerner, "What Is Smart Dust Anyway?" (*Wired*, June 2003) と、スマートダストと都市に鋭い歴史的洞察を加えたガブリスの "Telepathically Urban" を参照。

54 以下を参照。Dolpjin and van der Tuin, *New Materialism*. 以下も見よ。Milla Tiainen, "Revisiting the Voice in Media and as Medium: New Materialist Proposition," *Necsus*, no 4 (Autumn 2013), http://www.necsus-ejms.org/revisiting-the-voicde-in-media-and-as-medium-new-materialist-propositions/.

55 Ned Rossiter, "Logistics, Labour, and New Regimes of Knowledge Production," http://nedrossiter.org/?p=260.

56 Ibid. 以下も参照。Maxwell and Miller, *Greening the Media*, 89.

57 Fuller, "Pits to Bits."

58 Ibid.

59 以下より引用。Maxwell and Miller, *Greening the Media*, 37.

60 Delanda, *A Thousand Years of Nonlinear History*.

61 Matteo Pasquinelli, *Animal Spirits: A Bestiary of the Commons* (Amsterdam: NAi/Institute of Newwork Cultures, 2008).
62 Franco “Bifo” Berardi, *The Uprising: On Poetry and Finance* (Cambridge, Mass.: MIT Press/Semiotext(e), 2012), 25.
63 Peter Sloterdijk, *Terror from the Air*, 10.〔スローターダイク『空震』、四頁〕

## 訳註

1 著者に確認のうえ、原文のa membraneをdisjecta membraに修正した。それに伴い、以下のように原文が訂正されている。The geological is like a disjecta membra, as MilNeil suggests. Might we even talk of a psychogeophysics of dirt, waste, and dust of cities in such terms? Such dust from car pollution and other sources leaves a streak on the white snow as they are cast as fragments on outer and inner surfaces. 訂正後の文章をもとに訳文を作成した。

2 dirtの訳語。dirtには汚物に加え、不潔なもの、ごみ、泥、土や土壌といった意味もある。また、採鉱・鉱業用語として原鉱や廃泥といった意味もある。

3 Apple製品のこと。

4 情報技術（分野）の一種。コンピュータを用いた遠隔通信およびそのテクノロジー。

5 原文では「子犬を絞め殺す」（“strangling cute puppies”）である。

6 peak appropriation。ムーアの『生命の網のなかの資本主義』では「ピーク収奪」と訳されている。ジェイソン・W・ムーア『生命の網のなかの資本主義』山下範久監訳、山下範久・滝口良訳、東洋経済新報社、二〇二一年、二〇四–二一二頁参照。

7 ここでパリッカが言及する「分子」とは、ドゥルーズ–ガタリの用語であろう。ドゥルーズ–ガタリにおいて、分子的なものはモル的なものと対比的に使用される。「ドゥルーズとガタリが「モル的なもの」と呼ぶのは、「統一化された同一化〔身分特定〕されたモル的集合」のことである〔……〕たとえば、男／女（性）、富裕／貧困（階級）という具合に二元論的に構造化されたもの、ある集合内での等質性や全体性が前提されたもの、特権的な中心の周囲に形成される組織などが挙げられるだろう〔……〕分子的なものは、反対に、統一化に対して散逸していくもの、構造から漏れ出てゆくもの、変化に捉えられているために同定しえないものだとドゥルーズとガタリはいう」（芳川泰久・堀千晶『ドゥルーズ　キーワード89』、せりか書房、二〇〇八年、一二〇–一二一頁)。なお本引用文中の〔　〕は、同書中の表記に従った。

8　machinic phylum（仏：phylum machinique）。ドゥルーズ–ガタリの用語であり、「物質–流れ」として語られる。『メディア地質学』とも深くかかわる冶金術を取り上げた「遊牧論あるいは戦争機械」では、以下のように定義される。「機械状系統流とは、自然であり、または人工であり、そして人工的であると同時に自然的である物質性であり、特異性と表現特徴をになうものとして、運動し流れ変化する物質である」（ジル・ドゥルーズ＋フェリックス・ガタリ『千のプラトー（下）』宇野邦一ほか訳、河出文庫、二〇一〇年、一二四頁）。

9　この箇所の表現（The soul is at work）は、次のベラルディの著作タイトルを下敷きにしているように思われる。Franco "Bifo" Berardi, *The Soul at Work: From Alienation to Autonomy*, preface by Jason Smith; translated by Francesca Cadel and Giuseppina Mecchia (Los Angeles, California：Semiotext(e), 2009). また、ベラルディは呼吸をタイトルとした著作も出している。Franco "Bifo" Berardi, *Breathing: Chaos and Poetry* (South Pasadena, California: Semiotext(e), 2019).

10　思弁小説の一種。セオリー・フィクション、ネガレスタニによる思弁小説『サイクロノペディア』とその位置付けについては、以下を参照。仲山ひふみ「ポストモダンの非常出口、ポストトゥルースの建築——フレドリック・ジェイムソンからレザ・ネガレスタニへ」、10+1website、https://www.10plus1.jp/monthly/2019/10/issue-04-3.php（情報取得日二〇二二年九月二十八日）。

第 5 章

# 未来の化石

中新世や始新世の岩石のところどころに、それらの地質年代に生きていた怪獣たちの痕跡が残されているように、今日のパサージュは大都市のなかで、すでに見当たらなくなった怪獣たちの化石が発見される洞穴のような具合に存在している。その怪獣とは、ヨーロッパ最後の恐竜である資本主義の、しかも帝世以前に生息していた消費者たちのことである。この洞窟の壁面には商品が太古の植物相のようにはびこり、潰瘍のできた組織のように、あちこちできわめて無秩序に絡み合っている。

——ヴァルター・ベンヤミン『パサージュ論』[1]

恐竜のような廃棄物は塵埃や錆となって戻ってくるに違いない。

——ロバート・スミッソン

# 化石の生産、シリコンバレーから深圳《シンセン》へ

本章は宇宙《スペース》へと外向きに伸びる地質学の道をたどる。また、未来の化石というアイディアを取り上げて、今この瞬間へと差し戻された未来の時間性として思弁的に検討し、深い時間から未来の時間へと移動もする。この意味で、化石は幾重もの時間にまたがって拡張する同時代のものについての問いとなる。一般的な時間の考えを根底から覆すような物質的なモニュメントとして、私たちは化石の永続性を探究せざるをえない。その端緒となったのは、初期近代である。化石は、聖書の時間を元にした体系には合わない物質的な証拠として提示されたし、分類という神から与えられた使命により第二のアダムを自認したリンネのような、初期科学の英雄の挑戦的な自然観にも馴染まない物質的な証拠としても提示されたのであった。アダムとイヴの世界の外側で、メディア廃棄物という未来の化石すなわち「人新世の（再）化石化作用」（第3章参照）が、不均質な時間性——現代の人新世の時間が傍若無人な仕方でいかに複合的になっているのかについて検討を迫る時間性——にもなるのは、どのような方法によってなのだろう？

古生物学的証拠から化石燃料層にまでわたる目下の化石が、現代の想像力が願うところを刺激する事物であるならば、私たちが生産中の化石はどうだろう？　未来の化石として私たちが生産中の無機物《デッド・マター》が

残留してできたレイヤーとはなんなのだろう？　地球自体は安定した存在ではなく、絶え間のないプロセスの最中にある。地球本体は、私たちの惑星に産業が集中的に関与した数十年間にわたる変化の自然史を示す、編集マシンであり組立ラインである。「がらくた、建築現場から出る瓦礫、石炭灰、浚渫《しゅんせつ》された堆積物、石油汚染、緑の芝生、腐りゆく死骸、そして石でできたバラストといった事物は、土壌の組成を変えるだけでなくそれら自体が土壌体をつくるので、分類学的に土壌と区分できない」[*1]。

その土壌体は、不自然でありながら自然であるという逆説的な組成となっている。それは産業界とデジタル文化の目下の残光をまとめ上げて、合成地質でできた未来をつくり出すだろう。土壌が合成される未来は環境との関係抜きには扱えない。だが、そうした未来は土壌が取引可能な存在物となり地球の一部として循環するだけでなく売買の対象として流通もしていくという事実にもかかわっている[*2]。

元素は単離・分析・合成され、複雑でグローバルな方法で取引が可能な脱領土化された情報の単位として循環＝流通していく。土壌、鉱物、化学物質について科学的に枠組みをつくって処理することは、それらが商品としての地位を獲得する先触れでもある。四元素は持続するが、科学とハイテクによって巧みに実行される資本主義のお話を語る、ハイブリッドな物体へと変異する[*3]。私たちは錬金術から化学へとシフトしてきた。元素周期表は、テクノロジー資本主義の歴史において最重要な参照点の一つなのだ。物質という点でコンピュータの内部はその外部と折り重なっている。抽象的な情報のトポロジーは地球物理学的な現実ともつれ合っているのだ。現代のコンピュータ世界のケイ素〔＝シリコン〕は、地球物理学的な記憶《メモリ》のマイナーな指標の一つである。ケイ素が指し示す以外の地球物理学的な記憶は、メディアと環境の破局を探る未来の考古学者に残しておくことにして、いくつかのサイトスペシフィックな例から始めよう。

まずは、いささか露骨ではあるけれど、シリコンバレーである。デジタル経済におけるシリコンバレーというブランドとインパクトについては、なんら疑うところはない。シリコンバレーでは化学物質が漏出して地下水に影響が出て、トリクロロエチレンなども放出されてしまったことについても、同様に疑うところはない。こうしたことは一九八〇年代に発覚した時点で、すでに衝撃であった。清らかなコンピュータ産業が、煙突が危険性の指標となるような先行の産業たちとまったく同様に裏では汚れていたのだから。[*4] 今ではシリコンバレーのスーパーファンド地区[2]が、こうした有毒の遺産のリマインダとなっている。依然として残っているのは、知力を土台とするコンピュータ資本主義の展望ではなく、エレクトロニクス文化に由来する化学物質と毒素と物質性であるというわけだ。一九八〇年代初頭、デジタル産業は「八〇年代の石油ビジネス」[*5]として取り沙汰された。環境汚染からダーティウォーまでの汚れた側面が石油にあるように、コンピュータ製造業の手も汚れている。労働者の権利侵害と怪しい作業も、その一部である。それらのための適切な法が存在しないのだ。歴史的にみれば、それらはシリコンバレーからアジアの各地へと移っている。しかし、こうした汚さにはデジタル文化の地質学的遺産としての化学物質も含まれる。[*6] いずれにしても、コンピュータ文化が化石（燃料）時代に別れを告げることは決してなかった。前章では「コンピュータ文化と化石について」《石炭が焚き付けるコンピュータ》（YoHa）を話題にしたが、より事実関係に基づいて言うと、「二グラムのメモリチップを生産するのに、一・三キロの化石燃料と物質が必要である」[*7] ことを思い出せば良い。

というわけで、情報は非物質的であるというコノテーションが「デジタル」には絶えずつきまとうが、

「デジタル」は今もこれまでも常に大地に根ざし、領土化もされるのだ。[8]

一九五〇年代以降、シリコンバレーはプルーンとランからケイ素へと〔農業地域からIT産業の中心地へと〕数十年かけて次第に変わっていった。それは一九八〇年代にはもう新しい経済の象徴になっていた。二〇一三年にはシリコンバレーはグローバルなブランドとなっていたが、つねに称賛されていたわけではない。つい最近では、シリコンバレーの社用通勤バスが抗議を受けるのが目撃されている。このバスが、当の企業が地域に与えた有毒作用を象徴しているためであった。「くそくらえGoogle」からもっと念入りに整理された論点までが示すように、シリコンバレーは解決策ではなく問題だったのだ。ある抗議のビラによれば、「君たちが二十四時間営業の無料ビュッフェで豚のように肥える一方で、他の人々はみな無一文になってしまい、君と君の同僚が創造するのを手伝ってきたこの高価な世界ではいないも同然になっている」。[9] だが、最終的にシリコンバレーの地図とは、社会経済的な生活条件の汚染にだけかかわるものではなかった。おそらく、目には見えない地下についての地図もあって、そこにはデジタル文化がもたらすもう一つの毒性が書き込まれているのではないだろうか？

シリコンバレーの暗部は有毒資本主義の一つである。もちろん、シリコンバレーの暗部とは一つの特定地域の特徴であるだけでなく、その他のグローバルなデジタル経済を生み出す場所へと移されもする。はっきり言えば、「電子機器部品のメッカ」[10] である深圳と華強北《ファチャンベイ》をシリコンバレーの遺産と響き合うものとして、すなわちペローとスン＝ヒ・パクによって「環境的レイシズムおよび環境的不公平」と銘打たれたものとして検討せよ、ということなのだ。[11]

ある意味では、この遺産は空間と時間の両方に関連させて検討できる。ポイントは、莫大な量の電子機器が物質として生産されることと、電子機器の発送にかんするロジスティクスである。電子機器は機能的でありながら安価に生産されたハードウェアとして発送されることもあれば、使用済み製品としてときには故障して陳腐化したメディアとして別の方角に発送されることもある。シリコンバレーの遺産は、スクラップとなった電子機器の古生物学に興味のあるロボットのメディア考古学者向けの未来の化石記録を指し示すだけではない。それによって私たちはハードウェアと目下のところ取り結んでいる関係を検討しなければならなくもなる。ここでは処分可能性をめぐって繰り広げられる目下の熱狂の一部として、死――だが生ける死者でもある――が重要な意味をもつ。

ソフトウェアをめぐるグローバルなデジタル経済が広く活況を示す真っ只中で、ジェイ・ゴールドバーグのようなビジネス担当記者たちは、ハードウェアは二束三文で「死んで」さえいることに気がついている。[*12] 彼の主張は、ブルース・スターリングによって唱導された「デッドメディアの手引き」「通信機器古生物学者のための博物学者の野外観察帳」[*13]にかかわるよりも、ビジネスの好機を窺うことにかかわっている。

デッドメディアをめぐるゴールドバーグのビジネス感覚だと、激安タブレットコンピュータの世界が狙い目である。彼が最初にそれらと出会ったのは中国であった。のちに、ゴールドバーグはそれらがアメリカだと四十ドルで売られているのに直面する。他ならぬこのストーリーを読めば、ビジネスモデルとハードウェア［の関係］についてはっきり実感できるようになる――ハードウェアは容易に処分できるようになり、数々の好機に満ちたまったく新しい世界を開くのだ。

このタブレットを製造業に携わる人々に見せると、みな一様に私と同じショックを受けるんだ。そしていつもこう尋ねてくる。「誰がつくった?」ってね。「誰も気にしないだろ?」っていうのが、私のお決まりの答えだよ。本当のところ、私は知らないんだ。箱やデバイスにブランド名はなかったしね。いくつかの内部設計書をしらみつぶしに調べたけど、答えはなかったよ。深圳の電子産業複合体はここまできたってことだね。そのハードウェアのメーカーはまったくもって問題じゃないんだ。委託製造業者は参照設計図《リファレンスデザイン》をチップメーカーからダウンロードして、顧客の注文に合わせて設計できる。もし私に友人が二万人いてこれらをアメリカに容易に輸入する手立てがあったら、自分の名前を刻印して名刺代わりかハヌカ[3]の贈り物として手渡すね。[*14]

このタブレットの価格は切り詰められて手頃なものとなり、すきまのユーザにまで浸透する。ウェイトレスから機械工まで、お年寄りから子どもまでにとって、タブレットはビジネスを実現するための驚くようなビジョンに必須のアクセサリになるのかもしれない。ゴールドバーグは本能的な反応に続けて、デジタル経済のビジネスモデルの文脈でそれがもつであろう意味について、理性的=合理的に計算を行っている。

ひとたび我に返って最初に考えたのは「スクリーンだけで四十五ドル以上するだろう」ってことさ。次は「コンピューティング用のハードウェアをつくる誰にとっても、これは悪いニュースだな……」ってこと。

> ハードウェアを売って金を稼ぐなんてもうできないよ。ハードウェアで金を稼ぐには他のなにかを売って消費者にはデバイスと経験の総体に支払ってもらうしかないね。*15

ハードウェアでさえ、〈経験〉経済[4]の言説とそれにつきまとう非物質というコノテーションの一環として描写されているのがわかる。ハードウェアは非物質化されるようだ。〔だが〕ハードウェアは死なないという点を、ゴールドバーグは見落としている。使用されていないデッドメディアが気まぐれなメディア考古学的発掘のための化石堆積層となるという〔ブルース・〕スターリング的な意味においてさえ、ハードウェアは死にはしない。むしろ、モニターからゲームのカートリッジまでのメディアテクノロジーは、放棄され忘れられ片付けられてしまうが、メディア研究で私たちが慣れ親しんだ通常の時間スケールを越えて有毒な物質性を保ち続ける。放棄されたメディア装置は、使用時間すなわちユーザによる実践よりも、不使用の時間と実践にかかわる。テクノロジーと不使用をめぐる文化技法の歴史を書くことは、きっと面白いだろう。

使用から不使用へ、進歩から失敗へと移行することに加えて、私は金属の物質性の化学的持続時間についてもリマインドしておきたい。このアイディアを、数百年数千年にわたる危機をもたらすとされる核物質の半減期の、メディアテクノロジー的等価物と考えてみよう。メディアテクノロジーの文脈だと、核物質に相当するのはスクリーンとコンピューティングテクノロジーの内側にある危険物質であり、それらは労働者ならびに土壌のような自然をスクラップにしかねない。

安価な労働力が提供される場所で生産される安価なハードウェアというユートピアは、新しい未来を予感させるゾンビメディアのレイヤーが創造されることを仄めかしている。というわけで、こうしたゾンビメディアの一群を、新たなガジェット消費のたぐいや、暗に示される新たなビジネスモデル、単なる経済的好機を生むものとしてだけでなく、電子機器の化石層をつくり出すものとしても知るところから始めよう。生産される事物のリストは、ゾンビメディアという未来の化石のリストに等しく、エレクトロニクス文化がもたらす尋常でない量を余すところなく示し、新たな未来の状況を匂わせてもいる。

オシロスコープとマルチメーター、いろいろな形と種類のコネクター、LCDとLED、モーター、ホイールとボタン、抵抗器、コンデンサー、数マイルの長さのUSBケーブルと幾重にも巻かれた銅テープ、はんだづけ用ペーストといろいろな特殊糊。何百もの台のそれぞれにブラウジング用の部品が何百と組み込まれ並べられている。ピックアンドプレース機へと装填するために一巻きにされたPCB部品は見たことがないかもしれない。華強北ではそれを何千も目の当たりにするだろう。*16

このリストはうず高く積まれた電子機器の瓦礫の山という視覚イメージを喚起する。それはデジタル文化の生産規模を知的に把握しようとする視覚表現の一つだ。ピーター・ヒューゴの荒涼とした風景写真（ヒューゴの作品集『消えない誤り』を参照）のようなヴィジュアルアートから国際連合の調査報告まで、いろいろな機関が現代のテクノロジー廃棄物の状況を理解しようとする方法は、さまざまに重なり強化し合う。非西洋的な場所を舞台に、孤独な電子廃棄物労働者がデッドメディアやゾンビメディアの山の傍らに佇むというイメージがよく用いられる。それと対応するのが、ジャーナリスティックな筆描が好んで用いる修辞である。例えば、一年間に出る電子廃棄物の量（昨年度は地球全体で五千万トン程度）を算定したり、電話・コンピュータ・モニター・電子ガジェットのあらゆるたぐいが満載の「四十トントラックを並べると、一万五千マイルの長さになる」[*17]と最終結果を算定したりする修辞だ。この文脈では国際連合のStEP（Solving the E-waste Problem）イニシアティヴがかなり重要で包括的な試みである。それは、廃棄物とクリティカルマテリアルの枯渇という二重の論点を検討できるようにするため、政策に設計《デザイン》、再利用とリサイクルの実践といったパースペクティヴから電子廃棄物問題に取り組んでいる。[*18]

しかしながら、本章は化石に焦点《パースペクティヴ》を合わせる。上述の大量の死にかけのメディアテクノロジーたちは、土壌の一部として単に消えつつあるだけでなく、そこに含まれる化学物質・ハードウェア構成要素・金属などにより後事を決定づける混合物を構成する。それは地球の一部として凝縮〔5〕する有機質のレイヤーとは違い、死にかけの集まりのたぐいなのだ。これらでできたレイヤーは、エレクトロニクス文化およびそれと自然との絡まり合いについての奇妙なリマインダとして存続すると推測できる。本章は、（メディア）化石とデジタル〔テクノロジー〕がもたらす未来の感覚とデジタル性の時間スケールにかかわる、さまざまなアートプロジェクトと理論についての議論を取り上げる。動物学者であるジョルジュ・キュヴィエの十九世紀初頭の著作では、化石への近代科学的な関心は地球の破局の歴史と結びついていた。[*19]キュヴィエと同じく、本章そして本章で取り上げるアートの事例も、環境的なものという観点から私たちが今生産中の未来の環境の破局に思弁をめぐらせている。

## イクチオサウルス教授のレッスン

化石は、会議やフェスティバル、本の中で、メディアと文化についての論争にしばらく前から欠かせなくなっている。地球に対する、そして地球というメディアに対する深い時間のパースペクティヴ（第2章を参照）は、古生物学への関心に由来する。デッドメディアをめぐるスターリングのメディア古生物学も同様のアイディアを用いていた。アタリのゲームがゴミとして捨てられたことは広く知られている。「E.T.」など数千本のアタリのゲームカートリッジが一九八〇年代初頭にニューメキシコのアラモゴードで埋められたのだ。二〇一三年、二〇一四年には、デッドメディアを文字通り発掘し暴こうということになる。メチル水銀・マラチオン・DDTといった危険化学物質について、当の埋立地の検査が済むまで待たなければならなかったとしてもかまわないというほどの熱狂ぶりであった（一〇八頁、図5参照）。二〇一四年四月、地面を実際に掘り起こしてみると、おびただしい数の廃棄された物質の実例が発見されたのであった。

ジェニファー・ガブリスによる「電子機器の自然史」は、デジタル文化の文脈における化石という考えをもっとも巧みに使用しているだろう。彼女は、ベンヤミンの方法論の焦点である死んでいたり衰退したりする物体を、商品文化において物質とかかわる想像的なもの《イマジナリー》を理解する方法として取り上げている。確かにガブリスが指摘するように、ベンヤミンの商品と資本主義の自然史は不自然な自然史という逆説であり、その焦点は歴史的に条件づけられた生産・流通様式の物質的影響に置かれていた。[*20]

このような文脈において、ガブリスも以下のように述べる。

化石化する電子機器は、多くの点で、それらのテクノロジーを介して回っている経済と生態のはかなさを暗示している。電子機器とは鉱物・化学物質・身体・土壌・水・環境・時間性を通して展開する「物質」であるだけではない。電子機器は、それらが循環する経済・文化・政治的文脈の痕跡も与えてくれる。[*21]

少なくとも十九世紀以来、化石は新たな近代的世界観の中心に位置してきた。チャールズ・ライエルのような地質学者とチャールズ・ダーウィンのような生物学者の両方が、化石を分析の対象とし、わずかなページしか残されていない本［のようなもの］を明るみに出した。化石は埋められた時間的物体で、現在ではモニュメントとして存在する、過去への入り口だったのだ。化石はこの惑星が現在において凝縮された歴史性を備えていることを告げ、地球を図書館や「記録メディウム」として示している。[*22] 十九世紀の化石をめぐる熱狂は、地質学が過去についての秘密の宝物庫として地球を動員した様子をみればわかる。そこでは火山が、目に見える表層とこの惑星の隠れた深さを時折重ねてしまう、乱れの発生源の一つとして扱われていた。ライエルの『地質学原理』（一八三〇）は、初期地質学という科学の手つきによって、のちにピンク・フロイドがサウンドテクノロジーを使ってポンペイで詩情豊かに行うこと

(「ライヴ・アット・ポンペイ」、一九七一–七二)を先取りしている。ヴェスヴィオ山麓のマグマ跡で、凍った時間と凍った身体の場所として、と同時に過去がモニュメントとして現在のうちに存在するという、重なり合う複数の時間性を理解する方法として、ピンク・フロイドはポンペイを表現したのであった。[*23] そのような地質学的想像力では、マグマとは原始のタイムベースト・アートのプロセスであり、〔時間が経って冷えて固まったマグマ(跡)は〕私たちに化石としてのイメージを強く刻み込む。[*24] 情報時代の口調を用いれば、化石とは地質学によって調査分析される〈データ〉である。[*25]

しかし、化石層の多時間性にかんする要点と指標を実際にはっきり示すことができるのは、断続平衡説を通して化石を再考する現代の古生物学だけである。ライエルに倣うこと数十年後に『種の起源』を出版したダーウィンにとって、化石記録とはわずかなページしか残されていない本のようなものである。それは発見不可能な全体性に対する断片的な部分にすぎず、科学者に——そして同時代の生物界に——は痕跡だけが残されている。しかしながら、私たちと同時代の科学者、例えばスティーブン・ジェイ・グールドとナイルズ・エルドリッジにしてみれば、化石層の一見したところの不完全さ・ランダムな跳躍・非線形的な性質は、まさに衝撃の事実として本質的なものごとを例証している。そのような化石というモニュメントを通して、太古のものと今のものが絡まり合っていることが例証されているのだ。この惑星の生命についての地質学的記録を踏まえると、この惑星の進化を一様で緩慢で漸進的と捉えるのではなく、〈断続平衡説〉として二つの可能性を検討しなければならない。[*26] すなわち、突発的な変化と相対的な均衡状態、換言すれば、共存する異なる時間秩序を、両方とも実在するものとして検討しなければならないのだ。

図12：動物の聴衆に人間の化石について講義をするイクチオサウルス教授。ヘンリー・デ・ラ・ビーチ卿によるリトグラフ、1830年、ビーチによるドローイングに基づく。Wellcome Library, London.

グールドは初期の地質学者の論議を的確に要約しており、それは現代のメディア化石の性質を概念化するのに有益である。ある意味、初期の地質学者は、二百年ほど後の人新世の議論のための舞台稽古を行っていたのだ。地質学的な時間と変化についてより正確な近年の理論によって不十分な点が正されはしたが、ライエルのような初期のパイオニアたちでさえ、人間のいないあり得たかもしれない過去とあり得るかもしれない未来を想像していたのである。地質学的なものごとは循環するというライエルの考えを標的とした人気のある風刺画に、この点ははっきりみてとれる。デ・ラ・ビーチの風刺画には、未来のイクチオサウルス教授が過去を示す化石となった人間について講義をする様子が描かれている。化石となった人間が惹起するエキゾチックな追想は、十九世紀の化石をめぐる狂乱の只中で、古生物学者によって発見された〈トカゲたち《サウルス》〉が惹起するそれと同じというわけだ（図12）[*27]！　以上を踏まえて、この未来のイクチオサウルス教授が、人間だけでなく人間がテクノロジーによって拡張したものが化石として残っていると講義するところを、改めて思い描いてみよう。でも、そのとき聴衆は誰なのだろう？

十九世紀半ばから後半には、地質学的想像力によって未来がしきりに語られていた。考古学・地質学・廃墟の魅力を補完し完全なものとしたのが、未来の廃墟という想像的《イマジナリー》なものである。考古学による古代の発掘への熱狂が高まる一方で、〔古代の廃墟と〕同じくらい重要であり、来るべき発掘場所として想像された同時代のものの未来の光景を描いていた人物がいる。それがジョセフ・マイケル・ガンディである。イングランド銀行が自然の力に委ねられて衰退した数百年後の姿を鳥瞰で描くよう、ガンディは請われたのである。この作品は一八三〇年に初めて展示された。約百年後、偉大な文明の記号としての廃墟という、それと類似した空想じみた考えが、ナチスドイツの第三帝国の建築に採用された。未来の考古学者のために、誉高くいつまでも続く廃墟だけを残すような方法で建築するよう求められたのだ。すなわち、アルベルト・シュペーアが考案したところの廃墟価値の理論である[*28]。

小説作品、例えばH・G・ウェルズ『タイムマシン』（一八九五）は、モーロックと呼ばれる遥か未来の地下の住人であり、わずかにしか人間らしさを宿していない機械オペレーターをつくり上げた。ダーウィンからトーマス・ハクスリーまでの進化の観念は、この惑星と地上・地下の人類の未来を想像することに対して鋭い衝撃を与えた。進化論の影響と地下での生に加え、「未来では消滅が待ち構えているという恐れが十九世紀にはつきまとっていた」[*29]。アントニオ・ストッパーニによる一八七三年の前人新世的な説明でも、どこか似たアイディアが用いられていた。人類が参入してきた新たな「人間営為（anthropozoic）」の時代に加え、「奇妙な知性体がいつの日か地球を研究しにやって来たとき、大昔の世界には生息していたような人間の子孫が、もう完全に姿を消していたとしたら」という思弁をストッパーニは持ち出していたのだ。[*30] 宇宙からの訪問者の関心を惹きつけるのは、新しい見かけで回帰する循環的な過去の形成物ではなく、未来である。宇宙からの訪問者は、近代科学によって形づくられた地球の痕跡を発見する。未来の地質学は、自然・動物・植物に君臨する科学とテクノロジーを意味する、「人間知性史」についての物語となる。それは、未来へと投影されたうえで未来から私たちの世界へと投影され返す、新しく珍奇な地質学的時代区分を表している。人間とは異なる知性体としてのイクチオサウルス教授とストッパーニの宇宙人は、十九世紀の――二十一世紀においてだけではない――人新世論争に始まる、非人類とかかわる新しい地質学を表象しているのである。

ライエルと地質学の誕生により、地球の深い時間を、具体的なレイヤーとそこに残る化石へと切り分ける時代区分を利用できる。暁新世、始新世、漸新世、中新世、鮮新世、更新世、そして人新世（私に言わせれば傍若無人新世）が議論されるまではもっとも近年の区分であった完新世、というように。こうして一様のプロセスでできた安定的に思える「レイヤー」が示されるとしても、それらはむしろさまざまな出来事を指し示す特異点のようなものである。それらは特定の化石化した物質の動的編成であり、時折の破局的変化により〔形成が〕加速されもする。[*31] 地層化は必ずしも滑らかで緩慢なプロセスではなく、多時間的・加速的・減速的なのだ。

化石は、人間のだろうと恐竜のだろうと、さらに言えば電子機器のであっても電子廃棄物がかける負荷という点からすれば、太古の地球の水準に浸出することを、そして化石は第一と第二の自然と重なり絡まり合う「第三の自然」を表すことを検討する必要がある。もちろん、これらのいろいろな自然という考え方は、そのマルクス主義的な概念化を展開しているマッケンジー・ワークに負っている。ワークによれば、第二の自然とは消費製品生産圏である。それは資本主義社会における賃労働関係、ならびに第一の自然の開発＝搾取が引き起こすさまざまな疎外の様式を特徴とする。また、第三の自然とはロジスティクスにかかわる情報の経路であり、それを通じて第二の自然における生産が新たな情報の速度を獲得する。[*32] だがメディア化石の存在から理解されるように、第二の自然と第三の自然の圏域は、双方が絡まり合っているのと同じように、「第一の自然」と絡み合っている。歴史的に言えば、第二の自然と第三の自然の圏域は、産業化の近代《モダン》と情報のポストモダン時代の間の截然とした区別は受け付けないという仕方によって、相互決定的である。[*33] 加えて、第三の自然が物質として残留していくことは、ハードウェアとハードウェアが残す廃棄物において可視化される。ハードウェアは情報という抽象的な水準に到達できるにもかかわらず、である。抽象的なものごとは、エネルギーコストと環境負荷を担う地下を伴う。私たちはこうした地下をさまざまな科学とアートの方法で書き留めているところなのだ。ベンヤミンが新興の消費文化の世界を「化石」の概念を通してすでに語っていたのであれば、[*34] 今の私たちは技術メディア的条件によって定義される化石層の種類を問うことができる。ヴェスヴィオ山が引き起こした突然の黙示録的終末とは対照的に、私たちの未来の化石層は、スローモーションで進行する黙示録的終末の象徴として、ゆっくりとではあるが着実に積み上がっている。

## 終極の化石

メディアアーティストのグレゴリー・シャトンスキーの《終極の化石》(二〇一三)は、彫刻家のドミニク・シロワとサウンドアーティストのクリストフ・シャルルとのコラボレーション作品で、ここまで取り上げてきたテクノロジーと陳腐化と化石をめぐる文脈を見抜いている。台北当代芸術館(台湾)での展覧会では、技術政治的《テクノポリティカル》な社会と自然を特徴づける、ゆるやかで詩的な衰退の水準が焦点となっている。シャトンスキーは、この展覧会のインスタレーション作品がつくり出す没入を誘う情動的なムードとともに、「未来の考古学者」というパースペクティヴを召喚する。それと近しい関係にあるのが、マヌエル・デランダの未来のロボット歴史家という形象である。デランダの未来のロボット歴史家がじっと見返す目下の私たちの世界では、創意工夫に溢れた者という人間的エージェンシーではなく、自動化が進む知性あるマシンという(軍事的配置には欠かせない)エージェンシーが強調される。*35 シャトンスキーのインスタレーションと没入を誘う語りにおける未来の考古学者とは、時間のパースペクティヴ(未来)と大文字の外部(異星人種)から人間を切り離すことにかかわっている。

《終極の化石》とは、私たちのいないこの地球にかんする思弁的フィクションである。私たちとは異なる種が数千年のうちに地球にやってきたら、なにを発見するだろう？　その種は、どのように使うか判然としない化石化した未知の何十億もの物体を、大地から掘り出すだろう。こんなものがなぜこんなにたくさんあるのかと、不思議に思うのは間違いない。私には二千五百週しか残されていないのに、一枚のプラスチック袋は数百年も生き続ける。人間の寿命と私たちのテクノロジーが生み出した人工物の寿命のあいだにあるこうした不釣り合いのために、私たちの時間に新たな側面が加わる。それは私たちの記憶の代理となる物質的な痕跡だろう。このような不在とこのような消失を可視化することが、《終極の化石》という容易ならぬプロジェクトの目的である。[*36]

プラスチック製の買い物袋のようなありふれた日々の消費物から始まる長大なパースペクティヴは、自然との関係を通して文化を物語るベンヤミンのスタイルと響き合うが、それは現代の政治的文脈の一部でもある。展覧会の観客が参加者としても部屋と空間へと案内されて、空間と物語が混ざり合う中で、シャトンスキーは記号・音響映像機器・テクノロジーがもたらす現代性によって取り囲まれた情動状態をつくり出す。この作品でみられる気分情緒の管理は、消費監視社会でのここ十年の日常生活を強く印象づける、9・11という破局後に漂う情動を仄めかしている。シャトンスキーにとって、こうした混合は不気味に迫り来る破局の多時間性を理解するのに欠かせない方法である。具体的に言えば、がらくたと化したテクノロジーに由来する合成レイヤーがゆるやかに地層化していくことが、化石という考えによって検討されるのだ。その化石という考えは、過去数十年数百年のテクノロジー的なものにつきまとい、それを未来へと転移するアクシデントのアウラと関連する。[*37]持続不可能なテクノロジーのイノベーション様式の一環として前もって定められたアクシデントを考慮すれば、シャトンスキーの作品が単なる「遠(tele)」ではなく「終極(telo)」にかかわる理由も納得できるだろう。「終極の化石」(telofossil)だと、ひと匙の哀悼と悲しみを伴う化石化のプロセスに含まれる「終極」が、より強く仄めかされる。ヴィリリオが気づかせてくれたように、どの技術的発明もそれに随伴する特定のアクシデントの発明である。こうしたことがシャトンスキーの作品が真に洞察するところであろう。つまりは、テクノロジーの思弁的で目的論的な隠れたタスクとは、私たちのゆるやかな消失を記録することなのだと展いてみせることだ。技術メディアは死者を記録し死者があの世から語ることを初めて可能にした。それと同じように、技術メディアはデジタル形式でこの終極をうつし出す《プロジェクション》テクノロジーでもある。すなわち、〔技術メディアとは〕過去という化石を描くためのカンバスであり、未来への投げかけ《プロジェクション》なのだ。

確かに、シャトンスキーにとって、テクノロジーのこの二重の役割は化石としての未来を通して理解される。彼のことばを用いれば、「それら〔テクノロジー〕は私たちの惑星を消耗することにかかわるが、私たちが存在した痕跡を構築もする」のである。*38 テクノロジーが環境を経由しこの惑星に物質的な被害を及ぼすことは、テクノロジーが過去の記憶の運び手としての役割を果たすことと同じである。この意味で、テクノロジーは化石にかんして簡単に先述したような「モニュメント」である。テクノロジーは、物質として持続することで使用期間後も生きることを強く要求する（補遺参照）。テクノロジーは、人間の文化を含むテクノロジーを中心とする世界の存在をたどるためのポテンシャルを備えてもいる。テクノロジーを中心とする世界の存在は、ハードドライブという技術メディアのミクロ時間性で作動するストレージ装置にも記録される（シャトンスキーの展覧会だと、こうした世界の存在は壊れたハードドライブを

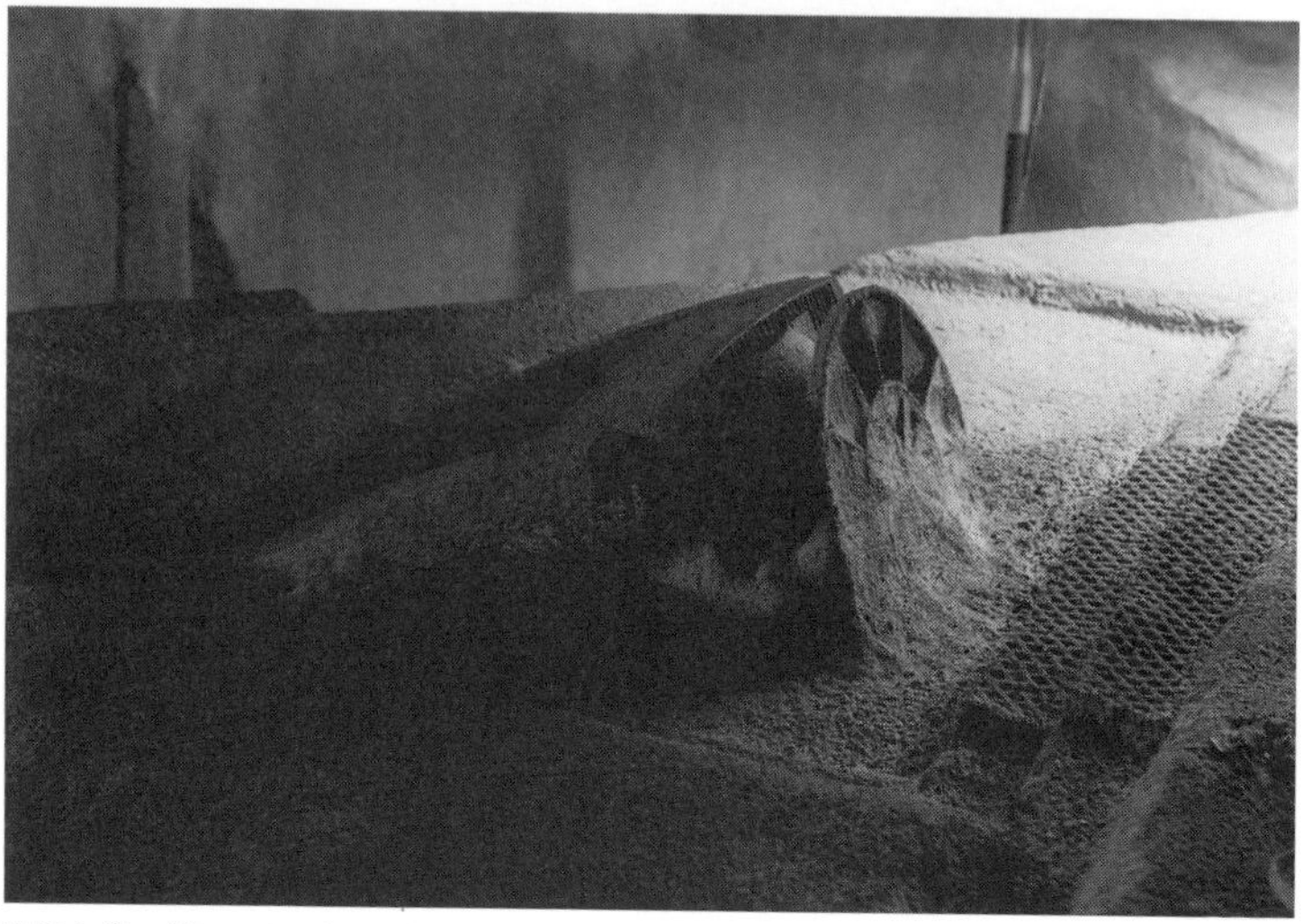

図13：グレゴリー・シャトンスキーとドミニク・シロワのインスタレーション《終極の化石》、2012年（部分）。Courtesy of Xpo Gallery.

扱ったインスタレーション作品の一つで喚起される）し、人工物の化学組成にも等しく記録されるのだ（図13）。《終極の化石》は時間にかんするプロジェクトであり、未来を考古学的・アーカイヴ的に探究するものとして語られる。メディア文化の時間性にはメディア考古学が新たな洞察を加えているので、その方法に忘れずに目配りしておこう。エルキ・フータモはメディア文化の物語とトポスを通して循環し反復するメディア文化の性質を主張する。こうしたフータモの手法は、ツィーリンスキーの深い時間（第2章）とヴォルフガング・エルンストのミクロ時間性の探究（第1章参照）と関連する。またキットラーは、メディア史をその物質的文脈を通して理解しなければならないと主張した。この物質的文脈では、人間という行為者は単なる一つの残効となる。こうしたキットラーの主張をラディカルに推し進めて、テクノロジーをめぐるメディア地質学史とする必要があるかもしれない。このとき、いわゆる人間とは、テクノロジーの反応と社会的出来事に触媒作用を及ぼす、地質学的な持続・鉱物の発掘・金属の情動（デランダ）の残効である。

　未来の考古学はシャトンスキーの作品で二重の機能を果たす。一方では、シャトンスキーの作品は、つねに再メディア化された物質的な出来事として記憶を捉える方法を思い出させてくれる。すなわち、ハードドライブのような磁気ストレージメディアのランダムアクセス方式上だろうと、バクテリアのような生体物質でできた未だ実験段階のストレージ様式においてだろうと、記憶《メモリー》とはつねにモニュメントであり書き取りであるということを思い出させてくれるのだ。未来の記憶装置《メモリー》はバクテリアや細胞のような有機体の太古の物質性に埋め込まれるかもしれない。はっきりしているのは、グリーンピースからの警告にもかかわらず、現代のネットワークコンピューティングとビッグデータマイニングにおいてデータを循環させるため、三、四億年程度かけて化石となって残った過去が今もなお燃やされているということである。インターネット企業は「十九、二十世紀の石炭と原子力により、インターネット経済のエンジンである二十一世紀のデータセンターに電力を供給し」[*39]、デジタルテクノロジー自体がもつ複合的な時間レイヤーを例証している。新し《ニュー》いメディアに太古のエネルギー、というわけだ。

　他方で、シャトンスキーの記憶への興味は、未来と想像可能なものごとにもかかわっている。それは、想像的《イマジナリー》なものたちと社会的生産様式とのつながりについてフレドリック・ジェイムソンが述べる意味における未来の考古学と、部分的にではあるが、関連する。想像すること、しかも複数の未来を想像することも、目下の経済的政治的文脈と結びついている。『未来の考古学』で、ジェイムソンは資本主義の外部を思考することの不可能性について嘆いている。「ひどく有害なのは敵の存在ではなく、以下のような普遍的な信念なのだ。すなわち、こうした傾向は不可逆であるだけでなく、資本主義に対する歴史的なオルタナティヴは望み薄で不可能と証明されており、それ以外の社会経済システムは実際に利用可能であるどころか考えつきもしないと、どうあっても信じてしまうのが有害なのである」。[*40] シャトンスキーは、テクノロジーが煽る政治的信用の危機――ポスト9・11の惑星における監視、統制、安全性／危険性にかかわるさまざまな方策で可視化される危機――についての現在の関心を経由して、未来の化石層を記述する。こうした方法が作品の特徴となっているので、そこには悲嘆という情動的な面がみられる。だが、実際はそれ以上にオルタナティヴな未来の状況をどう想像するかが熱心に探究されているのだ。というわけで、未来の化石は私たちの生活を取り囲んでいるし、この思弁的フィクションでは外挿された目下のテクノポリティクスが未来の記憶を経由して私たちに送り返される。こうした現在と来たるものとのつながりは、黙示録的終末のシナリオのたぐいであれば必ずみられるものだ。だからこそ、媒介《メディエイティッド》されて〈中途にある《イン・メディアス・レス》〉ような絶滅後の未来や世界――媒介されたテクノロジー仕掛けの未来――をなぜ今私たちが想像しているのかが問題なのである。

　このような想像された未来によって利用される終極の化石という考えは、「古未来（paleofutures）」の延長上にある。終極の化石という考えは、思弁的で考古学的な断片と未来を入れ換えることと、想像された未来というテーマの変異に関係する。それはイマジナリー・メディアにかんする言説と並行するし、創造的実践をめぐる思弁的方法論の一つとしてのデザイン・フィクション[6]にも接近する。ブルース・スターリングは「未来についてこれまで登場してきたアイディア・ヴィジョン・予想《プロジェクション》の蓄積」[*41]として、この考え[7]に興味を示している。スターリングが興味を示すということは、関連する研究領域であることが明らかだ。ならば、シャトンスキーの未来の考古学者という寓話小説《ファビュレーション》はデザイン・フィクションを拡張する一つの方法であると主張しても、こじつけにはならないだろう。古未来主義がもっともはっきりみられるのは、マット・ノヴァクのブログ「古未来」である。[*42] ノヴァクのブログは、過去に想像された未来という、現代では化石になっているものについての言説を保存している。古未来主義は二十世紀の科学テクノロジー言説の思弁的性質についてのパースペクティヴであり、そこではテクノロジー文化を強く印象づける混合した異様な時間性を創造するために、未来の時間と深い時間が融合されている。現代のメディア文化の流行と新しさに重点を置くことは、一つの批判対象になる。より具体的に言えば、標準化という「メディア精神病」[*43] への抗いについてのツィーリンスキーの説明とジェイムソンによる政治批判が、本章と本書において、なにが環境にかかわるメディア地質学となるのかを理解する重要な方法＝筋道であるということである——古未来主義が扱う化石とはうず高くなる廃棄物の山がもたらす残効であり、シャトンスキーが描く憂鬱な黙示録的終末後のシナリオでは、現在から見た未来が、サイバネティクスによる自然のコントロールという進歩が後押しする神話ではなく、テクノロジーを原因とした大規模なアクシデントにたとえられている。アクシデントの草分け理論家であるヴィリリオは、グレー・エコロジーについても語っていた。グレー・エコロジーには、近代の技術メディアの加速傾向が付いてくる。すなわち、世界における私たちの美的‐倫理的スタンスに根本的な影響を及ぼす、諸関係の再構成と距離の消失とともに「グレー・エコロジーは」現れるというわけだ。[*44] しかしながら、グレーとはハードウェアのカバーと金属パーツならびにプラスチックでできた周辺機器の色でもあり、それらはこの惑星のさらなる表層をつくり出す。それは、先端テクノロジー文化の歴史的かつ地質学的な指標となるレイヤーなのだ。ここでのグレー・エコロジーとは、メディアテクノロジーの化石——終極の化石——

にかかわるエコロジーなのである。

化石という考えは、機能不全テクノロジーに根差す未来を仄めかす。もっと言ってしまえば、テクノロジーとリペア研究をめぐる新たな洞察にみられるように、テクノロジーはクリーンで滑らかで進歩的だというモダニズム的空想（古未来主義にみられる、過去に想像《イマジナリー》された未来についての歴史地図[8]にも表れている空想）をわたしたちは再考し、そうした空想に代えてアクシデントを優先的に考えられなくてはならないのだ。スティーヴン・ジャクソンとリサ・パークスのような学者たちが、こうしたことを見事な方法で概説している。ジャクソンにならえば、「壊れた世界について思考するための練習問題」[*45]として、わたしたちは未来の化石を考えることもできなくてはならない。シャトンスキーがアートとデザインの実践ではっきりと表した9・11以後のシナリオは、こうしたことを強調しているのだ。ジャクソンのことばに沿って解釈を進めれば、「情報テクノロジーとニューメディアの性質・使用・影響を考える出発点として、新奇性・成長・進歩ではなく、侵食・故障・老朽を取り上げる」ということである。ゆえに、メディアテクノロジーの化石化についての真に古未来的な見解は、事物は故障し捨てられ朽ちてゆき、メディア自然にかかわる未来の化石の一部となる、というシナリオから始まる（第1章参照）。

## 大気圏外空間の化石

リペア文化の諸論点には立ち入らないが、パークスが明確に表現しているように、上述のような壊れたテクノロジーへの新鮮なパースペクティヴに地政学的でポストコロニアル的な争点があることを認めるのに、リペア文化は重要な足場となる。リペア文化はメディアの歴史と考古学について、ヨーロッパ中心主義という神話ではなくその大文字の他者と機能不全を経由して、一風変わった見解を示唆するのだ。[*46] リペアに着目すると、西洋で強調されるガーナやナミビアなどでのリペアを含む広汎な一連の文化技法から、テクノロジーの現場をずらすことになる。それはインフラストラクチャーにかんするより大きな問題を照らし出しもするのだ。テクノロジーは、アフリカ諸国への企業進出というネオコロニアリズム的構造を確立するためのうつわ《ヴェッセル》として、ますます有効になっている。インフラストラクチャーからエンドユーザまで、アフリカはグローバル企業にとって次の消費者大陸なのだ。こうしたことは、テクノロジーの発展と資源をめぐるもう一方の行為、すなわちアフリカにあるエネルギーと金属資源への企業による攻勢と並行している。

化石は目下のデジタル文化への時間的パースペクティヴを与えてくれるし、化石を使えばメディア的実践の地理的位置を今までとはずらすように思索を巡らすこともできる。メディア化石の未来について

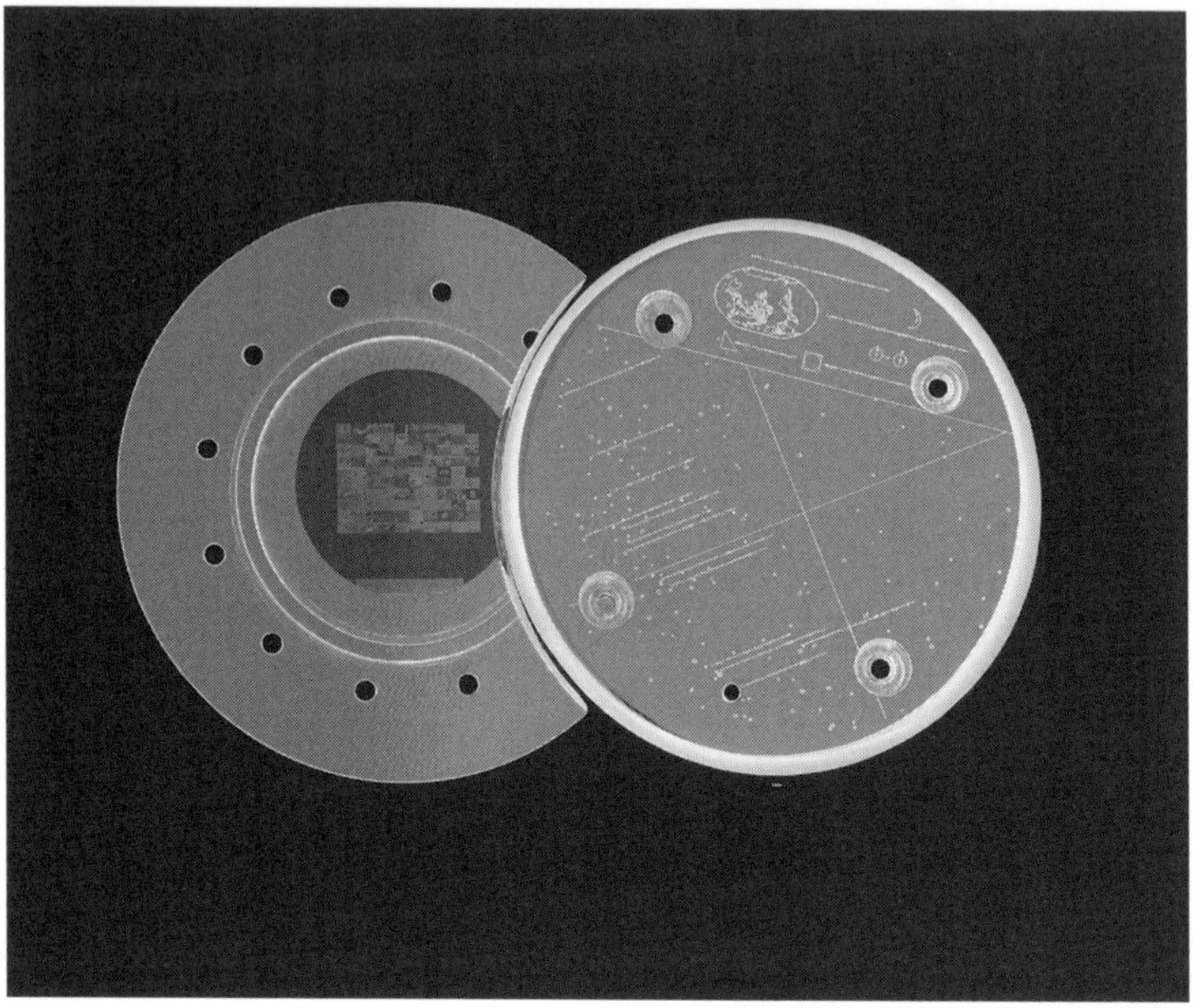

図14：超アーカイヴディスクはトレヴァー・パグレンのプロジェクトの一環として開発された。Courtesy of the artist; Metro Pictures, New York; Altman Siegel, San Francisco; Galerie Thomas Zander, Cologne.

思弁することは、「追放された化石記録」[*47]を展示するという〔パグレンの〕一風変わったある種の実験的アイディアに組み合わされている。トレヴァー・パグレンの《ラスト・ピクチャーズ》プロジェクト（二〇一二）は、実際の衛星が可能にしたアートプロジェクトを動員するだけでなく、多数の時間性という、記憶・メディア・化石をめぐって極めて重要な一連の問いを構成するものを用いて思弁をめぐらしてもいるのだ。

簡潔に言うと、パグレンは――アートとテクノロジーと視覚文化を融合させた、政治関連の写真作品で知られており――材料科学者たちとコラボレーションして、当該プロジェクトで超アーカイヴディスクと呼ばれるものをつくり出した（図14参照）。人間向けのアーカイヴの時間は通常であれば数千年ほどと考えられているが、このディスクの寿命はそれを凌駕するよう設計されている。それは、シリコンウェハー〔＝ケイ素のウェハー」上に刻まれた百枚の写真のために数十億年のあいだ命脈を保つ見込みなのだ。[*48] このディスクは、集積回路《シリコン》で画像をバイナリコード処理するという通常の意味でのデジタル人工物ではないが、テクノロジーが可能にする記憶と文化遺産の持続可能性の問題を思い出させる。パグレンのプロジェクトは、一九七七年のヴォイジャーのゴールデンレコードを参照していると考えられる。ヴォイジャーは視聴覚資料を記録したフォノグラフのレコードを搭載して、宇宙空間へと旅立った。ライアン・ビショップの素晴らしい議論が示すように、ゴールデンレコードはレコード針《スタイラス》つきのディスクを大気圏外空間へ送るという惑星間のメディア考古学的行為をすでに構成していたのだ。地球に衝突するようなことが起こった日には、ゴールデンレコードは銀河旅行から帰還したデッドメディアの一部になるだろう。[*49] ビショップはゴールデンレコードとアナログのサウンドテクノロジーであるヴォコーダーとのメディア史的結びつきを追って、ローリー・アンダーソン、そして言うまでもなくウェンディ・カルロスとのつながりを明らかにしている。その一方で、私たちはこの船《ヴェッセル》自体にも焦点を合わせるべきである。メディウムとはメッセージであるが、この場合は明らかなメディウムであるフォノグラフ、さらには船とディープスペースネットワーク〔9〕とのあいだで交わされる不断のデータトラフィックから、宇宙船自体へとスケールを拡大できる。一つのテクノロジー装置としてのヴォイジャーⅠは、二〇二五年までに宇宙ごみになるだろう。そのとき、ヴォイジャーⅠは、エネルギーを切らして太陽圏界面外をゆっくりと漂流し、テクノロジーが働かなくなりメディアが媒介しなくなるときになにが起きるのかということを沈黙のうちに語るリマインダとなる。

　パグレンの衛星プロジェクトはヴォイジャーからEchoStar XVIにまでわたっている。ここにはさまざまな角度からアプローチできるだろう。私はイメージよりも、物質的‐時間的な面のほうに強く焦点を合わせよう。数十億年先の未来という思弁的な時間は、そうした時間スケールにかかわる空想じみたアーカイヴも廃棄物になるという物質的側面を思い出させる。ある意味、非人間的な未来へと捧げられるアーカイヴという存在自体が、人間より長く続くという文化遺産の逆説的なタスク、ならびにアーカイヴ自体を支える物質とテクノロジーについての省察となっている。今回は、この特注ディスクを静止軌道へと運ぶのがEchoStar XVIであることに目を向けて、私たちの注意を当のアーカイヴディスクからそれを支えるものごとへと転じてみよう。人工衛星システムはロケットが推進したテクノロジーによる媒介作用の一つであり、グローバルなスケールでメディアによるエンタテインメントを私たちが享受することを保証する。だが、それは軍事‐監視複合体にとっても決定的で、地球を地理学的・地政学的・地球物理学的な標的とするほどに射程を広げている。

一九六三年以来、八百以上の宇宙空間航行機が対地同期軌道へと打ち上げられ、地球の周りには人工衛星による人造の環ができている。これらの衛星は人間文明のもっとも長く続く人工物となるよう設計されており、人間の痕跡がことごとくこの惑星から消失したずっと後でも、宇宙空間を静かに浮遊する。*50

地球の物質的記憶は地表面を離れても続く。宇宙空間へとテクノロジーを拡張することは、さまざまな物質と鉱物がある種対地同期軌道へと回帰することでもある。作動中の人工衛星の軌道に加え、それよりもわずかに高いところにある軌道にかかわる〔終わりを迎えることのない〕循環的な時間性に注意を向けるよう、パグレンは私たちを促す。そこにあるのはごみ軌道[10]である。このごみ軌道は、未来のメディア化石にかかわる軌道である。それは、深い時間への関心を現代の地政学をめぐるテクノロジー的実在＝現実と融合させるようなプロジェクトである。EchoStar XVI自体は十五年間で——およそ十兆の——イメージを伝送する重要な中継メディア装置である。だが、それとは異なる種類のメディア物体になる瞬間がある。EchoStar XVIが墓場軌道へと移動してゾンビメディアになるときだ。「墓場軌道は地球からあまりに遠く離れており、そこに遺棄された宇宙船は決して朽ちはしないのである」[*51]。

　がらくたになったテクノロジー——地質学的な持続時間を備えているけれども、地表や地下にのみにあるのではないメディア化石——がつくる新たな地質学的レイヤーを担うのは、〔静止軌道や対地同期軌道よりも〕やや高いところにあるこの〔墓場〕軌道である。〔鉱物や金属として地球から抽出された〕地質学的地球でできたテクノロジー人工物は、最初は電磁波通信圏を拡張する中継メディア装置として、次に死んでゾンビ化したメディアテクノロジーの化石圏として、地表の数千マイル上方を脱出速度[*52]で飛び去っていく。死んでゾンビ化したメディアテクノロジーは、パグレンのプロジェクトでは太陽系の時間に相当する〔ものとして扱われる〕。その〔墓場〕軌道や月周囲の空間などを共同墓地として想像すると、私たちのゴミが地球外でいかに奇妙な記念物や人間の文化遺産の一部となっているかという一面が浮かび上がる。[*53]しかし、その宇宙空間や宇宙岩石、月は単なる共同墓地であるだけではない——単なるデッドメディア物体の共同墓地であるだけでもなければ、その他の人間が残したものの共同墓地であるだけでもない。墓地であることにとどまらず、それらは地球自体と同じように資源としてますます想像（そしてイメージ化）されるようにもなっているのである。ある意味、こうしたことは新しい現象ではなく、地球を科学的に計算し地図化して資源とする熱狂に付き添っていた、次なるフロンティアのたぐいとしての宇宙空間という、むしろ初期の関心の再発見である。冷戦下の宇宙開発競争は、地政学的な狙いによって煽られただけでなく、月の物質組成を地図化もした。月は軍事活動から解放された（一九六七年に発効された「月その他の天体を含む宇宙空間の探査及び利用における国家活動を律する原則にかんする条約」による）にもかかわらず、領土権は主張できるという考えは軍事部門にとって莫大な利益をもたらしたであろう。例えば地球において北極周辺が冷戦の延長として集中的に領土化されているのと同じように、[*54]外惑星の資源への関心が再び浮上していることは不思議ではないのだ。

リチャード・シーモアは、「大気圏外空間は実際のところ資本主義の最後のフロンティアである」[*55]ことを示唆し、中国による近年の月探査計画と、資本主義はその外部を資源として折り重ねることで作動するというローザ・ルクセンブルクの有名な理論化、この両方に言及している。宇宙空間への関心は、ヘリウム3に見込まれるエネルギーゆえかもしれない。だが、率直に言うと、テクノロジーによって後押しされる私たちの時代の地政学にとっては、月だけが興味深い岩塊ではない。小惑星も重要である。プラチナ、イリジウム、パラジウム、金などが小惑星のような宇宙岩石に大量に含まれていると信じられているが、水、シリコン、ニッケルなどのほうがはるかに重要だろう。[*56]実のところ企業だと民間の採掘会社としての地位ゆえに、上述の一九六七年に制定された法律を回避できる。例えばディープ・スペース・インダストリーズやそれに先んじて創設されたプラネタリー・リソーシズ（このベンチャー企業を投資家として支える人々のなかには、Googleのラリー・ペイジとエリック・シュミットもいる）は、こうした法律を回避できるのだ。小惑星は、勝手知ったる生命の終わりの物語——これまでのハリウッド映画でみられた黙示録的終末のシナリオ——の題材から転じて、未来のテクノロジー競争のための資源基盤として着目されている。近年のデジタル文化装置に通じる資源として地球を地図化してきた地質学への関心は、鉱物・金属・エネルギーを追い求めて、今や私たちの惑星の規模を超えたところでも同じように高まっている。人工衛星が巨大な放送ネットワークを使った娯楽・軍事コンテンツ放送を中継している只中で、私たちが手にしている地質学的な調査と採掘についての将来の計画は、地球の地下にはまったくとどまることなく、地下採掘をめぐるメディアの深い時間から地質学的対象としての宇宙空間へと拡大しているのだ。こうした範囲をもたらしたのは、まさに先端（宇宙）テクノロジーの発展である。《ラスト・ピクチャーズ》は、地球外に達するメディア地質学の広い文脈を理解するための美的な枠組みを打ち立てる。メディア圏は軌道関連のものごとによってはっきり定められていることが、多くの点でますます意識されるようになっている。*57 だが、地質学の観点——死にかけのテクノロジー廃棄物に由来する化石と小惑星に由来する資源の両方——から軌道関連のものごとを議論することは、メディア唯物論的分析にとって新しい地平を開く。パグレンは、地質学的圏域と地球自体から数千マイル上方に達する人新世の影響との関連を明らかにする。過去数十年の地政学的（軍事的）ミッションの一環として地球物理学的圏域が資源として供給されてきたことと、科学のヴィジュアル世界が美学と権力の絡み合いをはっきりと示すことに、彼の写真は関係するのだ。

ブルック・ベライルが指摘するように、パグレンはすでに初期の作品である二枚折写真《人工物》（二〇一〇、三六頁、図1参照）で、地質学的形成物と天文学的空間を巧みに結びつけている。*58 本作品は、十

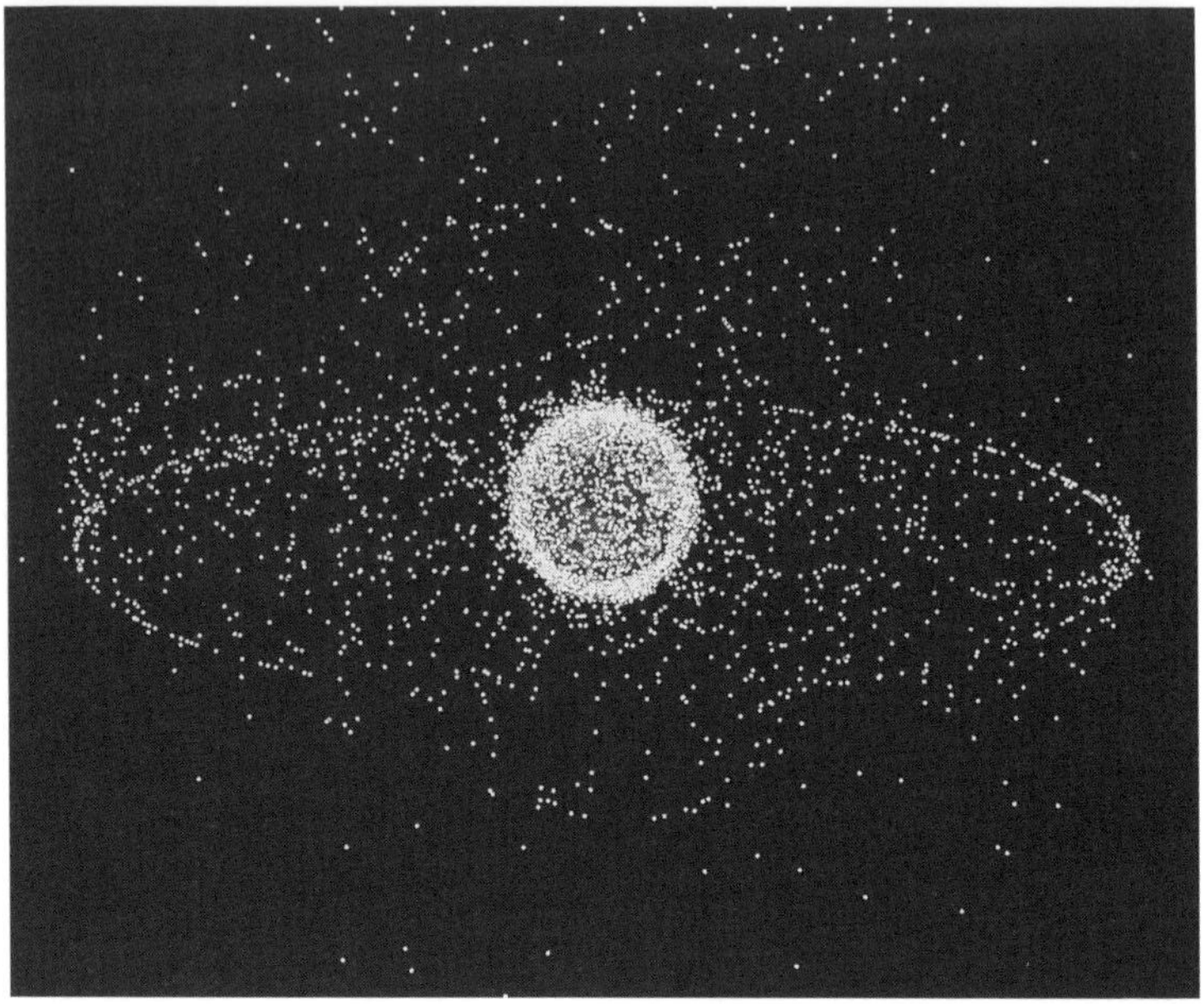

図15：軌道上のスペースデブリをヴィジュアライゼーションすることで、地球を中心に循環する地質工学的外層を形成する莫大な量の物体が感得できる。これは対地同期軌道帯（高度約35,785km）で循環する生ける死者、すなわち陳腐化したテクノロジー物体のレイヤーに関係する。Image from NASA Orbital Debris Program Office.

九世紀における地質学の時間化（深い時間《ディープ・タイム》）と、地球外のものごとも地質学的言説へと絡め合わせるやり方で進行中の宇宙の空間化（深宇宙《ディープ・スペース》）にかんして、写真を用いて主張している。ベライルはパグレンの関心に潜む地質学的な含みをうまく示すことができている。それは、人造のスペースデブリという未来の化石「のありか」としての大気圏外空間と衛星軌道であり、地質関連諸学から、産業化・コロニアリズム・資本主義によりグローバル化されたロジスティクスを深い時間の開放と結びつけた運河その他の形成物にかんする地球工学までの、地球のトポロジーに対する着目である。こういったことはメディアの深い時間にかかわる本書の主張を支えてくれるし、視覚をテーマとするパグレンのいくつかの作品はそのための良い例となる。アリゾナはキャニオン・デ・チェリーの地層から人工衛星の跡である夜空の光層へと、《人工物》は人新世を論じるための道を整え、人新世は《ラスト・ピクチャーズ》でさらに探究される。写真の歴史的系譜は、この新しい視覚メディウム〔=メディアの単数形〕が地球物理学的なものを地図化することと緊密につながっていたことを示している。十九世紀以来、アメリカ政府による地質学的・地理学的な調査はヴィジュアライゼーションメディアと緊密につながっていた。それは、パグレンの実践という文脈でベライルが明らかにしている通りである。地質学上の大地は掘り抜かれ掘り取られたが、水平化されて面としての情報にもなった。それを助けたのが写真という、気球や航空写真などのさまざまな技法と接続する新しい技術メディウムだったのだ。

　軍備テクノロジー関連の想像《イマジナリー》には空から見ることに加え、地下を見て理解する必要性も負けず劣らずつきまとってきた。ライアン・ビショップが巧みに示すように、地下のレイヤーを見透かすことは、大地を平面化した調査と同じく、ヴィジュアライゼーション技法の重要な一歩である。十九世紀の地質学的諸発見、とりわけ一八三〇年代に出たライエルの『地質学原理』によって、ある種の地質学的フロンティアと目される大気圏外空間に匹敵する、深い時間《ディープ・タイム》と深い空間《ディープ・スペース》という地球をめぐる途方もない考えが規定されたと言えるのだろう。[*59] 空と地下をめぐる両方のケースで、軍事的-企業的熱狂はその美的・認識論的な地図化の申し分のないエンジンであり、二重のメディア自然的つながりを改めてはっきり示していた。すなわち、メディアテクノロジーは採掘に利用できる地球物理学的現実について実際のそしてつくり出された《イマジン》ビジョンを私たちに与えるし、それはデブリと廃棄物という未来のテクノロジー化石となるメディアテクノロジーでもあるというわけだ。

## メディアがもたらす時間性＝時間的現実——メディア原化石〔11〕

本章は先述したメディア地質学の時間性に引き続き焦点を合わせてきた。化石の時間とは損耗・朽廃・腐食の時間である。それらは私たちの記憶について考えを記述するのに使用されるし、物質の物理的な時間性を記述するのにも使用される。いわゆる地質学的転回は、すくなくとも空間の物質性にかかわるのと同じくらい、時間にもかかわるのは確かである。デブリの種々の時間スケールは、テクノロジーが深い時間《ディープ・タイム》と深い空間《ディープ・スペース》の一部として拡張したものを把握するのにどのような分析の枠組みを用いるとしても、それに対して根本的な問いを生じさせる。地層をめぐる緩慢な時間スケールと地球のさまざまな圏域は、小惑星が旅する距離と対比されるようになる。恒星間天体でさえ現代の資本主義の現実離れした採掘の枠組みに入ってくる。それに負けず劣らず、地下も軍事－企業関連分野として残り続ける。軍事－企業関連分野は、人間の通信手段を完全に手中に収めることだけでなく、新しいヴィジュアライゼーションとソニフィケーションの技法により、地球自体を丸裸にすることも夢見ている。どのような（軍事）組織によるものだろうと、地上での迅速な作業《オペレーション》や作戦を支えるインフラストラクチャーと関係するため、地下は重要なのだ。「地下［……］は最後のフロンティアである」[*60]というジオスペーシャル社のことばは、最後のフロンティアとしてシーモアが主張するものとは力点が異なっている。たぶん両者とも正しいのだ。概略的に言えば、まさに地質学的なものと地球物理学的なもの、つまりは第一の自然から脱領土化された抽象的地質学が最後のフロンティアなのだろう。

一方、地球の空間軸は一見空間的であっても、時間軸も開く。トレヴァー・パグレンは、ゆるやかな地球の持続と、私たちが一因となって生じる数千年単位の（人間のパースペクティヴからすると）ゆるやかな影響——気候変動、埋設処理される核廃棄物、テクノロジーデブリがもたらす影響——、これらに等しく関心を示している。だが、ゆるやかさと加速は複雑に絡まり合うようになっている。パグレンにとっては、この惑星の表面だけでなく時間自体も不均質なのだ。私たちは時間にかんする調節《モディフィケーション》を通してこの惑星をつくり直している。その原動力は資本的・軍事的な関心である。それを踏まえてパグレンは以下のように続ける。

大半の場合、私たちは時間を加速させるという観点からこうしたことを考える（資本の場合だと資本回転率・労働生産性・金融取引を増大させることであり、軍国主義の場合だとGPSによる標的化と極超音速巡航ミサイルのようなものごとである）。だが、私たちの目の前で産業が時間［を早めること］により空間を無効化することに加えて、十九世紀から二十世紀初頭にはいわゆる「人新世時代」が、すなわち従来の地形学的プロセス（浸食、氷河作用など）以上に人間が堆積物を動かすという、地球の歴史において重大な時期が到来する。人新世では例えば住宅価格の変動がこの星を横断して動く莫大な堆積物の量を決定するので、不動産市場といったものごとが地形学的動因となる。私の見解では、人間社会は加速していると同時に減速している。これらの「人新世地形学的」プロセスの帰結の一つとして、私たちの活動の作用はますます長期にわたって続くようになっている。気候変動はその一例である。私たちは、数千年ではないにしても数百年は続く地球のプロセスを作動させているのだ。[*61]

パグレンのアイディアは現代の資本主義と時間の分析と共鳴し、近年の加速主義をめぐる議論について当を得たコメントと見なせるかもしれない。それらは心理地理学とも接続し、地球物理学とも絡まり合う（第3章参照）。建築資材、生産、エネルギー需要がロジスティクスの問題である限り、住宅価格のような都市をめぐる現実が影響力をもつのだ。

先の引用は、ヴィジュアライゼーションテクノロジーのメディア考古学にもかかわる。十七世紀にガリレオは望遠鏡によって私たちの地球の周りの宇宙空間を明らかにした。十九世紀にはウィリアム・ハーシェルの天体観測によって、地質学的な深い時間《ディープ・タイム》が深宇宙＝深い空間《ディープ・スペース》へと拡張されていく感覚が与えられた。視覚テクノロジーが構築した長大な宇宙空間の歴史は、パグレンが呼ぶところの時間の不均質さを論証しているのだ。ハーシェルの望遠鏡により増強された宇宙空間への眼差しでさえ、時間という観点からそして宇宙の持続の象徴として宇宙空間を形づくったのである。すなわち、宇宙空間を旅する光は数百万年かかっている、というように。「宇宙空間を貫く力のある望遠鏡は、過ぎ去りし時間を貫く力とでもいうべきものも備えている」。[*62] ジョン・ダーラム・ピーターズの適切な術語を使えば、地質学的・天文学的知への関心と知覚メディアは、空間ならびに時間へも眼差しを注ぐ望遠鏡である〈望古鏡《パレオスコープ》〉（*paleoscope*）において結合する。

しかし、メディアは観察するだけではなく、世界が紡ぐ道を積極的に先導する。パグレンは（この惑星のかなりの量の生物が生き延びるということにかんしては必ずしも肯定的な結末をもたらしはしないとしても、一つの生産力としての）時間の不均質さによって、抽象的な住宅価格の変動であろうと、交換価値のプロセスと結びついたさまざまな理由による地質学的物質の大規模な移動――こうしたこと以外では、抽象化《アブストラクション》＝抽出化のプロセスに実際の環境的‐生態的関係が含まれていることは覆い隠されてしまうかもしれない――であろうと、資本主義もそれ自身の論理で世界の先導にかかわるようなプロセスを加速させ得ることを強調する。

化石という考えは、哲学における非人間といわゆる非相関主義哲学をめぐる、現代の議論と関連する。カンタン・メイヤスーの見解では、「原化石」と祖先以前という考えが、強烈な存在論的衝撃を備えた哲学的な思考実験として動員される。化石へと目を転じることは、相関に関心を示すカントの批判的思考――世界とは私たちの思考の批判能力との関係において与えられるものにすぎないという思考――のオルタナティヴを見出すという、メイヤスーの課題にかかわる。科学によって証拠づけられ正確に年代測定されて、種としての人間に先立つ［存在を示す］化石が存在することは、思考に先立つそのような事物を思考することについての立場が問われることでもある。〈原化石〉（*arche-fossil*）と〈物質化石〉（*fossil-matter*）という術語は、「地球上の生命に先立つ、祖先以前の現実やできごとの存在」[*63]を指し示す方法となる。もっと言えば、メイヤスーにとってこうした考えとかかわるのが、アイソトープだろうと深宇宙からの光の放出だろうと、「祖先以前の現象を推定する実験の物質的な支え」[*64]である。原化石とは、思考の外部にあって、思考つまりは人間の能力と実のところ必ずしも相関しない、現実の存在を自覚する一つの方法なのだ。私たちが目の当たりにするだけでなく、メイヤスーの術語を使えば「世界内の出来事」[*65]でもある事物に対して、人間と非人間のあいだのこのような裂け目の存在は大きな影響を与えるのである。

しかしながら、非人間的なものが存在すること、そしていわゆる相関主義的思考の欠点を取り上げるべきということは、新しい発見ではない。ダナ・ハラウェイ、ミシェル・セールといった人々や、新しい唯物論者であるロージ・ブライドッティやマヌエル・デランダらが、一九八〇年代、一九九〇年代以来、関連するものごとについてすでに書き記している。ブライドッティにとっては、こうしたことは新興の科学テクノロジー研究分野とフェミニズム理論における論議とも接続していた。おそらく、「思考する存在」としての人間についてだけでなく、人間を構成するそれ以外の多数の様式《モダリティ》についても、時間を不均質にしては絶えず修正するという仕方で調整されている多様な時間性についても、そして、メイヤスーが論じるところの物質的な支えであり、かつ私たちの目に映っている様子にはまったくもって帰すことのできない難解な存在でもある、この両方としての化石についても私たちは考えているべきなのだということを、ある意味で新しい唯物論の遺産は思い出させてくれるのだ。だが一方で、世界の中での私たちの考え方と振る舞い方が、他のなにかにとっての物質的な支えとなる未来の化石に対して、明確に衝撃を及ぼしてきた。先行して取り上げた土壌と塵埃との関係において本章の化石をめぐる議論をみると、そのような非人間的な事物は、時間によって形成される堆積物の一部として、変形する異質な要素たちをまとめ上げたものであることに気づかされる。土壌はこの惑星のより深いレイヤーを徐々に形成していく一端を担っている。

シャトンスキーとパグレンにみられるように、アート実践においても人新世の概念を中心にさまざまなアイディアが循環しており、そのメディアテクノロジーについての見解が人間の影響力を認めていることに実際気づかされる。〔メディアテクノロジーがもたらす〕人造物は〔物質的である〕インフラ世界的なものの現出となり、それは思考することに帰し得ない。だが、その〔人造物をめぐる〕実践は、文脈に合わせて、絶えず調整される多様なスケールを注意深く意識し続けている。ゆえに、ごみとメディア廃棄物、そして一般的に言って、この惑星に対する産業の衝撃に焦点を合わせることは化石にかかわる哲学的な観念と緊密に関連するし、それと等しく、化石にかかわる哲学的な観念はメディアテクノロジーの役割を説明する必要性に関連するのだ。私たちが今直面している重要な政治的問題をなんとかして長期持続と時間的に同調させて、政治経済・交換関係・テクノロジーの生産様式・労働の非物質化などが、地球物理学的現実と物質化石と私なら〈メディア原化石〉と呼ぶものとつながっていることを把握しなければならない。メディア原化石の考えは、メディアテクノロジーのレイヤーに関連する。メディアテクノロジーのレイヤーは人間には帰し得ないが、地球と大気圏外空間の地質学的レイヤーのさまざまな側面とともに、人間を部分的に支え条件づける。それは私がすでに述べたメディア自然という考えへの再言及なのだ。換言すれば、関係と媒介作用を手放すのではなく、現代のメディア文化の非相関主義的ならびに新しい唯物論的な文脈で、メディアと通信技術《コミュニケーション》が意味するものを注意深く精緻化する必要があるだろうということだ。*66

時間性についての考えは人間に取り憑いたどのような語彙からも逃れ、より化石に近づいていくに違いない。深い時間とは、その歴史的な形式においてさえ、人間のいない惑星の時間を想像することを可能にする科学的な時間性の様態である。深い時間は地球のダイナミクスの地層化である時代区分《エポック》（第2章参照）を示すだけでなく、のちの地質学的研究で示されるように、その期間がダイナミックで破局的でさえある出来事で形成されること――断続平衡説――についても注意喚起している。

歴史が人々とその生活の物語にかかわる言説だったとすれば、化石は一風変わった挑戦――人間なき世界、そして私たちが残した唯一のモニュメントがメディアと残留する廃棄物かもしれない未来－現在を物語として語ること――のための舞台装置となる。いくつかの点で、こうしたことはティモシー・モートン〔の議論〕に認められる。具体的に言えば、設計《デザイン》のレベルでも、私たちは人間以外の時間についてどうしても考えなければならないということだ。それは数千年から何十万年におよぶ時間であり、プルトニウム239のような事物を説明する時間である。「プルトニウム239は二万四千百年のあいだ危険な放射能を持ち続ける」[*67]というように。

私たちは人文科学と社会科学でこうした挑戦を行っており、それに冠される名前は人新世、非人間、メディア唯物論、ポストヒューマンなどさまざまである。ミクロ時間性の議論（第1章参照）では、（人間のパースペクティヴから人間のために）[*68]物語によって記述されるメディア史とは異なる技術メディアの時間性を提示しようとしている。アーカイヴをめぐる議論は、記憶のインフラ的な支えとしてなくてはならないデータセンターの役割に狙いを定めている。[*69]しかもデータセンターは、エネルギーと能率的な冷却システムに依存する、地球物理学的に決定される機構でもある。地質学的なものは、エコロジー的諸関係を、それらが複数のスケール――深い時間にかかわるゆるやかな持続と加速するミクロ時間性――にまたがる変化に対処する仕方に即して説明する一つの方法である。この両方の時間性が通信と商取引を支えるアルゴリズム世界を統治する。そして、このアルゴリズム世界は、地球という惑星とそれが産出する資源に〔一方的に〕依存するだけでなく、それらに関与もする。加速せよ、減速せよ、と。

**原註**

1 Seth Denizen, "Three Holes in the Geological Present," in Turpin, *Architecture in the Anthropocene*, 40.
2 Rachel Armstrong, "Why Synthetic Soil Holds the Key to a Sustainable Future," *Guardian Professional*, January 17, 2014, http://www.theguardian.com/.
3 以下を参照。Gary Genosko, "The New Fundamental Elements of a Contested Planet," talk presented at the Earth Air, Water: Matter and Meaning in Rituals conference, Victoria College, University of Toronto, June 2013.
4 Alexis C. Madrigal, "Not Even Silicon Valley Escapes History," *The Atlantic*, July 23, 2013, http://www.theatlantic.com/. 以下も参照。The Silicon Valley Toxics Coalition, http://svtc.org/.
5 Moira Johnson, "Hight Tech, High Risk and High Life in Silicon Valley," *National Geographic*, October 1982, 459.
6 以下を参照。David Naguib Pellow and Lisa Sun-Hee Park, *The Silicon Valley of Dreams: Environmental Injustice, Immigrant Workers, and the High-Tech Global Economy* (New York: New York University Press, 2002).
7 Jennifer Gabrys, *Digital Rubbish*, 26.
8 Johnston, "High Tech, High Risk," 459. 以下も参照。Christine A. Finn, *Artifacts: An Archaeologist's Year in Silicon Valley* (Cambridge, Mass.: MIT Press, 2001).
9 Sean Hollister, "Protestors Block Silicon Valley Shuttles, Smash Google Bus Window," *The Verge*, December 20, 2013, http://www.theverge.com/.
10 Joe Heitzeberg, "Shenzhen Is Like Living in a City-Sized TechShop," *Hack Things*, May 2, 2013, http://www.hackthings.com/shenzhen-is-lik-living-in-a-city-sized-techshop/.
11 Pellow and Park, *Silicon Valley of Dreams*, 4.

12 Jay Goldberg, "Hardware Is Dead," *Venturebeat*, September 15, 2012, http://venturebeat.com/2012/09/15/hadware-is-dead/.

13 Bruce Sterling, "The Dead Media Project: A Modest Proposal and a Public Appeal," http://www.deadmedia.org/modest-proposal.html.

14 Goldberg, "Hardware Is Dead."

15 Ibid.

16 Heitzeberg, "Shenzhen Is Like Living in a City-Sized Techshop."

17 John Vidal, "Toxic 'e-Waste' Dumped in Poor Nations, Says United Nations," *The Observer*, December 14, 2013, http://www.theguardian.com/.

18 Step—solving the e-waste problem, http://www.step-initiative.org/.

19 以下を参照。Martin J. S. Rudwick, *Georges Cuvier, Fossil Bones, and Geological Catastrophes: New Interpretations and Primary Texts* (Chicago: University of Chicago Press, 1997).

20 Gabrys, *Digital Rubbish*, 5. ガブリスはベンヤミンについて以下のように言及する。「ベンヤミンは、その自然史の実践において、通常の科学的な自然史の実践に依拠すると同時にそこから逸脱していく。十九世紀における自然史と化石狩りの描写とそれらへの執着に魅了された一方で、彼はこれらの地球の深い時間についての歴史的記録を、消費の実践を査定するのに好都合な蘇る時間という観点として解釈した。陳腐化した対象物は、流通から脱落したときつまり響き渡る経済的実践の物質的残余――すなわち化石――として調査できたとき、一種の先史時代へと回帰した。彼はヴィクトリア朝の自然史（そして経済）を通して編まれた進歩という物語について熟考し、これらの進歩の物語を転倒させて、商品世界の偶然性とはかなさを論証したのである」（6）。スーザン・バック＝モースの以下の論考に収められた「自然史（博物学）――化石」の章も参照せよ。Susan Buck-Morss, *The Dialectics of Seeing: Walter Benjamin and the Arcades Project*, 58–77 (Cambridge, Mass.: MIT Press, 1991).〔スーザン・バック＝モース『ベンヤミンとパサージュ論――見ることの弁証法』高井宏子訳、勁草書房、二〇一四年、六九–九三頁〕

21 Gabrys, *Digital Rubbish*, 7.

22 Peters, "Space, Time and Communication Theory."

23 Charles Lyell, *Principles of Geology* (London: John Murray, 1830), 1. Online facsimile at http://www.esp.org/books/lyell/

principles/facsimile/.〔ライエル著、ジェームズ・A・シコード編『ライエル地質学原理（上）』河内洋佑訳、朝倉書店、二〇〇六年、四九頁〕

モニュメントはミシェル・フーコーの考古学において決定的な形象で、ストーリーを歴史記述的に追跡することから区別される。フーコーにとってモニュメントとは、考古学者の関心を惹きつける具体的な形をした、現在に残り続ける過去である。ヴォルフガング・エルンストは自身のメディア考古学でこのアイディアを拾い上げ、フーコーによって提供されたこの非言説的な路線をたどろうとしている。「民族学者が遠く離れた社会の実践を記録するのと同じ方法で対象物を眼差すメディア分析家のように、好古家は過去とのモニュメント的な関係を打ち立てようとする。その手法ではアーカイヴ的もしくは考古学的証拠を歴史文書として先走って解釈することは避けられて、むしろこうしたデータを離散的なセリーとして孤立させ、それらをさまざまな布置のために編成し直し開いていく」とエルンストは述べる。Ernst, *Digital Memory and the Archive*, 44.

24 Ilana Halperin, "Autobiographical Trace Fossils," in Ellsworth and Kruse, *Making the Geologic Now*, 154.

25 Stephen Jay Gould, *Time's Arrow, Time's Cycle: Myth and Metaphor in the Discovery of Geologic Time* (Cambridge, Mass.: Harvard University Press, 2007), 86.〔スティーブン・J・グールド『時間の矢・時間の環』渡辺政隆訳、工作舎、一九九〇年、一一〇–一一一頁〕

26 Stephen Jay Gould, *Punctuated Equilibrium* (Cambridge, Mass.: Harvard University Press, 2007).

27 Gould, *Time's Arrow, Time's Cycle*, 98–102.〔グールド『時間の矢・時間の環』、一三六–一四一頁〕

28 Paul Virilio, *Bunker Archaeology*, trans. George Collins (New York: Princeton Architectural Press, 1994), 56.

29 Williams, *Notes on the Underground*, 43.〔ウィリアムズ『地下世界』、六八頁〕

30 Stoppani, "First Period of the Anthropozoic Era," 40.「ゆえに新しい時代は人間から始まった。奇天烈かもしれないが、以下の仮定を受け入れてみよう。すなわち、奇妙な知性体がいつの日か地球を研究しにやって来たとき、人間の子孫は、例えば大昔の世界では生息していたけれどももう完全に姿を消していたとしたら、という仮定だ。その知性体は、過ぎ去りし世界の科学が打ち立てた壮麗な体系に基づく私たちの時代の地質学を研究できるだろうか？　洪水のパターンから、動植物の分布から、自由な自然の力が残した痕跡から、彼はその世界の真の自然状態を推定できるだろうか？　おそらくできるだろう。だが、それは、この新しい要素である人間の精神を彼の全ての推定に常に組み込むことによって、そしてそうすることによってのみ、可能である。こうした条件を満たせば、例えば私たちが深海にあるたくさんの陸生動物たちの骨を説明できるように、彼も先史時代の未開人が居住していた沿岸に築いた貝塚を説明できるだろう。しかし、もし今の地質学が、完了した時代を理解するために、人間にかかわりなく自然を研究しなければならないとしたら、未来の地質学は、私たち自身の時代を理解するために、自然とかかわりなく人間を研究すべきである。こうして未来の地質学者は、私たちの時代の地質学を研究したいと願うなら、最終的には人間の知性の歴史を物語ることに行き着くだろう。以上が、人の時代を別個の新たな時代として丁重に迎えるべきであると私が信じる理由である」(40)。

31 Gould, *Time's Arrow, Time's Cycle*, 175–76（グールド『時間の矢・時間の環』、二二五–二二七頁）.

32 「第二の自然ということばで私が意味するのは、集合的な労働によって自然が物質に変形する空間である。第二の自然とは断片化・疎外・階級闘争の空間である。多くの点で、経路にかかわる空間とは実のところ第三の空間、すなわち、私たちが築いた環境という第二の自然を在庫品〔用象〕として管理しやりくりできる空間である。それは、第二の自然が自然をその在庫品〔用象〕として扱うのとまったく同じである」。Wark, "Escape from the Dual Empire."

33 Wark, *Telesthesia*, 34–35.

34 Walter Benjamin, *The Arcades Project*, trans Howard Eiland and Kevin MacLaughlin (Cambridge, Mass.: Belknap Press of Harvard University Press, 1999), 540.〔ヴァルター・ベンヤミン『パサージュ論（三）』今村仁司ほか訳、岩波文庫、二〇二一年、四一九–四二〇頁〕

35 Manuel Delanda, *War in the Age of Intelligent Machines* (New York: Zone Books, 1991), 2–3.〔マヌエル・デランダ『機械たちの戦争』杉田敦訳、アスキー、一九九七年、三–四頁〕

36 Chatonsky, as quoted in Kevin Thome de Souza, "Gregory Chatonsky, Art as an Archaeology of the Future: An Interview," *Amusement*, February 15, 2013, http://www.amusement.net/.

37 例えば以下を参照。Paul Virilio, *The Original Accident*, trans. Julie Rose (Cambridge: Polity, 2006). *Digital Rubbish*における機能停止物ミュージアムについてのガブリスの議論も参照。

38 De Souza, "Gregory Chatonsky."

39 Gary Cook, "Clean I.T. Means Clean Suppliers, Too," *New York Times*, Opinion, September 23, 2012, http://www.nytimes.com/.

40 Frederic Jameson, *Archaeologies of the Future* (London: Verso, 2005), xii.〔フレドリック・ジェイムソン『未来の考古学I』秦邦生訳、作品社、二〇一一年、九頁〕

41 Derek Hales, “Design Fictions: An Introduction and a Provisional Taxonomy,” *Digital Creativity* 24, no. 1 (2013): 7. イマジナリー・メディアについては、以下を参照。Eric Kluitenberg, *The Book of Imaginary Media* (Rotterdam: NAi, 2006). Eric Kluitenberg, “On the Archaeology of Imaginary Media,” in Huhtamo and Parikka, *Media Archaeology*, 48–69. 以下も参照。Richard Barbrook, *Imaginary Futures: From Thinking Machines to the Global Village* (London: Pluto Press, 2007).

42 http://paleofuture.gizmodo.com/.

43 以下を参照。Zielinski, [… *After the Media*].

44 Paul Virilio, *Grey Ecology*, trans. Drew Burk, ed. Hubertus von Amelunxen (New York: Atropos Press, 2009).

45 Steven J. Jackson, “Rethinking Repair,” in *Media Technologies: Essays on Communication, Materiality, and Society*, ed. Tarleton Gillespie (Cambridge, Mass.: MIT Press, 2013), 221. Lisa Parks, “Media Fixes: Thoughts on Repair Culture,” *Flow* 19 (2013), http://flowtv.org/2013/12/media-fixes-thoughts-on-repair-cultures/.

46 Parks, “Media Fixes.”

47 Brooke Belisle, “Trevor Paglen’s Frontier Photography,” in Ellsworth and Kruse, *Making the Geologic Now*, 147.

48 Paglen, “The Last Pictures.”

49 Ryan Bishop, “How to Talk to a Heavenly Body,” talk presented at Transmediale 2013, February 2013, Berlin.

50 《ラスト・ピクチャーズ》プロジェクトのウェブサイト（http://creativetime.org/projects/the-last-pictures/）。以下も参照。Trevor Paglen, *The Last Pictures* (Berkley: University of California Press/Creative Time books, 2012). パグレンは、私たちの視覚文化の一環としての衛星テクノロジーの地政学に興味を示している。こうしたパグレンの興味はより最近のプロジェクトにもみられる。その一つである《無機能衛星》（*Nonfunctional Satellite*）が、二〇一三年にイスタンブールのプロトシネマで展示された。

51 Paglen, “The Last Pictures,” 508.

52 ポール・ヴィリリオが示唆するところの意味で理解せよ。すなわち、地理的に固定されたローカルな時間から、人間の情動と認知の座標をしのぐ加速的なテクノロジーの速度という、グローバルな時間への移行である。Paul Virilio, *Open Sky*,

trans. Julie Rose (London: Verso, 1997). Richard G. Smith, "Escape Velocity," in *The Virilio Dictionary*, ed. John Armitage (Edinburgh: Edinburgh University Press, 2013), 79–80.

53 Katarina Damjanov, "Lunar Cemetery: Global Heterotopia and Biopolitics of Death," *Leonardo* 46, no.2 (2013): 159–62. 以下も参照。"Orbital Ruins," *NECSUS—European Journal of Media Studies*, no. 4 (Autumn 2013), http://www.necsus-ejms.org/orbital-ruins/.

54 Luke Harding, "Russia to Boost Military Presence in Arctic as Canada Plots North Pole Claim," *The Guardian*, December 10, 2013, http://www.theguardian.com/.

55 Richard Symour, "Why Outer Space Really Is the Final Frontier for Capitalism," *The Guardian*, Comment Is Free, December 20, 2013, http://www.theguardian.com.

56 Marc Kaufman, "The Promise and Perils of Mining Asteroids," *National Geographic*, January 22, 2013, http://news.nationalgeographic.com/. Adam Mann, "Tech Billionaires Plan Audacious Mission to Mine Asteroids," *Wired*, April 23, 2012, http://www.wired.com/. 最近のいくつかの説明だと、小惑星採掘の実現可能性は以前ほど楽観的ではない。Liat Clark, "Study: Asteroid Mining Might Not Be Commercially Viable," *Wired* (UK), January 14, 2014, http://www.wired.co.uk/.

57 Parks, *Cultures in Orbit*.

58 Belisle, "Trevor Paglen's Frontier Photography", 145–49.

59 Bishop, "Project 'Transparent Earth'."

60 Katie Drummond, "Pentagon-Backed Venture Aims for 'Google-Underground'" *Wired*, March 8, 2010. http://www.wired.com/. Bishop, "Project 'Transparent Earth'."

61 smudge studio (Elizabeth Ellsworth + Jamie Kruse), "The Uneven Time of Space Debris: An Interview with Trevor Paglen," in Ellsworth and Kruse, *Making the Geologic Now*, 150–51.

62 Herschel, as quoted in Peters, "Space, Time, and Communication Theory." ハーシェルのような初期の先駆者たちについてベライルが記すところによれば、「同時期の地質学の論議がこだまするハーシェルの見解は、固定した完全な宇宙という考えをぐらつかせ、宇宙は想像できないほど古く広大で依然として変化していると主張した」。Belisle, "Trevor Paglen's Frontier Photography."

63 Meillassoux, *After Finitude*, 10.〔カンタン・メイヤスー『有限性の後で』千葉雅也・大橋完太郎・星野太訳、人文書院、二〇一六年、二四頁〕

64 Ibid.〔メイヤスー『有限性の後で』、二五頁〕

65 Ibid., 14〔メイヤスー『有限性の後で』、三〇頁〕

66 以下を参照。Galloway et al., *Excommunication*, 49.

67 Timothy Morton, "Zero Landscapes in the Time of Hyperobjects," quoted in Ellsworth and Kruse, *Making the Geologic Now*, 221.

68 以下を参照。Ernst, *Digital Memory and the Archive*. 概して、私が「時間性=時間的現実《テンポリアリティ》」という考えを使用できているのはエルンストのおかげである。

69 Mél Hogan, "Facebook's Data Storage Centers as the Archive's Underbelly," *Television and New Media*, online first, November 14, 2013.

**訳註**

1 ヴァルター・ベンヤミン『パサージュ論（三）』今村仁司ほか訳、岩波文庫、二〇二一年、四一九–四二〇頁。

2 土壌汚染されていると判定され浄化対象となった地区。

3 ユダヤ教の祭。

4 カスタマーの経験や感情を価値として展開する経済活動。

5 動詞として使用されているcondensateは、名詞だと「凝縮物（水）」に加え、天然ガス液である「コンデンセート（油）」を意味する。

6 ブルース・スターリングによる定義は以下の通り。「デザイン・フィクションとは、未来になってもなにも変わらないだろうという考えを見直してもらうために活用する、物語的プロトタイプのことだ。今まで思いついた中で、この定義が一番しっくりくる。ここで重要なのは「物語的（diegetic）」という言葉だ。未知のオブジェクトやサービスが生まれる可能性について真剣に考えること、そして、世間一般の事情や政治的トレンドや地政学的な策略よりそっちの方に、みんなの力を集めようとしていることを意味する言葉なんだ。デザイン・フィクションはフィクションの一種じゃない。デザインの一種だ。それは、ストーリーというより、世界を伝えるものなんだよ。」（スターリング「デザイン・フィクションとデッド・メディア」浅野紀予訳、https://ekrits.jp/2015/06/1659/、二〇二三年一月八日閲覧）。また、スターリングは、デザイン・フィクションはアメリカ的で技術寄り、スペキュラティヴ・デザインはヨーロッパ的で政治的と区分しているが、両者の区分は厳密でないことを認めている。「INTERVIEW ブルース・スターリング」太田知哉聞き手・翻訳、川崎和也監修・編著『SPECULATIONS』、ビー・エヌ・エヌ新社、二〇一九年、一九四頁。

7 著者に確認したところ、このitは（the notion of）telofossilsを指示する。だが、引用されているデレク・ヘイルズの論考でスターリングが言及しているのは「古未来」（the paleo-future）である。訳文では「(the notion of) telofossils」を指示対象として訳出した。

8 一般的には、文献などをもとに過去の事象を事後的に復元した地図を指す。本論では、出来事の発生とその復元、さらにはその受容に時間的なずれがあることが重要だろう。

9 深宇宙探索のためＮＡＳＡが使用している通信用ネットワーク。深宇宙通信網（ＤＳＮ）。

10 墓場軌道と同義。

11 Media-Arche-Fossil。メディア考古学（Media Archaeology）を踏まえつつ、ロゴス（-logy）ではなく化石（fossil）を用いることで、メディアと物質のつながり、もしくはメディアと記号（物語）の切り離しが強調されている。

おわりに

# いわゆる自然

メディア地質学は、地球の物質ともつれた時間の異様な交差を扱う。そこには、この惑星の大昔のものごととテクノロジーにより進歩したものごととの組み合わせを露わにする、いくつかの出来事が含まれる。未来のものごとは、ときに身近すぎて気がつかない方法で、陳腐化したものごとと交代する。新しさを扱う設計《デザイン》文化は、この惑星の太古の物質を覆い隠す。

産業化という爆発的な出来事は、新しいエネルギー形式に依拠していた。石炭・石油・ガスが主たる推進力となり、エネルギー源としての風・水・植物・木・動物に取って代わった。[*1] 地表と空を黒塗りした石炭の汚れた美学に続き、その他の化石燃料を経由して、私たちは地球の深い時間に、つまりは三百万年以上かけて堆積した前恐竜時代の動植物に到達した。資本主義が目下の科学テクノロジー形式で拡大できるのは、この惑星が蓄えた大昔の光合成のおかげである。深い時間についての科学的研究は、鉱山技師が石炭と金・銀・銅といった有価金属の両方を地下の深みで発見していたように、地下を実際に活用することと並行していた。

コンピュータとはここ二、三百年にわたる科学テクノロジーの発展、地質学的洞察、地球物理学的アフォーダンスの具体化である。コンピュータは希少金属に依存しているが、十九世紀初頭のネットワークでさえ、メディア文化をグローバル化する通信トラフィックを伝えるため銅を必要としていた。ここ数十年のあいだに、グローバルなインフラストラクチャーとしてガラス質の回線である光ファイバーが基幹《バックボーン》として進出してきた。希土類鉱物は、早くから有益であったが、新しいテクノロジーの文脈では絶対必須になる。というのも、コンピュータが視覚的に魅力的になったためである。グラフィカルユーザーインターフェース、先端スクリーンテクノロジー、デジタルデザイン文化が大規模な消費の快楽のために準備されて、インタラクティヴな参加を通してデジタル習慣についてのデータ——データマイニング産業用の資料《マテリアル》——が収集されるというわけだ。

特定の鍵となる鉱物を使用すれば、コンピュータ世界を小型化できる。それらはモバイル化しユビキタス化して浸透し、自然環境へと組み込まれるようになる。[*2]

最初に西ヨーロッパを、次にその他の国々を産業主義へと焚き付けた石炭は、情報文化においても依然として大きな存在感を示している。『フォーブス』誌は「石炭を掘れば掘るほど、PCが出てくる」[*3]という記事を出し、コンピュータの生産プロセスで多量のエネルギーが消費されることに、一九九九年の段階ですでに言及していた。増えゆく帯域幅、より能率的なプロセッサ、重いデータを扱うデジタルデザインの実践、コンピュータに対するイベント〔1〕の急速な増加は、非物質的に思えるコンピューテーションのマトリックスが消費するエネルギーの無名数〔2〕が、上昇曲線を描くことを告げる。マイクロチップでできた世界は数百万の極小の太陽のような激しさで燃焼するのだ。「チップの表面でビットは電子としての姿を与えられ、チップはとてつもない高出力密度で作動する。それは太陽表面における出力密度の十分の一にまで至る」[*4]。

ロジェ・カイヨワは、石についての小著で、地球から書き取りへの移行を仄めかしている。「すでに〔岩や石といった〕地質学のアーカイヴに存在しており、演算《オペレーション》に使えそのうえ人知の及ばぬもの、それはのちのアルファベットのモデルであった」[*5]。記号としての地球の神秘的な「読解可能性」について述べるこの予言めいた一文を、後代のメディアテクノロジーのパースペクティヴによって、テクノロジーのほうに寄せて考えることができる。つまり、地質学のアーカイヴは、モデルではなく、今後メディアやテクノロジーとなるものにとっての物質を与えるということである。ライエルとダーウィンは地球を図書館や記録機械としてとっくに想像していた。それらはチャールズ・バベッジの四元素がらみの想像に引き継がれた。「空気とは一つの広大な図書館であり、そこに所蔵された本のページにはこれまでに男が発し、女がささやいてきたすべてが絶えることなく書き記される」[*6]とさえ、バベッジは語ったのであった。

地球の読解可能性とは、まだ有効な言い回しである。地球はしきりに読解される。まるで地球とは解釈が必要な手稿であり、先端テクノロジー時代にも残り続ける、解釈学にかかわる痕跡であるかのようだ。だが、こうしたことは、アニミズム的自然の長い伝統や静謐そうな地球の内奥にある意味の世界よりも、軍事作戦《オペレーション》に関連する。ライアン・ビショップのことばを使えば、軍事作戦は「地理学（地の記述法すなわち地球の表面について記すこと）を、地質学すなわち地球のロゴスへと絶え間なく転換する」のだ。[*7]軍事以外にもさまざまな文脈が存在する。アートもその一つだ。オトリス・グループは地震に敏感な人々の集団を《メディウム・アース》[*8]という作品で取り上げている。こうした人々は、死者と交信していた十九世紀の霊媒のように、地震という地球の「無意識の」身震いと交信するのだ。「本作品は〔カリフォルニアの〕砂漠に耳を傾け、石の記述を翻訳し、拡張するひび割れというカリグラフィを解読する」。[*9]このように私たちの地球物理学的な地下として地球を地図化することは、敏感な身体にも、メディア化された表現の一部として地球が循環するような視聴覚技術文化にもかかわるのだ。

議論の出発点に戻ろう。メディアの物質性という考えでは、私たちの技術メディアの資源と標的の両方として、地質学的現実を考慮しなければならない。ルイス・マンフォードは旧技術について語ったが、それは採掘に立脚した産業化初期に限定されていた。しかし、採掘と地球物理学的なものの我有化は決して止まらなかった。それらは依然として、先端メディアテクノロジー文化の肝心要である。そうした文化は環境センシング[3]やスマートダスト、新たなプロトコルを使って、世界をＩＰアドレスで満たしていく。そして、このＩＰアドレスが「自然のもの」をメディアの一部として効果的に地図化していくのだ。

本書はフリードリヒ・キットラーのような理論家たちへの批判というよりは、メディア〔装置〕としてだけでなくメディアを構成する小片《ビット》──私たちにデジタル文化を与えてくれる地球物理学的要素のリスト──としても、メディアは物質であるという観点から考えることが今以上に必要だと述べるものである。デジタル文化は戦争のない世界ではない。悲観的に言えば、〔デジタル文化では〕経済安全保障の単位としてのテクノロジー国家体制を維持するのに必要なエネルギーと物資が不足して、監視にパラノイア、国益や国内外の利益といった冷戦文化が激化しているにすぎないのだ。メディアの物質性は機械という容器に収まっているわけではない。その機械自体が惑星を含むとしても。機械とは、労働の地政学、資源、惑星の掘削、エネルギー生産、光合成から鉱化までの自然のプロセス、化学物質、電子廃棄物の残効を横断する経路《ベクトル》のようなものである。メディアの物質性は正確にはこの混合のどこで見出されるのだろう？　キットラーはメディアテクノロジー文化の構築物としての「いわゆる人間」について語った。人間とは、感覚様式を科学によって地図化することと感覚体制をテクノロジーによって動員することの交差点で、可視化される存在なのである。人間は回路に有線接続した二次的創造物として理解された。だが、私たちは〔人間というパースペクティヴを〕越え出て、「いわゆる自然」の存在を地図化することはそれと同じくらい重要ではないのか、と問う必要がある。[10]「いわゆる自然」とは、私たちが技術科学的《テクノサイエンティフィック》な感覚中枢を通してみるようなものとしての、および傍若無人新世の只中で視界からそしてこの世から消えゆく、環境的なものの存在である。

---

**原註**

1 Steffen et al., "The Anthropocene," 616.
2 以下を参照。Nest, *Coltan*, 8–9.
3 コンピュータとインターネットが消費するエネルギーの種類と量を実際に見積もると、かなりの幅がでる。近年のグリーンピースのレポートについては、以下を参照。"How Clean Is Your Cloud?," April 17, 2012, http://www.greenpeace.org/international/en/publications/Campaign-reports/Climate-Reports/How-Clean-Is-Your-Cloud/.
4 Huber, "Dig More Coal."
5 Caillois, as quoted in the introduction by Marguerite Yourcenar to *The Writing of Stones*, trans. Barbara Bray (Charlottesville: University Press of Virginia, 1985), xvi.〔邦訳書はフランス語の原著を底本としているため、当該箇所は収録されていない〕
6 Babbage, as quoted in Peters, "Space, Time, and Communication Theory."
7 Bishop, "Project 'Transparent Earth,'" 278.
8 ベルリンにある世界文化の家が主催した重要な《人新世》プロジェクト（二〇一三–二〇一四）の一部。アンセルム・フランケによるキュレーション。オトリス・グループの《メディウム・アース》は二〇一四年末のプログラムの一部であり、十月から十二月にかけて展示された。
9 Otolith Group, *Medium Earth*, The Roy and Edna Disney/CalArts Theater (REDCAT), Los Angeles, 2013, http://www.redcat.org/exhibition/otolith-group.
10 Kahn, *Earth Sound Earth Signal*, 23.

## 訳註

1　コンピュータに対して周辺機器などが状態変化を通知すること。
2　単位名のつかない数。
3　環境にセンサーを配置し、データを収集・数値化・可視化していくこと。

# 補遺

## ゾンビメディア

### ——メディア考古学をサーキットベンディングしてアートの手法にする

ガーネット・ヘルツ＋ユッシ・パリッカ

アーティストで著述家のガーネット・ヘルッと過去に共同執筆した「ゾンビメディア」論を補遺として収録する。このテクストは本書のいくつかのテーマを補足し、クリティカル・デザイン[1]、自作(DIY)文化、(計画的)陳腐化や電子廃棄物といった議論に踏み込んでいる。我々二人はデッドメディアとメディア古生物学というブルース・スターリングのアイディアから始めるが、メディアは死なないと主張する。電子廃棄物として、有毒残留物として、使用されないガジェットと電子機器でできた独自の化石層として、メディアは残り続けるのだ。この補遺ではメディア考古学という分野にも言及する。メディア考古学は本書の主たる焦点ではないが、ジークフリート・ツィーリンスキーの「深い時間」概念や、フリードリヒ・キットラーのメディア唯物論の文脈などは参照する。「ゾンビメディア」論は残留物の物質性といくつかの実践－理論の展開の両方とはっきりとつながってもいる。

## 陳腐化は回帰する

アメリカ合衆国では毎年約四億台の家電が廃棄される。陳腐化した携帯電話、コンピュータ、モニター、テレビといった電子廃棄物は、アメリカ社会の廃棄物のなかで増加する速度がもっとも早く、毒性がもっとも強い。アメリカ合衆国環境保護庁(EPA)の概算によると、急速なテクノロジーの変化、低い初期費用、計画的陳腐化の結果として廃棄される全家電の三分の二は、依然として動作する。おおよそ二億五千万台のコンピュータ、テレビ、VCRそして携帯電話はまだ動くのに、アメリカでは毎年廃棄されるのだ。*1

デジタル文化は、山と積まれたネットワークケーブル、電線、ルーター、スイッチ、そしてジョナサン・スターンが鋭く率直に言うところの「ごみになる」*2事物により、びっしり取り囲まれている。実のところ、こうしたことは偶然どころではない。廃棄と陳腐化は現代のメディアテクノロジーに内在しているのだ。スターンが主張するように、新しいメディアの論理が意味するのは、古いメディアを新しいメディアに置き換えることだけでなく、デジタル文化は陳腐化が短期間で到来するという想定と見込みで満載だということである。もっと良いノートパソコンや携帯電話が常に迫り来る。新しいメディアは常に古くなるのだ。

本論では、計画的陳腐化、メディア文化、メディア物体の時間性を探究する。こうしたことにメディア考古学の支援を受けてアプローチし、メディア考古学的な知的関心をアートの方法論へと拡張してみたい。このときの手本となるのがエルキ・フータモ*3や、複雑なメディアの物質性をテクノロジーとして考えることにはずみをつけてきた——フリードリヒ・キットラーからヴォルフガング・エルンストにシヨーン・キュビットまでの——研究者たちの研究である。というわけで、メディア考古学は抑圧されたものや忘れられたものや過去を発掘する手法となるだけではない。それは一つのアートの手法へと拡張し、DIY文化、サーキットベンディング、ハードウェアハッキング、情報テクノロジーをめぐる政治経済への干渉活動へと接近することにもなるのだ。メディアはそのさまざまなレイヤーにおいて記憶を——人間の記憶だけでなく、事物・物体・化学物質・回路の記憶も——実体化する。

# 計画的陳腐化

一九三二年、計画的陳腐化という概念がバーナード・ロンドンにより初めて提唱された。それは世界大恐慌に対する解決策として提唱されたのであった。ロンドンの考えでは、経済の沈滞を引き延ばしたのは、購入後もずっとデバイスを使用・再使用し続けた消費者であった。彼の提案をまとめれば、各製品には有効期限を表示すべきであり、決められた使用年数を過ぎても製品が使用された場合には政府が税を課すべき、ということである。「古くなった服や自動車や建物を、生産時に決められた期限を迎えて陳腐化したあとも所有し使用し続けている人は、法律上は「死んでいる」ものを継続使用しているのだから課税すべき、というのが私の提案である」。[*4]

ロンドンの提案が政府主導で履行されることは決してなかったが、プロダクトデザイナーと民間産業が陳腐化という手法を取り入れた。日用品の寿命を人工的に縮め――新しいファッションが古い衣服を時代遅れに見せるように――陳腐化の速度を上げ、購買意欲を刺激したのだ。工業デザイナーの一人であるブルックス・スティーヴンズは、「必要なものではなく少し新しく、少し良く、少し好ましいものを自分のものにする欲望」[*5]を広めて、計画的陳腐化の力学を一九五四年に社会に浸透させた。小売業分析の専門家の一人であるヴィクター・ルボーは、一九五五年、この指令をよりいっそう明確にした。「これらの日用品とサービスは特に切実なものとして消費者に提供されなければならない。「どうしても必要な」消費だけでなく、「ぜいたくな」消費も欠かせないのだ。常に上り調子で消費され、使い尽くされ、ぼろぼろになり、取り替えられ、廃棄される事物が必要である」。[*6]

現代の消費製品では、計画的陳腐化は多くの形式をとる。それはイデオロギーや言説にとどまらない。より正確に言えば、計画的陳腐化は設計をめぐるミクロ政治のレベルで生じる。個人用MP3オーディオプレーヤーの取り替え困難なバッテリー、短期間限定で製造される独自仕様のケーブルと充電器、打ち切られるカスタマーサポート、接着剤で封をされて開封したらちぎれるプラスチックの覆いを考えればよい。[*7] 換言すれば、テクノロジー物体は、直せないよう工学処理されてユーザが手を加えられる内部パーツのない「ブラックボックス」[*8]として設計されるのである。

## 現代のアートにおける陳腐化したものの再目的化

計画的陳腐化をものともせず、家電をその標準的な寿命にとらわれずに精査・探査・操作することは、現代のアート実践で鍵となる駆け引きである。パブロ・ピカソとジョルジュ・ブラックが一九一二年に制作した発見された《ファウンド》新聞紙を使った作品から、マルセル・デュシャンの作品である《自転車の車輪》（一九一三）やベッドフォードシャー型小便器をひっくり返した《泉（噴水）》（一九一七）まで、二十世紀初頭のアヴァンギャルドのいろいろなアートの手法に、日用品の再利用は現れている。こうした実践は、メディアアート史の記述においてすでに広く検討されてきた。[9] ブラック、ピカソ、デュシャンによる一九一〇年代のレディメイド作品以来、日用品の大量生産は著しく変化した。アメリカ社会の日用品に占める「既製品《レディメイド》」の大半が電子機器絡みであるため、アーティストたちは電子機器、コンピュータ、テレビ、家庭用ガジェットを取り上げ、それらを探査するようになった。アートによる家電の再目的化を早い段階で行った一人がナム・ジュン・パイクである。早くも一九六三年に、パイクは電気系統を再配線したテレビを使って抽象的でミニマリズム的な形を映し出した。たくさんのアーティストが電子機器を使用して、新しいメディア形式の可能性を探究することに主眼を置いてきた。その一方で、アッサンブラージュ、ブリコラージュ、レディメイドやコラージュの精神で電子機器に関連する日用品を——利用可能な原料である日々の在庫品すなわち〈用象〉として——使用しようとしてきたアーティストたちもいる。[10] そのアプローチでは、電子機器を使い先端《カッティングエッジ》テクノロジーを探査したり発展させたりする代わりに、「後端《トレイリングエッジ》」的でありふれた陳腐化したテクノロジーをその重要な資源として用いている。

## サーキットをベンディングする——インカンター

リード・ガザラは、一九五〇年代生まれのシンシナティを拠点とするアメリカ人アーティストで、いわゆる「サーキットベンディング」の展開における中心人物である。サーキットベンディングとは、新しいサウンドや視覚的アウトプットを生み出すことを主な目的として、家電を創造的に短絡させることである。[*11] サーキットベンディングという技法により、バッテリーで動作するおもちゃや安価なシンセサイザーのようなファウンド・オブジェが、ＤＩＹ楽器や手づくりオーディオ信号発生器へと改造されるのだ。

サーキット・ベンディングの実例としてもっともわかりやすいのは、ガザラのインカンター（Incantor）と呼ばれる装置シリーズであろう。インカンターは、おもちゃのSpeak & Spell、Speak & Read、Speak & Mathを高度にカスタマイズした装置であり、彼はそれらを一九七八年以来手がけてきた。このおもちゃをベンディングする方法論には、電子装置をばらばらにし、スイッチやつまみやセンサーといった部品を追加して、ユーザが回路を改変したり取り換えたりできるようにするということが含まれる。ガザラのインカンターは、このおもちゃの内部にある人間の合成音声を司る電子回路の機構を完全に変更して、どもり、ループし、叫び、ビートを刻むといった、ノイジーでグリッチな音のもつれを吐き出す。

概して、サーキットベンディングのプロセスには、中古屋やガレージセールに行って安価なバッテリーで動作する装置を入手し、背面カバーを外して、回路基盤のメカニズムを精査することが含まれる。回路基盤のどのような二点でも、装置を一時的に短絡・再配線する「ジャンパー」線を使えば接続される。ベンディング作業のあいだ、バッテリーで動作する装置には電源が供給されているので、探りを入れて異常なサウンドエフェクトが出れば、システムのスピーカーを通して確認できる。面白い結果が発見されれば、接続箇所を改造のためにマークしておき、そのエフェクトを発揮させるもしくは発揮させないよう、スイッチやボタン、その他の装置をその二点間に挿入する。

## かつての新しいメディアをサーキットベンディングする

サーキットベンディングは電子機器《エレクトロニクス》についてのDIY運動であり、その主眼は、回路《サーキット》を操作して、当然と目されていたテクノロジーの機能を正式なトレーニングや認可なしに変化させることである。こうしたアプローチは、第二次世界大戦後のエレクトロニクス文化、とりわけ一九七〇年代以後の電子機器をめぐるアマチュアリズムやホビーイズム、ホームブリュー・コンピュータ・クラブのような組織で典型的にみられたDIY的な手直し工作《ティンカー》の特徴であった。[*12] セルトーのことばでいけば、「これらの「もののやり方」は無数の実践を構築しており、こうした実践により、ユーザーは社会文化的な生産の技法によって組織された空間を再我有化する」。[*13] サーキットベンディングというもののやり方は、装置の内的仕組みが専門家の領域として意図的に工学的に設計されている場合でさえ、ユーザは消費製品を予期せぬ方法で絶えず再我有化しカスタマイズし操作するということを思い出させてくれる。計画的陳腐化やテクノロジーのブラックボックス化、日々の消費製品の内部へのアクセス可能性などといった、現代社会における社会技術的論点を思い出させてくれるツールとして、ガザラのインカンターは有益である。

もののやり方という観点からすると、サーキットベンディングとは、〈ニュー《新しい》メディア〉という術語では容易に括れないデジタル文化の一面を示している。サーキットベンディングというがらくたをカスタマイズする気取らない方法論は再利用の実践の歴史を思い出させるし、光り輝くハイテクな「カリフォルニア・イデオロギー」という観点からのみデジタル文化を見通すことに対して、有効な反論となるのだ。[*14] ガザラの探究とメディア考古学は精神的に似通っているので、メディア考古学をアートの方法論としてよりはっきりと位置付けてみよう。それも、過去を検討するアートの方法論としてだけでなく、デッドメディア、もしくは私たちがゾンビメディアと呼ぶつもりのものについての幅広い問題群にまで拡張していくアートの方法論として、そうしてみたいのだ。ゾンビメディアとはメディア史の生ける死者[*15]であり、廃棄物という生ける死者である。廃棄物はアーティストにとっての貴重なインスピレーション源であるだけでなく、有毒な化学物質と重金属を通して実際に自然が死ぬという現実的な意味で死を告げもする。〔私たちの考えを〕簡単に言えば、直線的な歴史という誤ったイメージだけでなく、現代のメディア風景を形成する回路とアーカイヴもベンディングされる、ということだ。私たちは、具体的な人工物、設計解《デザイン・ソリューション》、ハードウェアからソフトウェアのプロセスまでのいろいろなテクノロジーのレイヤー、これらを経由して〈メディア〉にアプローチする。これらはそれぞれ独自の仕方で時間と記憶の循環に参与している。このときのメディウム〔＝メディアの単数形〕はフーコー的な意味における知の条件としてのアーカイヴであるだけでなく、知覚・感覚・記憶・時間の条件としてのアーカイヴでもある。このテクストでは、特にハードウェアに力点を置こう。ハードウェアがメディアと陳腐化にかんして検討すべき唯一の面だと私たちの議論は主張するものではないにせよ、である。

## メディア考古学で電子回路機構をベンディングする

消費者資本主義の政治経済も、メディア考古学の問題である。メディア考古学は、失われたアイディアや見慣れぬ機械を取り扱う方法論として、主流のテクノロジーがもたらす興奮と派手な宣伝とは異なる要素を捜し求めて再浮上する欲望と言説を取り扱う方法論として、成功を収めてきた。だが、そうしたアイディアを政治経済やエコロジーへと常に接続させてきたわけではない。

メディア考古学的な方法論に広く影響を与えつつ、歴史を空間的に納める場所としてではなく、時間性を再配分する現代のテクノロジー回路として、アーカイヴはますます再考されるようになっている。以上を背景に、理論家とアーティストはメディア考古学を過去の発掘としてだけではなく、コンピュータ制御されるテクノロジー回路で生じるミクロ時間をめぐる調節への徹底的な眼差しとしても再考するよう、ヴォルフガング・エルンストは提唱する。[*16] このようなテクノロジーにかんする時間性をめぐるオルタナティヴな感覚は、歴史家による文書資料の解釈学的解明よりも工学のダイアグラムと回路に近づいていく。フーコーを直接の着想源としているエルンストにとって、メディア考古学はモニュメント的であって、物語的ではない。メディア考古学はもっぱらなにかが存在することを土台にして熱心に発掘を行うので、メディア唯物論にも通じるその対象指向的なやり方を回路という存在を前提にして進めることができる。それゆえ、エルンストは、フータモやジークフリート・ツィーリンスキーらと同じようにオルタナティヴなメディア史に興味があるわけでもなければ、メディアテクノロジーの主流な言説への挑戦を行うイマジナリー・メディア[*17]にさえ興味があるわけではない。エルンストの関心は、現代の電子デジタル文化における時間性の本性《ネイチャー》を理解させてくれる具体的な装置にある。ポール・デマリニス、ゲープハルト・ゼングミュラーといった多くのメディア考古学的関心をもったアーティストや、アルゴリズム学研究所といった最近の若手アーティストの一群のように、現代メディアについての具体的な音《ソニック》の考古学に関心があるエルンストにとって、メディア考古学はメディアの動的編成——操作可能な具体的な装置——から始まる。

　回路は現代性と私たちのIT本位の状況を定義するものである。ラジオやコンピュータやテレビ内部の回路は、電子回路構成の一側面にすぎない。プラスチックの覆いを開けて引き出せる回路は、ケーブルに電線、電磁波に無線通信といった、より広範囲にわたりより抽象的な回路への中継器にすぎないのだ。大気は「脱実体化した」情報テクノロジーで重く、文化のなかではどこでも政治経済が経巡っている《サーキット》。というわけで、回路《サーキット》についてのメディア考古学を書くことは重要なプロジェクトになるだろう。リサイクルすることと再メディア化すること[*18]をアートの手法として考えることのできる、設計《デザイン》を中心に据えたより具体的な説明を展開したければ、メディア考古学の出発点となるのは過去ではなく回路である。

　だが、実際にテクノロジーを開くというのはとりわけ難題である。新しいテクノロジーの発展の結果として、すなわちここ数十年のテクノロジー文化の特徴として、家電と情報テクノロジーの内的仕組みはますます隠されるようになっているのだ。ならば、時間を遡ってメディア史をたどるのではなく装置の内部へと歩を進めるとき、消費物品のメディア考古学とはどのようなものになるのだろう？

技術的コンポーネントは、ひとたび開発されて広く使われだしてしまえば、特定の機能を実行する物体だとユーザは理解する。電子玩具はボタンを押せば音が鳴り、電話によって電話がかかり、コンピュータ用のプリンタは要求されたら文書を出力する、といったように。使用とは大抵無関係で謎めいた「ブラックボックス」のような装置の電子回路機構のために、当の装置の内的仕組みはユーザにとって未知である。装置とは特定の出力をもたらす固有の入力を備えた物体にすぎない。一方、そのメカニズムは不可視である。設計《デザイン》のパースペクティヴからすると、具体的なテクノロジー機器は、当のメカニズムを不可視にして瞬時に規則正しく動作する単一の物体として使用できるよう、意図的につくり出されているのだ。

規則的接続《パンクチュアライズ》（punctualization）とは、アクターネットワーク理論において、複数のコンポーネントが、単一の物体として使用できる一つの複合的システムへとまとめられるときのことを記述する概念である。これらの単一の物体を解体することを「脱規則的接続（depunctualization）」と呼ぶことにしよう。こうしたことによって、装置を製造した企業へと所有者を縛りつける保護領としての回路が浮かび上がってくる[*19]（図16参照）。

ブラックボックス化、すなわちテクノロジー物体を、あくまで使用することにだけ集中させて、それ自体としては理解されないところまで発展させることは、インフラストラクチャーとテクノロジーの発展に必要である。例えば、何百万のトランジスタ、回路、数値計算、コンポーネントという観点から考えた場合、コンピュータシステムはほぼ理解不可能である。ブラックボックスとは瞬時に規則正しく動作する基礎単位であり、それをもとに新しいテクノロジーとインフラストラクチャーは組み立てられる。[*20]

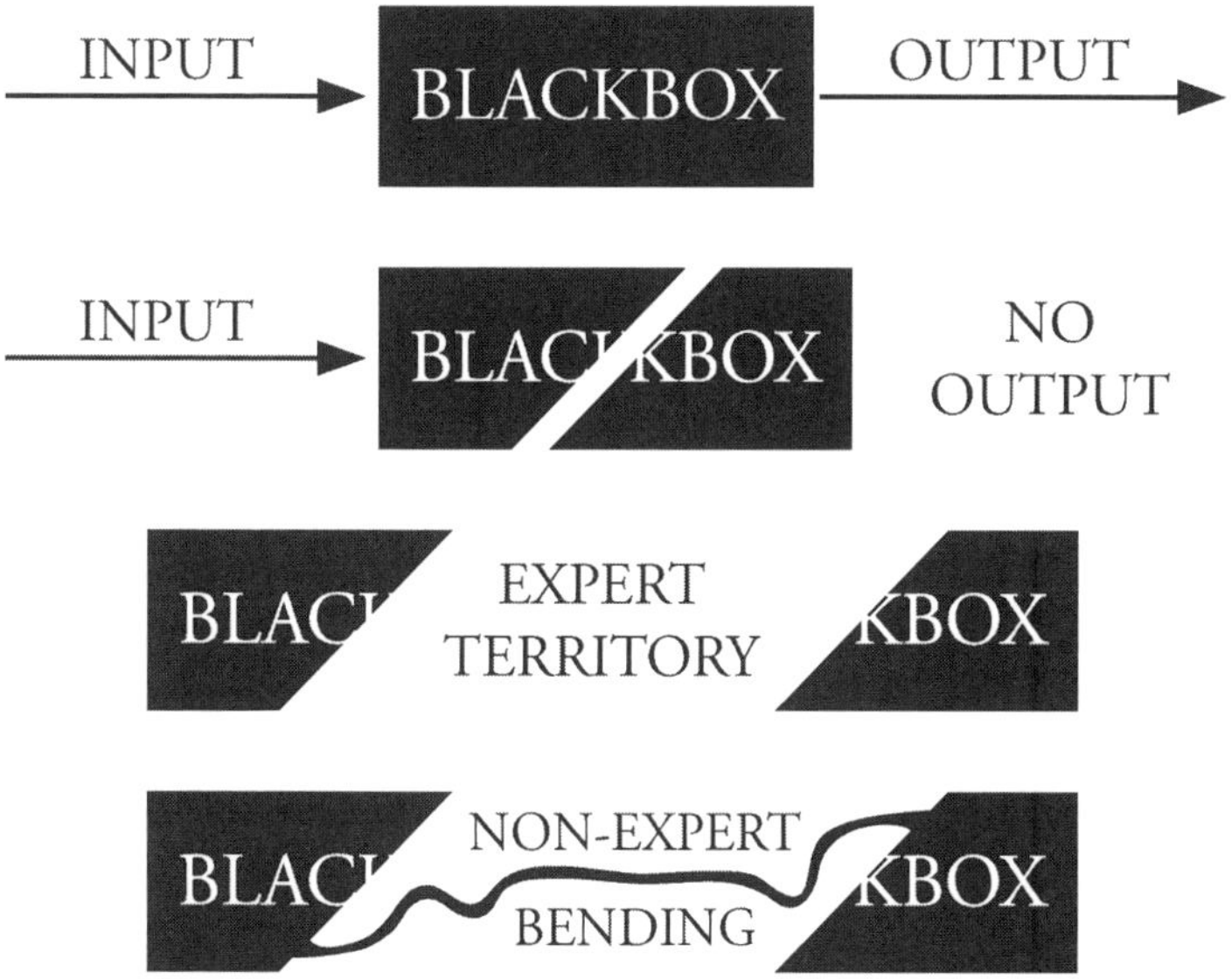


図16：ブラックボックス化したシステムでは、当のシステムの内部機能についてユーザに知識がなくても入出力の処理はできる。ブラックボックス化したシステムが破綻すると、出力されなくなる。ブラックボックスが脱規則的接続化するのはこのときである。ブラックボックス化したシステム内部は専門家の領域であり、ユーザの手には負えない傾向にある。とはいえ、そうした内部でも一部は非専門家によって操作可能でありベンディングできる。コンピュータのハードウェアと歴史的アーカイヴは両方ともベンディングできるというのが私たちの提案である。Image by Garnet Hertz.

しかしながら、ブラックボックスはテクノロジー的に理解したりアクセスしたりするシステムではないので、ブラックボックスを搭載したテクノロジーは陳腐化したり壊れたりすると、しばしば完全に使用できなくなる。装置の入出力もしくは使いたい機能がひとたびだめになると、大半の人にとってはその装置を直すのに手も足も出ないことがしばしばなのだ。替えの電球を差し込めばよい家庭用ランプとは違って、多くの家電装置にはユーザが手を出せるパーツはなく、当のテクノロジー機器は壊れてしまえば捨てられる。脱規則的接続もしくは装置をばらしてコンポーネントにすることは難しい。というのも、高度に特殊化された処理・製造の工程が、その装置の設計に使用されているからである。現代のエレクトロニクス装置は廃棄されるよう意図的につくられている、つまりそれらの陳腐化は明らかに計画されているのだ。

メディア考古学の枠組みでいくと、一つの［ブラック］ボックスのみがあるわけではない点に注目することが重要だ。一つの［ブラック］ボックスには他のブラックボックスが多数隠れており、それらは相互作用しいろいろな役割を担いさまざまな持続時間のもとで作動している。ブルーノ・ラトゥールが記すように、一見したところ不活性なシステムが開かれて、物体にはより多くの物体が含まれており実のところそうした無数の物体は関係・歴史・偶然事からできていることが明らかになるのは、しばしば事物が壊れるときである。

ラトゥールが運用する方法論を、メディア考古学のためのアートの方法論として検討してみよう。

> 部屋を見回してみよう［……］いくつのブラックボックスが室内にあるかを考えてみてほしい。ブラックボックスを開け、内部の組み立てをみてみよう。一つのブラックボックスの中にある部品の一つ一つが、これまたたくさんの部品がつまったブラックボックスになっている。いずれかの部品が壊れたら、何人の人間がその周りに出現するだろうか。あなたが本章を安心して机の上で読むのに貢献している多数の無言の実体のすべてを跡づけるためには、どれくらい時間を過去に、どれくらい空間を遠くまで諸段階をたどり直せばいいのだろうか？　個々の実体を第一段階まで差し戻してみよう。実体たちが互いに無関心で、他の実体の筋書きのなかに結びつけられたり、登録されたたり、動員されたり、畳み込まれたりせず、独自の道を進んでいる時を想像してみよう。どの森から木を切り出せばよいのだろうか。石を静かに放置しておくべきなのは、どの石切り場だろうか。[*21(2)]

アートにとって、物体とは決して不活性どころではなく、まとめたりばらしたりできるさまざまな時間性・関係・ポテンシャルでできている。事物は毎日無造作にばらばらになり――特にハイテクノロジーはそうだ――、最終的には不活性のように思える物体、デッドメディア、廃棄テクノロジーとなる。だが、デッドメディアは危険毒素として土壌へと、もしくはリサイクルされたゾンビメディアとして新しい部品へと、こっそり戻っていく。エルンストによれば、メディア考古学は「デッドメディアにかかわるというよりは、不死のメディアに基づいている。ここに組み込まれているのはメディアの失時機性である」。[*22] したがって、忘れられ陳腐化したメディアを独特の方法で検討した、ブルース・スターリングのデッドメディア・プロジェクトとは明確な違いがある。ゾンビメディア〔をめぐる議論〕は使用されないメディアだけでなく、蘇って新たな使用、文脈、適応へと至るメディアにも関心を示すのだ。

## アーキヴィスト／サーキットベンダー

アーティストという存在にとって、技術メディアとは工学とアーカイヴの両方への同意を意味してきた。それはフータモが指摘するところである。「アーティスト－工学者という役割は、一九六〇年代に目立つようになった（とはいえ、この二つの面が一人の人間のうちに出会うことは稀ではあった）が、少なくとも部分的にそれに取って代わったのがアーティスト‐考古学者という役割である」。[23] だが、この文脈でも、再使用、ハードウェアハッキング、サーキットベンディングの方法論が次第に中心的な役割を占めるようになっている。メディア史のアーカイヴをベンディングや再目的化することは、ポール・デマリニスやゾーイ・ベロフ、ゲープハルト・ゼングミュラーのようなアーティストたちの先駆的な作品と強くかかわる。彼／彼女らの作品では、さまざまな古いメディアテクノロジーが改変され再目的化されて、思弁的な未来からみた偽史的なオブジェクトが創造されてきたのだ。

《エジソン効果》（一九八九‐九三）や《グレー・マター》（一九九五）といったデマリニスによるサウンドをベースとした種々のプロジェクトに言及しつつ、フータモはアーティスト‐考古学者という考えを思索家‐手直し工作家として扱ってみようと示唆してきた。[24] 家電時代ではアーティストは考古学的なサーキットベンダーでありハッカーであると考えられるので、メディア考古学は現代のメディア生産の政治的アジェンダとつながってくる。歴史にかかわるアーカイヴと家電のブラックボックスはぱちんと割《クラック》られ、ベンディングされ、改変される。

## メディア考古学の時間——生ける死者の時間

［テクノロジーをめぐる］種々の構成要素——計画的陳腐化、情報の物質的性質、電子廃棄物——を合

わせて検討しよう。計画的陳腐化は消費者向けテクノロジーの循環にかかわる論理として導入され、今では情報テクノロジーの物質的側面にかかわる文化に組み込まれている。情報テクノロジーが物質とかかわることは、メディアとしての機能がいわば「消費された」後に残る化学物質・有毒成分・残留物を通して、もっと理解されなければならない。情報テクノロジーは儚いどころではなく決して死に絶えはしないと自覚することが、エコロジーとメディア考古学の両方にとって重要なのだ。物質の動的編成として、情報テクノロジーにも人間中心的な使用価値に限定されない持続がある。メディア文化の対象と情報テクノロジーは、時間と切り離せない具体的な実在としての土壌・大気・自然と密接につながっている。まさに自然が情報テクノロジーの組み立てにアフォードする——例えば、グッタペルカが十九世紀の電信線を絶縁処理するのにいかに欠かせない材質であったか、コロンバイト・タンタルが多岐にわたる現代のハイテク装置にいかに欠かせない鉱物であるかを考えてみればよい——ように、ハイテク装置は自然へと回帰するのだ。[*25]

簡潔に言えば、情報テクノロジーは、政治経済と自然のエコロジーを横断して旅する、多種多様なエコロジーを巻き込んでいるということである。[*26] このガタリ的なメディアエコロジーの見解はエコゾフィーの立場——複数のエコロジーが重なり合い、社会的なもの・精神的なもの・身体的なもの・非有機的なもの・動物的なものの相互関係へと注ぎ込まれることを知ること——につながる。もっと具体的に言えば、ショーン・キュビットに倣って、スクリーンや情報テクノロジーにかかわるメディアについての考古学は、過去だけでなくスクリーン内部へも視線をどんどん向けて、未来志向のアヴァンギャルドについての独特な違った見解を露わにすべきというのが、私たちの主張である。「デジタルの領域は、果てしないイノベーションと破壊によって駆動される限りにおいて、アヴァンギャルドである。デジタル文化に内蔵された陳腐化、毎年捨てられる昨年のモデル、どんどん放り捨てられるバッテリーに携帯電話、モニターにマウス〔……〕そしてあらゆる重金属にあらゆる毒素が送られるのは、中国の辺鄙で荒涼としたリサイクル村だ〔……〕そこがデジタルのアヴァンギャルドである」。[*27] 手直し工作にリミックス、コラージュといった私たちが提案するオルタナティヴな考古学は、デュシャンたちからではなく、テクノロジーの産物であるガジェット、スクリーン、システムを開くことから始まる。

メディア考古学の手法は、複合的で重なり合う多段階的な人間世界の時間性をメディア文化史の観点から切り出してきたが、エコロジカルな難局の只中ではより徹底的で非人間的な視野が必要である。この文脈では、メディア考古学をベンディングしてアートの方法論とすることは、サーキットベンディングやハードウェアハッキングのような実践や、それら以外のデッドメディアを新たな生のサイクルへと再使用・再導入していくような実践が備える、エコゾフィー的なポテンシャルを活用する方法として理解できる。〔デッドメディアにかかわっていた〕物質や観念が新たな構築物へと組み入れられるということは、そうした物質や観念がゾンビになるということである。このゾンビは、歴史を運ぶだけでなく、技術メディアが含む非人間的な時間性をリマインドもする。技術メディアは人間の意識には上らない速度と周波数を処理しそれに従って作動するが、[*28] 自然の時間性——数千年、数百万年でさえある非直線的で非人間的な歴史[*29]——も活用する。

結論として言えば、通信技術はニューメディアのフェーズを越えて消費者用品のフェーズも過ぎ、その大半はすでに陳腐化して「考古学のフェーズ」にある。アマチュア精神と趣味人によるＤＩＹ実践は、

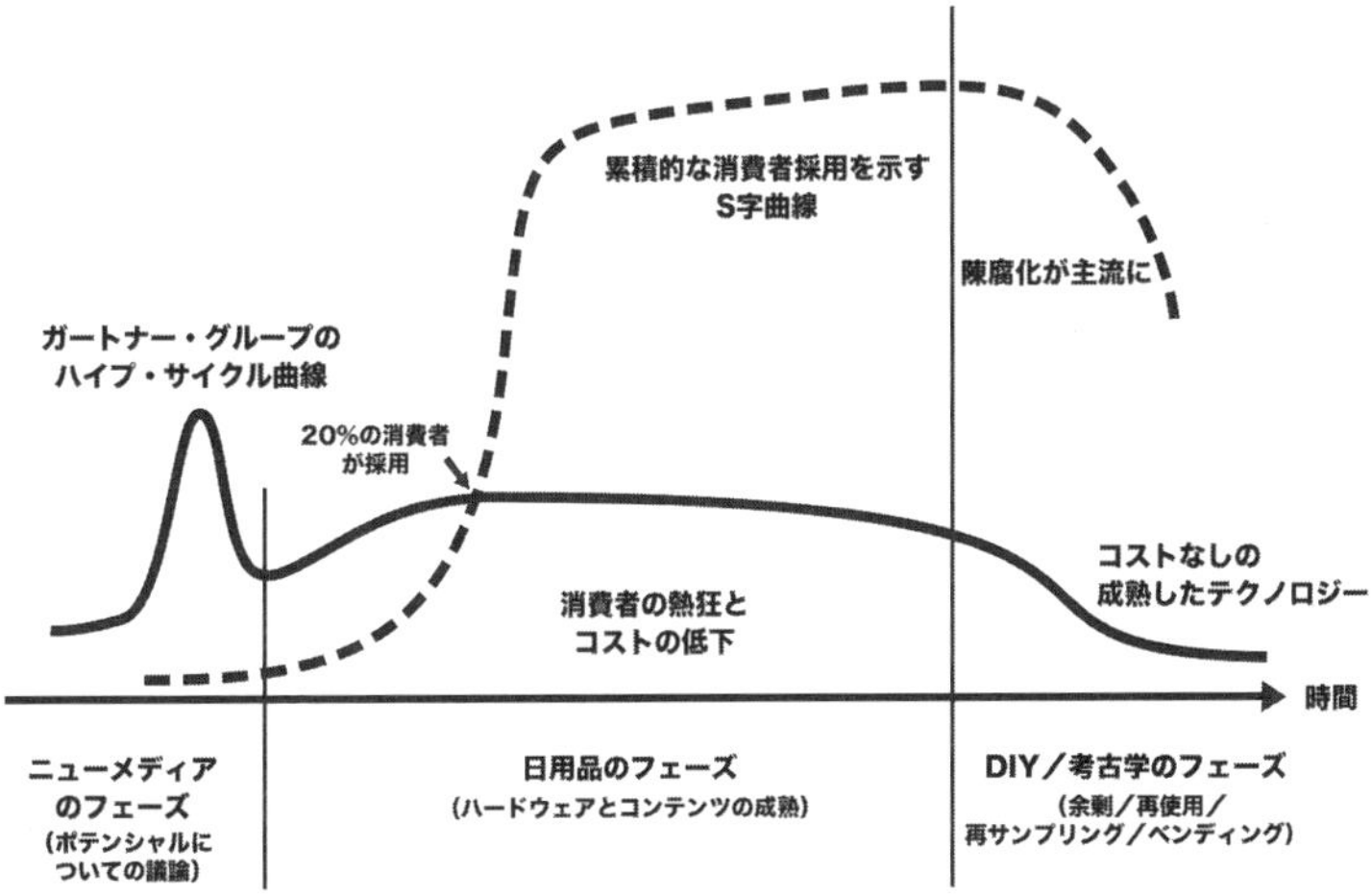


図17：政治経済と関連させたメディアのフェーズ。ニューメディアとメディア考古学〔のフェーズ〕をガートナー・グループのハイプ・サイクルと採用曲線、すなわち具体的なテクノロジーの経済的成熟度、採用度、ビジネスへの応用度の図表に重ねた。Diagram by Garnet Hertz.

テクノロジーが取り入れられるようになる初期のフェーズだけでなく、陳腐化のフェーズにも顕著にみられる。年代順に言えば、デジタルメディアは一九九〇年代には思弁の機会を提供し、二〇〇〇年代には消費財として広く取り入れられ、今では考古学的〔対象〕になっている。結果的に、再使用、リミックス、サンプリングのようなトピックを研究することは、テクノロジーのポテンシャルの議論よりも重要になっているのだ。さらに、時間性が技術メディア装置——人間の知覚の閾値下にあるミクロ時間性を活用するダイアグラマティクス[2]と具体的な回路——でますます循環し調節され記憶されるようになるとしたら、私たちは類似するサーキットベンディング、アート、アクティヴィズムの実践を、分析と創造のための方法論として発展させる必要がある。ゆえに、回路にスイッチ、チップその他のハイテクなプロセスも包含するという広い意味で、アーカイヴへと向き直るのである。そうした認識論的-考古学的タスクはアート的に興味深いだけでなく、主観性と自然とテクノロジーを横断するさまざまなエコロジー同士の関係を理解・再発明する際に、エコゾフィー的圏域を活用しもするのだ。

メディアの死は、メディアの新しさに焦点を合わせるだけの対話に抗う戦術としては有益かもしれないが、メディアは決して死なないと私たちは確信している。メディアは崩れ、腐り、形を変え、混ざり合い、そして歴史化され、再解釈され、寄せ集められる。メディアは土壌中に残留し有毒な生ける死者のメディアとしてとどまるか、アートによる手直し工作という方法論を通して再我有化されるかのどちらかである。

## 原註

1 私たち著者から、アメリア・グイマリン、トニー・D・サンプソン、レスリー・ウォルターズ、そして三人の査読者が有益なフィードバックをくれたことに感謝を申し上げたい。マーク・ポスター、ピーター・クラップ、セシル・ホワイティング、ロバート・ナイデファーは、本補遺の初期バージョンについてフィードバックをくれた。ガーネット・ヘルツからお礼を申し上げる。ヘルツはアメリカ国立科学財団助成0808783およびカリフォルニア大学アーヴァイン校の複数組織（コンピュータゲーム・アンド・ヴァーチャルワールドセンター、ソフトウェア・リサーチ研究所、カリフォルニア情報通信技術研究所）から支援を受けた。推薦を意味するものではない。ウィスコンシン大学ミルウォーキー校、ウェイン州立大学（デトロイト）、そしてコヴェントリー大学からのフィードバックに対する感謝をユッシ・パリッカから申し上げる。

2 Environmental Protection Agency, "Fact Sheet: Management of Electronic Waste in the United States," EPA 530-F-08-014, July 2008.

3 Jonathan Sterne, "Out with the Trash: On the Future of New Media," in *Residual Media*, ed. Charles R. Acland (Minneapolis: University of Minnesota Press, 2007), 17.

Erkki Huhtamo "Thinkering with Media: On the Art of Paul DeMarinis," in *Paul DeMarinis/Buried in Noise*, ed. Ingrid Beirer,

Sabine Himmelsbach, and Cartsten Seiffarth (Berlin: Kehrer, 2010), 33–46.

4 Bernard London, "Ending the Depression through Planned Obsolescene," pamphlet, 1932. Reproduced in "How Consumer Society Is Made to Break," http://www.adbusters.org/category/tags/obsolescene.

5 Brooks Stevens, talk at Midland (Minneapolis), 1954, http://www.mam.org/collection/archives/brooks/bio.php.

6 Victor Lebrow, "Price Competition in 1955," *New York University Journal of Retailing* 31, no.1 (1955): 7.

7 例えば、Appleの個人用オーディオプレーヤーであるiPodや類似デバイスの内部パーツに、ユーザは手を加えることはできない。そのバッテリーについても同様である。おおよそ三年使用するとリチウムポリマー電池は作動しなくなるので、当のデバイスは専門的なサービスを受けるか廃棄されなければならない。

8 ブラックボックスの電子戦にも歴史・理論・文脈はある。それらについての詳細な説明は以下を参照。Philipp von Hilgers, "The History of the Black Box: The Clash of a Thing and Its Concept," *Cultural Politics* 7, no.1 (2011): 41–58.

9 Diane Waldman, *Collage, Assemblage, and the Found Object* (New York: Harry N. Abrams, 1992), 17. Calvin Tomkins, *Duchamp: A Biography* (New York: Holt, 1998), 181. 初期のメディアアート史の記述にかんしては、例えば以下を参照。Erkki Huhtamo, "Twin-Touch-Test-Redux: Media Archaeological Approach to Art, Interactivity, and Tactility," in *MedaiArtHistories*, ed. Oliver Grau, (Cambridge, Mass.: MIT Press, 2007) 71–101. および Dieter Daniels, "Duchamp: Interface: Turing: A Hypothetical Encounter between the Bachelor Machine and the Universal Machine," in ibid., 103–36.

10 David Joselit, *American Art since 1945* (New York: Thames and Hudson, 2003), 126; Edward A. Shanken, *Art and Electronic Media* (London: Phaidon, 2009).

11 Q. Reed Ghazala, "The Folk Music of Chance Electronics, Circuit-Bending the Modern Coconut," *Leonardo Music Journal* 14 (2004): 97–104.

12 John Markoff, *What the Dormouse Said: How the Sixties Counterculture Shaped the Personal Computer Industry* (New York: Penguin, 2005).

13 Michel de Certeau, *The Practice of Everyday Life*, trans. Steven Rendall (Berkeley: University of California Press, 2002), xiv.〔ミシェル・ド・セルトー『日常的実践のポイエティーク』山田登世子訳、ちくま学芸文庫、二〇二一年、二二‐二三頁〕

14 一九九五年、リチャード・バーブルックとアンディ・キャメロンは「カリフォルニア・イデオロギー」というフレーズを、同名のタイトルの評論で考案した。このカリフォルニア・イデオロギーが、解放的で制約はなく地理に縛られないものとしての情報テクノロジーとともに、場所から切り離されて普遍化するユートピアとしてのインターネット概念の系譜をもたらした。以下を参照。http://www.hrc.wmin.ac.uk/theory-californianideology-main.html.

15 Cf. Charles R. Acland, "Introduction: Residual Media," in Acland, *Residual Media*, xx.

16 Wolfgang Ernst, *Digital Memory and the Archive*, ed. Jussi Parikka (Minneapolis: University of Minnesota Press, 2013), 37–54.

17 以下を参照。Eric Kluitenberg, "On the Archaeology of Imaginary Media," in *Media Archaeology: Approaches, Applications, Implications*, ed. Erkki Huhtamo and Jussi Parikka (Berkeley: University of California Press, 2011), 48–69.

18 Jay David Bolter and Richard Grusin, *Remediation: Understanding New media* (Cambridge, Mass.: MIT Press, 1999).

19 さらなる情報のためには以下を参照。Bruno Latour, *Pandora's hope: Essays on the Reality of Science Studies* (Cambridge, Mass.: Harvard University Press, 1999).〔ブルーノ・ラトゥール『科学論の実在――パンドラの希望』川崎勝・平川秀幸訳、産業図書、二〇〇七年〕。Eugene Thacker, introduction to *Protocol: How Control Exists after Decentralization*, by Alex Galloway (Cambridge, Mass.: MIT Press, 2004), xiii.〔ユージーン・サッカー「序言」、アレクサンダー・R・ギャロウェイ『プロトコル――脱中心化以後のコントロールはいかに作動するか』北野圭介訳、人文書院、二〇一七年、五頁〕

20 Albert Borgmann, *Holding on to Reality: The Nature of Information at the Turn of the Millennium* (Chicago: University of Chicago Press, 1999), 176. 関連するインフラストラクチャーの議論については、以下を参照。Susan Leigh Star and Karen Ruhleder, "Steps toward an Ecology of Infrastructure: Design and Access for Large Information Spaces," *Information Systems Research* 7, no. 1 (1996): 63–92.

21 Latour, *Pandora's Hope*, 185.〔ラトゥール『科学論の実在』、二三七頁〕

22 Garnet Hertzとの個人的なやり取り。October 20, 2009.

23 Erkki Huhtamo, "Time-Travelling in the Gallery: An Archaeological Approach in Media Art," in *Immersed in Technology: Art and Virtual Environments*, ed. Mary Anne Moser with Douglas McLeod (Cambridge, Mass.: MIT Press, 1996), 243.

24 Erkki Huhtamo "Thinkering with Media: On the Art of Paul DeMarinis," in *Paul DeMarinis, Buried in Noise* (Berlin: Kehrer, 2011).

25 グッタペルカは天然のラテックスゴムで、東南アジアと北オーストラリア原産の熱帯樹から採れる。コロンバイト・タンタライト、通称「コルタン」はくすんだ黒色の金属鉱石で、主にコンゴ共和国東部で産出される。コルタンの輸出がこんにちのコンゴ紛争の財政的支援になっていることが指摘されている。

26 Félix Guattari, *The Three Ecologies*, trans. Ian Pindar and Paul Sutton (London: Athlone Press, 2000).〔フェリックス・ガタリ『三つのエコロジー』杉村昌昭訳、平凡社ライブラリー、二〇〇八年〕

27 Sean Cubitt, interviewed by Simon Mills, *Framed*, http://www.ada.net.nz/library/framed-sean-cubitt/.

28 そのように隠れてはいるが完全に実在し物質にかかわる「日常生活の認識論」を、アルゴリズム学研究所はメディア考古学的な仕方で探究している。http://www.algorhythmics.com/.

29 Manuel DeLanda, *A Thousand Years of Non-Linear History* (New York: Zone Books, 1997).

**訳註**

1 アンソニー・ダンによって考案された用語。問題解決型ではなく問題提起のためのデザイン実践であり、スペキュラティヴ・デザインとも重なるところがある。マット・パルス『クリティカル・デザインとはなにか?』水野大二郎・太田知也監訳、野見山桜訳、ビー・エヌ・エヌ新社、二〇一九年。

2 ラトゥールの原著ではイタリックになっている箇所もあるが、本論での表記に従った。

3 パリッカによれば、テクノロジー装置の働きを描写・視覚化するダイアグラムを指す。ダイアグラマティクスにかんしては、パリッカの以下の論考を参照。Jussi Parikka, "Operative Media Archaeology: Wolfgang Ernst's Materialist Media Diagrammatics," *Theory, Culture & Society* 28 (2011): 5, 52–74, https://doi.org/10.1177/0263276411411496.

# 謝辞

『メディア地質学』はメディアエコロジー三部作のトリを務める。ウイルス世界を扱った『デジタル感染』（二〇〇七）から群を扱った『昆虫メディア』（二〇一〇）まで、焦点となってきたのは、理論と歴史物語の一部として動物とエコロジーを結びつけたデジタル唯物論である。『メディア地質学』では、先行する二つの著作以上に非有機的なものに焦点を合わせているが、関心事は依然としてそれらとつながっている。つまり、自然とテクノロジーの連続体をいかに考えるべきか、という点は共有され続けている。

本書が存在するのは、私が数年にわたって出会い、ともに働き、語り合った数多くの友人と同僚たちのおかげである。私のインスピレーション源の多くは、関連するトピックを扱ったショーン・キュビットの著作である。

ウィンチェスター美術学校の同僚たちは手厚くサポートしてくれ、ライアン・ビショップとの議論はいくつかの立論にとりわけ助けとなってくれた。文章を読んでくれて、意図してもしくは意図せずに、異なる洞察やソースを与えてくれた人々がいた。以下のみなさんにお礼を（順不同）。ガーネット・ヘルツ、スティーヴン・シャヴィロ、ショーン・キュビット、エド・ドスーザ、セブ・フランクリン、トム・アパーリー、マイケル・ディーター、ベンジャミン・ブラットン、アリソン・ガッザード、ダレン・ウェルシュラー、J・R・カーペンター、エド・ケラー、ジョーダン・クランダル、リチャード・グルーシン、ジェフリー・ウィンスロップ=ヤング、ティル・ハイルマン、ポール・ファイゲルフェルト、フロリアン・シュプレンガー、ロビン・ボースト、ケリー・イーガン、ギャリー・ジェノスコ、グレッグ・エルマー、ガナール・ラングロワ、エブル・イェティスキン、オルカイ・エッテュルク・パジ・ヴェリアホ、イローナ・ホンギスト、カトヴァ=カイサ・コントゥリ、テーミュ・タイラ、ミラ・ティアイネン、マトレーナ・カラジョキ、ロージ・ブライドッティ、トレヴァー・パグレン、グレゴリー・シャトンスキー、ジョナサン・ケンプ、マーティン・ハウス、ライアン・ジョーダン、ジェイミー・アレン、デイヴィッド・ゴーティエ、YoHa。ミネソタ大学出版局ともう一度仕事ができたことは幸いであった。ダグ・アーマトとダニエレ・カスプルザク、特にこの二人の名前を挙げたいのだが、編集チーム全体が心からの謝意を受けるに相応しい。同様に、「エレクトロニック・メディエーション」の編集者たち、本書をそのシリーズに加えてくれてありがとう。索引を用意してくれたディアナ・ウィットにもお礼を。

二〇一三年秋にイスタンブールのバチェシェヒシュ大学で客員研究員としてのポジションを得たことは有益であった。二〇一四年初夏、ロイファナ大学MECS研究所の上級特別研究員としての身分が、本書の仕上げを助けてくれた。本書の予備的な考察は多くのイベント、会議、トークで発表した。その場を提供してくれたのは、トランスメディアーレ、ボーフム大学、ロンドン大学スレイド美術学校、コーネル大学、ゴールドスミス大学、ギーセン、ストックホルムでのムネモニクス・カルチュラル・メモリー・サマースクール、ウィンチェスター美術学校、カナダ通信協会年次大会であった。

母と父は二人のやり方で揺らぐことのない足場とサポートを与えてくれた。本書は二人に捧げたい。

ハニー・ビバ・ベッカリー（デンマーク）によるインスタレーション作品《回路の中のCu》（*Cu in Circuit*、2019年）。ベッカリーは、コンピュータ文化において地質学的物質が果たす役割を浮き彫りにしようとしている現代のアーティストの一人で、テクノロジー産業の廃棄物から海藻や銅までのさまざまな物質を作品に組み込んでいる。地質学的循環の中にある銅（Cu）を実体化した銅線をサーバラックの中で編み合わせた本作品は、銅と記憶の相関関係についての思弁でもある。両者の相関関係はコンピュータと地質学と生物的生を横断する。
Honey Biba Beckerlee, *Cu in Circuit*, 2019.
Detail, Digital Matters, Kunsthal Charlottenborg, 2022. Photo by David Stjernholm.

NASAの地球観測衛星によって撮影されたチリのアタカマ塩湖（2018年）。カラフルな蒸発池はリチウムの抽出作業が行われていることを示すランドマークである〔蒸発池の色彩は、ソース先のURLで確認できる〕。リチウムは電気自動車などに使用されるリチウムイオン電池の生産には欠かせない金属である。

Image captured on Nov 4, 2018, by the Operational Land Imager (OLI) on Landsat 8.
Source: https://earthobservatory.nasa.gov/

デザイン・リサーチを行うスタジオUnknown Fieldsによる希土類鉱物（レアアース）精製の現場調査（2014年）。さまざまな電子装置で使用されている希土類鉱物の精錬作業は、風景を一変させるほどのインパクトを備えている。中華人民共和国内モンゴル自治区の包頭《パオトウ》市には「世界最大の希土類鉱物の精錬所があり、有毒の放射性尾鉱が近接する人工湖に注がれている」。
A photograph from Unknown Fields design studio's project in China.
Image © Liam Young/Unknown Fields

# 訳者解説

本書はJussi Parikka, *A Geology of Media* (Minneapolis: University of Minnesota Press, 2015) の全訳である。各章については、先行して公開されているものもある。同書の前付けによれば、第2章は*The Anthrobscene* (Minneapolis: University of Minnesota Press, 2014) として、第4章の一部は"Dust and Exhaustion: The Labor of Media Materialism" (*CTheory*, October 2, 2013, http://www.ctheory.net.) で公開されている。補遺は*Leonard* 45, no. 5 (2012) で公開されている。また、本書の一部は以下と重複する。"Introduction: The Materiality of Media and Waste," in *Medianatures: The Materiality of Information Technology and Electronic Waste*, ed. Jussi Parikka (Ann Arbor, Mich.: Open Humanities Press, 2011), "Media Zoology and Waste Management: Animal Energies and Medianatures," *NECSUS European Journal of Media Studies*, no. 4 (2013): 527–44.

日本語版への序文といくつかの図版（カバーおよび三一〇–三一一頁）は、日本語版独自の資料である。

本文中で誤りと思われる点は、可能な限り著者に確認し修正を行い、その旨を訳註で追記した。事実や文法についての軽微な誤りと思われる点については、訳者の判断で修正を行った。その場合、修正箇所を追記していないものもある。

原著では多くのウェブサイトが参照されているが、すでにリンク切れのものも多い。とはいえ、閲覧可能なウェブサイトもある。情報提供の意味もこめて、URLについてはそのまま残した。

邦訳がある文献については可能な限り併記した。訳出の都合上、既訳を参考にしつつも表現を修正した箇所はあるが、それぞれの訳文は大変参考になった。先人たちの尽力・偉業に改めて敬意を表したい。

## 原著者経歴と『メディア地質学』概略

ユッシ・パリッカ（一九七六年生）は、フィンランド出身のメディア理論・文化についての研究者である。テュルク大学（フィンランド）で博士号を取得し、現在はデンマークのオーフス大学のDigital Aesthetics and Cultureの教授である。オーフス大学以外にもパフォーミングアーツ・アカデミー（プラハ）やサウサンプトン大学ウィンチェスター美術学校（イギリス）などで客員教授を務めている。また、数多くのメディア理論関係の書籍の編集や、展覧会のキュレーションも行っている。

本書と直接的に関係する著作としては、*Digital Contagion* (2007/2016) と *Insect Media* (2010) が挙げられる。[*1] また、二〇二三年には *Operational Images: From the Visual to the Invisual* が、ミネソタ大学出版局より刊行予定である。[*2] パリッカの活動を把握するには、本人のウェブサイトである「Machinology」(https://jussiparikka.net/) がもっとも参考になる。

現時点で、日本語で利用できるパリッカの論考は、少なくとも、エルキ・フータモとの共著論文とガーネット・ヘルツとの対談形式の論考の二本がある。[*3] 本書と並行してパリッカの『メディア考古学とは何か？』（*What is Media Archaeology?*）の邦訳も進んでいると耳にしている。[*4] 日本におけるパリッカの研究の受容は、「メディア考古学」と呼ばれるメディア文化やメディア理論の方法論の受容と並行して、少しずつ本格化しているところである。[*5]

多様な情報で満載の本書を簡単に整理することは難しいが、各章はひとまず以下のように整理できるかもしれない。補遺については後ほど言及する。第1章では、人間のメディア文化が、（人間的尺度では把握しきれない）物質・地球・時間性によって支えられていることが複数の文脈を元に提示される。第2章では、ジークフリート・ツィーリンスキーを経由しつつもそれとは異なり、文字通りの「深い時間」概念、つまりは地質学的な持続時間によって裏打ちされた物質や関連する化学や実験といった観点を通して、メディア文化が検討される。第3章では、心理地球物理学による心理地理学の更新を軸に、人新世をめぐり対照的なアートの一群を対比させながら、メディアテクノロジー・地球・政治経済の関係を浮かび上がらせることが試みられる。第4章では、通常デジタル文化として考えられるものの前後、具体的に言えばデジタルメディアが生産され終焉するところを焦点とし、鉱山、塵埃、残留（物）、労働、メディアテクノロジーの残効が書き込まれる身体、これらの絡まり合いが論じられる。第5章では、非人間的な時間スケールを念頭に置きながら、（メディアテクノロジー）化石という、現在のうちに過去と未来が展開する時間錯誤的な物質に思弁を巡らせることになる。

以上を踏まえて本書を一言でまとめるのであれば、『メディア地質学』はデジタル文化の「重さ」を浮き彫りにする試みとして考えることができるのではないだろうか。デジタル文化は軽快で明るい《ライト》だけではない。それは人間的尺度では捉えることのできない――だが人間に関与する――ダークでヘビーな側面をもっている。日本語版への序文での表現を踏まえれば、手の中にあるモバイルデバイスを可能にし条件づけているのは、地下から生まれる物質、物質の入手のため掘削・改変される大地、採掘という過酷な肉体労働、サーバファームを維持するための環境《エコロジー》、通信のための地球物理学的圏域、人工衛星のための軌道などといった、宇宙へまで至る地球の垂直方向への広がりと身体の一連のかかわりである。ここには、コロニアリズムの影が色濃く出ている資源の在処や労働の（不均質な）分布といった、地球の水平方向の広がりも付け加えられる。そして、時間の観点も無視できない。製品や廃棄物の流通にかかわるロジスティクスは、空間と時間（の操作・管理）の両方にかかわるだろう。モバイルメディアのための物質は、地質学的な持続時間によって結晶化したものである。また、モバイルメディアが電子廃棄物になった際、それを構成する物質的・化学的構成要素は、人間からすれば永久にも思える時間スケールで残存していく。私たちは、人類が絶滅した後でその痕跡を示し続ける化石、未来の化石を生産している。私たちはデジタル文化のための物質を地球からアフォードされると同時に、電子廃棄物やそれが引き起こす影響によりゆるやかな時間スケールで地球を改変している最中なのだ。

『メディア地質学』は、地質学や地球物理学的な知見やそれらを組み込んだ（メディア）アートや設計《デザイン》の実践を手がかりに非人間的な見地から——物質的な見地から——メディア理論をベンディングし、（地球の）空間と時間、メディアテクノロジーの生産と廃棄を掛け合わせて、デジタル文化が地球に根ざしていること、それがクリーンで非物質的ではあり得ずダーティで危険な物質性に埋め込まれていること、そしてメディアテクノロジーやその構成要素を元に私たちが地球や自然をミクロ・マクロレベルで編集していること、そうしたことによって私たち自身を改変し条件づけていることを浮上させようと試みる。それは、〈傍若無人新世〉がもたらす〈メディア自然〉の来し方行く末を議論の射程に収めようとしていると言ってもいいかもしれない。『メディア地質学』の内容については、のちほど簡単ではあるが、改めて触れることにしよう。

## メディア考古学との関係

メディア考古学の定義や扱う範囲、目的意識は、論者によって相違がある。ここでは本書でもたびたび言及される、メディア考古学の草分け的存在であるエルキ・フータモの議論を補助線としよう。フータモの提唱するメディア考古学は、メディアテクノロジーが実際に使用される歴史的・経験的文脈を重視しつつ、メディア文化をめぐって埋もれてしまった言説や事象を発掘しようと試みる。そのとき重要視されるのがメディア文化やその経験をめぐる連続性や反復性である。メディア文化やそれをめぐる議論にしばしば組み込まれる進歩史観や、「認識論的切断」のようなメディア文化をめぐる断絶について、フータモは懐疑的なスタンスをとる。[*6]

パリッカはフータモへの目配りは怠らないが、フータモ的なメディア考古学からは距離をとる。[*7]その理由はいくつかあるが、現代のメディア文化が人間の知覚や（身体）感覚で把握できない時間的・空間的スケールで作動していること（への注目・強調）、そしてそれを担保するメディアの物質性が、もっとも強い分水嶺になる。それはマーシャル・マクルーハンのような人間の意識や身体を出発点とするメディア理論からの分水嶺にもなるだろう。より具体的に言えば、パリッカはメディアテクノロジーのもつ技術的特性、物質的・化学的側面といった論点を経由し、上記の問題にアプローチする。

では、パリッカのような議論によって、「先行する」フータモ的なメディア考古学は否定もしくは乗り越えられるべき対象となるのだろうか？　おそらくそうではない。両者はメディア文化に対して、スケールを変更したときになにが焦点化されるのか・焦点化できるのかということを示している。実りあるメディア文化・理論の研究のためには、両者は共存させていくべきスタンスであろう。[*8]

両者を架橋する可能性の一つが、ブルース・スターリングである。スターリングは、本書でも言及されるように、フータモ的メディア考古学とのつながりも深い、デッドメディアの提唱者である。それゆえに、メディアは死なずにゾンビ化することを主張するパリッカ（そしてヘルツ）の批判対象となる。だがその一方で、外挿されたメディア文化的未来についてのSF的な論考（第5章）では、スターリングに依拠しつつ議論が行われてもいる。[*9]ならば、スターリング作品を蝶番にフータモとパリッカの議論を接続することはできないだろうか。それはメディアをめぐる文化や理論についての研究とSFのつながりについて検討することにもつながり、さらには可能未来や可能過去、そして未来を想像することについても議論を進展させていくようにも思われる。

## 『メディア地質学』をどう読むか

改めて本書に目を向ければ、政治経済的文脈や社会科学的議論とメディア文化研究の接続を試みようとしている。それは人文科学的研究の有用性についてパリッカが取り組んでいることから来ているのかもしれない。そうしたことも一助となり、アクティヴィズム的側面や生真面目さが本書から感じられる。もちろん現代のメディア文化研究において、社会問題との接続や、実践的活動といったものは極めて重要であることは間違いない。だが、メディア文化をめぐる研究がそれらのみを対象とすべきということであれば、若干の息苦しさを感じてしまうこともまた事実ではないだろうか。人新世を過度に焦点化してしまえば、そこからこぼれ落ちてしまうものも多いように思われる。

本書については、従来の人文科学の研究書のように精読していくことももちろんよいだろう。だが、むしろ訳者としては、手に取ってくださる読者の皆さんには、パリッカの真剣な問題意識やその重要性は認めつつも、新たな論点や視角を構築するために使用する推進剤としても本書を受け取っていただきたい。例えば、視覚文化・工芸・実験器具・情報テクノロジーを貫く物質・状態としてのガラスという論点を組み上げたり、精密機械産業と水源の関係を地図化したり、宇宙機の廃棄場（墓場）としての海域を焦点化していくことを、本書はアフォードしてくれないだろうか。また、回路に注目するパリッカの議論に捻りを加えて、車輪から映写システム、HDDや人工衛星にまでわたる「回転のメディア考古学」を書けるかもしれない。ハットンにしてもライエルにしても農業と深くかかわっていたことを踏まえれば、本書で言及されるテクノロジー文化と地質学と土壌の関係に、農業という観点をより強く付け加えた議論を展開できるかもしれない。*10 一九八〇–九〇年代のディープエコロジー言説と現代の人新世をめぐる言説の距離感の測定や、メディア理論と公害、社会運動史の接点の探査についても、本書は一つの補助線となるかもしれない。メディア考古学やメディア地質学がメディアアートとも深く結びついていることを踏まえて、もしくは補遺のサーキットベンディング的発想を土台に、本書を批判的制作活動のための一種の道具箱としても扱える道筋を浮かび上がらせてもらえるのであれば、なお幸いである。

多岐にわたる論点や情報が次々と軽やかに提示される本書は、疑問が残るところもある。*11 だが、そうした瑕疵は本書を手放す契機としてではなく、むしろそれらを私たち一人ひとりが埋めるよう、独自の仕方で展開していくよう、誘う契機である。本書の表現を使って述べるのであれば、メディアテクノロジーと地球について私たちが論じていくために、『メディア地質学』というアーカイヴに収められた内容は、「サーキットベンディング」されるのを待っている。

本書の魅力の一つは、専門が過剰に細分化する一方で世界の大局が見えづらくなっている今という時代において、ときに蛮勇にみえても、さまざまな領域を横断して議論をすることに対して、強く背中を押してくれるところにある。本書は例えば地球とメディアテクノロジーの関係を織り込んだ「メディア人文学」のための手がかりになるポテンシャルを秘めていると言ったら、言い過ぎだろうか。

## 『メディア地質学』を読むための補助線

『メディア地質学』の文体や内容は読みにくいところがあるかもしれない。もちろんそれは訳者の責任でもある。それに加え、圧縮された情報が矢継ぎ早に提示されていくところが多々みられるためでもあろう。特にそれが顕著なのは、第1章と第2章である。読みづらさを感じた場合は、補遺から読むことを勧めたい。

補遺では、サーキットベンディングのアクチュアリティやメディアの不死性、メディア考古学の展開などについて簡潔かつ具体的に整理・議論されており、パリッカ（とヘルツ）の問題意識がクリアに伝わってくる。パリッカ自身が述べるように、この補遺は各章をつなぐ蝶番とされている以上、ここからスタートすることはむしろ理にかなっている。その上で、メディアアートや塵埃という具体的な事例を扱っている第3章か第4章へと進むのが良いだろう。SF的な観点に引かれる読者は、第5章に取り掛か

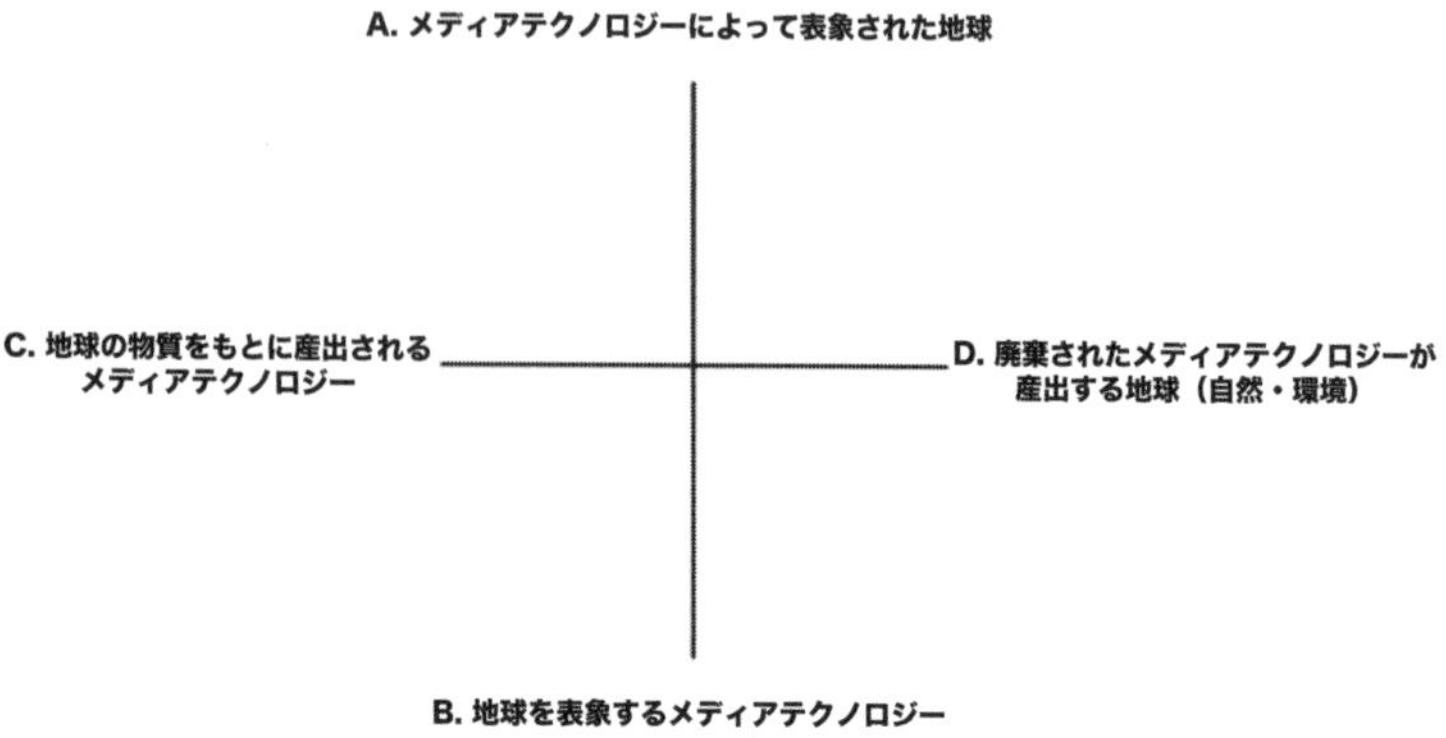


図1：『メディア地質学』をめぐる認識論的な軸と存在論的な軸

るのでも良い。第3–5章の読解を通して、メディア文化と地質学的な時間スケール、メディア理論と政治経済学のつながり、メディアテクノロジーと地球の関係を少しでも感得できれば、物質性を扱う第1章や深い時間という地球の時間スケールとメディア文化の関係を論じる第2章へと進むための足場はできている。本書を直線的に読む必要はない。

本書の大枠の一つとなるのは、「地球を認識すること／認識された地球」（認識論的なAB軸）と「メディアテクノロジーを生み出す地球／地球へと回帰するメディアテクノロジー」（存在論的なCD軸）、この組み合わせである（図1）。

衛星（写真）などのメディアテクノロジーによって私たちは地球を認識することができるし、さまざまなヴィジュアライゼーションやソニフィケーションの技法、そして測定装置を使用することで、地球の表層だけでなくその内部を認識することが可能になる。メディアテクノロジーにより、資源としての地球、操作可能な対象としての地球が表象されていく。科学や測定装置によって地球は抽出＝抽象化されていく。それが至る先は、効率よく使用できる資源として仕立て上げられた地球――資本主義化された地球――である。このとき現れ出る地球とは、有機的統一体としての地球とはかけ離れたなにかであろう。

メディアテクノロジーと地球との関係については、存在論的な位相も（こそ）忘れてはならない。資源としての地球がメディアテクノロジーを生産する。そして、メディアテクノロジーが陳腐化して、廃棄されるとき（電子廃棄物を考えれば良い）、向かう先もまた地球である。メディアテクノロジーは、機能は停止しても、それを構成する化学や金属の作用は停止することなく化石と化して、土壌を、「地球」を形づくっていく。

AB間のループ／CD間のループ、AB軸とCD軸の交差から、『メディア地質学』の議論は立ち上がる。こうしたループや交差にかかわるスケールが多様であることも、すなわち、人間の知覚では捉えることが困難な時間的・空間的スケールでそれらが実行されることも、『メディア地質学』を取り扱う際には、意識しても良いだろう。

時間スケールにかんして言えば、極大には地質学的な持続時間があり、極小には人間の知覚の識閾下で作動する電子機器の時間がくる。空間スケールにかんして言えば、極大には宇宙や大気圏外空間――反転した地下――がくるだろう。極小にかんしては、塵埃の粒子（構成要素）同士の空間を挙げておこう。AB軸とCD軸をめぐるループや交差、時間的・空間的スケールの極大・極小の組み合わせから、『メディア地質学』の議論の構造や問題意識が生まれてくる。サーキットベンディングは、こうしたループに別のスケールのループで入り込み、脱臼させる技法とも言える。

メディアテクノロジーと地球との関係をめぐって、このような認識論的水準と存在論的水準の両方で生じるフィードバックループの果てに――フィードバックループが循環的である以上、正確にはその果てではなくその途中で――、いったいなにが起きるのか、それに対してメディア研究はどのようなアプローチがとれるのか、可能なのか。『メディア地質学』はこうしたことに対する一つの示唆を与えてくれるだろう。またそれは、メディア理論・メディア文化論と地質学や地球物理学との関係を論じるための補助線にもなるだろう――パリッカのことばを使えば、『メディア地質学』はそのための「プラットフォーム」である。

## 訳語にかんして

本書ではカール・マルクスの議論や労働とのつながりから、materialismには「唯物論」という訳語を当てている。その一方で、この用語には（メディア理論における）「物質主義」というニュアンスも当然含まれている。『メディア地質学』のmaterialismはこの両者の交差から立ち上がってくる。

「地図化」も本書で頻出する用語の一つである。原文の「map」にこの訳語を使用した。原著では動詞として頻繁に使用される。辞書的な意味では、「〜の地図をつくる」「正確に叙述する」「転写する」を示すが、パリッカはこの概念をジル・ドゥルーズとフェリックス・ガタリから引き継いでいる[*12]。ゆえに、mapの射程は「現実の複写や転写」つまりは「オリジナルとコピー」の関係や再現表象のレベルにとどまらない。ここで杉村昌昭による、ガタリの地図や地図作成についての説明を引用しておこう。それは『メディア地質学』におけるmap概念についての説明にもなってくれる。

> スキゾ分析（分裂症分析）の地図とか、地図作成という言葉が出てきます。この場合の地図という言葉の用法は、たとえば沖縄の地図があって、ここに島があり海がありという話ではありません。も

ちろんイメージはそれと関連させていいんですが、同時にそれは概念や感性の地図なんです。人間が世の中のことをさまざまなレヴェルで考え、感じとってきた概念や感性の地図があるとすると、そこにおいて何と何が関係しているか、ある概念と別の概念とのあいだにどのくらいの距離があるのか、どんな結びつきがあるか、そういったもの全体を地図といっているとお考えいただいて結構かと思います。*13

『メディア地質学』ではmapと類似する概念としてcartography（本書では「カルトグラフィ」とカタカナ表記で対応）も使用される。パリッカに直接確認したところ、cartographyのほうがより具体的なレベルにかかわり、mapはそれを包含する概念であるという説明であった。「地図化」（map）とは開かれたダイナミックな実践である。同時にそれは地球や地理学、地球物理学をめぐる概念とも接続することになるだろう。

「動的編成」（assemblage）も、本書では頻出するワードの一つである。「動的編成」という訳語は、杉村の訳語を使用させていただいた。この用語について、杉村は次のように述べている。

〔動的編成は〕《agencement》の訳語であるが、通常ドゥルーズ／ガタリのテクストの翻訳では「アレンジメント」と訳されているもので、私はかつては「配備」と訳していたが、最近は「動的編成」と訳すことにしている。ガタリによれば「構造、システム、フォルム、過程などよりも幅広い概念」である。「生物学的、社会的、機械的、認識形而上学的、創造的といった、さまざまな次元からなる異種混淆的な構成要素」の組み合わせで作動する。[*14]

『千のプラトー』の英訳でagencementがassemblageと訳される。[*15] また、パリッカも議論の下敷きにしているマヌエル・デランダの著作では「集合体」という訳語が、assemblageに当てられている。[*16] 一方、フーコーを理論的装置としメディア考古学的な探究を行ったジョナサン・クレーリーの著作では「配列＝配列《アセンブレージ》」という訳語が、assemblageには当てられている。[*17] だが、例えば本書でも言及されるジェーン・ベネットがassemblageの側面の一つとして「多様な要素、あらゆる種類の生動的物質のアドホックなグループ化」[*18]と述べているように、assemblageには空間的側面に加え時間的側面もある。それゆえに「組み直し」のようダイナミックなニュアンスがあることに加え、『メディア地質学』へのガタリの影響の強さなどを鑑みて、「動的編成」という訳語の選択に至った。無論、他の訳語に問題があったわけではない。あくまで本書の文脈に即して訳語を選択したことを明記しておく。

**国内の議論とのかかわり**

『メディア地質学』で議論されている内容を補完・展開するために、国内の議論とのかかわりも確認しておこう。『メディア地質学』でみられるような視点が、国内の研究に欠如していたわけでは決してない。まず挙げておきたいのが、遠藤徹の一連の議論である。[*19] 遠藤は身体を論点としながら、その非人間的側面や非人間的要素とのかかわりを論じている。例えば『プラスチックの文化史』や『ケミカル・メタモルフォーシス』では、物質的・化学的存在としての人間、昆虫への生成変化といった論点が明確に打ち出されている。遠藤がこうした論点を作品の分析を通して具体的なレベルで展開していることも見落とせない。表象文化論や作品分析を経由することでも、化学や物質とメディア文化や人間との関係を巧みに浮き彫りにできることを示す議論として、遠藤の論考は注目に値する。また、訳者は、科学（地質学と進化論）とメディアテクノロジーと身体感覚の交差にかんしてH・G・ウェルズの『タイムマシン』を通して議論を行っている。[*20]

粉末や塵埃にかかわる議論として、工学的な観点から粉末を論じている三輪茂雄の論考を挙げておこう。[*21] 三輪の議論によって示唆を受けた著作として、四方田犬彦の摩滅をめぐる論考も挙げておいても良いかもしれない。摩滅をめぐる四方田の議論の主眼は、摩滅するもの、摩滅という経験が主であり、そのネガとして振り撒かれていく粉末についての注意はあまり強くはない。しかしながら、皆無というわけではなく、塵肺といったトピックや、廃墟や地質学といった観点も時折差し込まれる。「摩滅を思考するとは、とりもなおさず粉の行方について思考することでもある」[*22]という四方田のことばは、磨き抜かれたテクノロジー製品を生み出すときに出る石炭塵・金属粉塵を取り上げるパリッカの態度と、通底する。

少し文化史やアートの議論により過ぎてしまったかもしれない。パリッカの議論と直接的にかかわるのは、吉田文和のITをめぐる汚染についての論考である。[*23] 先端テクノロジー汚染問題の日米比較研究や、IT生産とそれが原因となる環境問題をロジスティクスと重ね合わせる吉田の議論は、有毒源としてのシリコンバレーやテクノロジー廃棄物、テクノロジーと有毒化学物質とその健康被害といった問題も視野に収めており、パリッカの議論と重なるところは多い。先述したように、Open Humanities Press

のLiving Books About Lifeシリーズの一環として、パリッカはメディア自然とＩＴと電子廃棄物について本書と重複する特集を組んでいるが、そこでは吉田文和の論考が掲載されている。[*24]物質（マテリアル）という観点を入れ込んだメディア理論については、『技術と文化のメディア論』が参考になるだろう。同書では、二十世紀のメディア理論の簡潔なまとめと、マテリアルに加えてインターフェース、インフラストラクチャー、システムといった観点から展開される議論に触れることができる。[*25]

二〇二〇年に創刊された雑誌『メディウム』についても指摘しておきたい。[*26]『メディウム』は、フリードリヒ・キットラーやダナ・ハラウェイ、ポール・ヴィリリオの特集を組むなど、メディア研究を中心とした幅広い議論のプラットフォームとなっている。

少なくとも国内の議論においても、地質学的なものや非人間的なものとメディア文化のかかわりへの目配りは欠けてはいない。パリッカの議論に取り掛かる糸口として、エコゾフィーについてのガタリの議論や、ティモシー・モートンやロージ・ブライドッティらの議論以外にも、上記国内の議論や雑誌も効果的な補助線となる。

最後に、翻訳作業について振り返っておきたい。原文では日本語にするのが難しい箇所が多々あり、かなりの困難が伴った。そのためさまざまな方々にお力添えをお願いした。ユッシ・パリッカ氏は、訳者からの不躾な質問にも丁寧にお答えいただいた（返信の速さに驚くことがしばしばであった）。パリッカ氏は日本語版序文の執筆、図版の追加のための各アーティストへの依頼等、たくさんの面で本書の実現を助けてくれた。なによりもまずはパリッカ氏にお礼を述べたい。秋吉康晴、今関裕太、梅田拓也、大久保遼、近藤和都、松谷容作、増田展大の各氏からは、訳文の検討会を通して、訳語に加え最新のメディア研究にかんしても貴重なご意見をいただいた。鹿児島大学の同僚の井原慶一郎、スティーヴ・コーダの両氏にも多くの時間を割いていただいた。ゼミの卒業生である竹之下晴子、前野萌の両氏には訳稿を通読していただき、的確なコメントをいただいた。編集を担当してくださった臼田桃子氏からは、訳語の選定やリーダブルな日本語のチェックまで、大変にご尽力いただいた。皆さんに、改めて謝意をお伝えしたい。ありがとうございました。訳文の不備は訳者一人の責任であることは、言うまでもない。

鹿児島大学の若手教員海外研究支援事業により、二〇一九年から二〇二〇年にかけてオランダ（ユトレヒト大学）で在外研究に従事することができた。Covid-19の流行以前に、ヨーロッパ各地で調査や学会やイベントへの参加ができたことは極めて幸いだった。その際の経験が、本訳書の実現や訳出作業の大きな手助けとなっている。また、ＪＳＰＳ科研費（21K00129, 19H01207, 21K18116）の助成も受けている。

とりとめのない私の話を我慢強く聞いてくれた鹿児島大学の歴代の素晴らしいゼミ生たち（在外研究時には指導教員不在で迷惑をかけました。申し訳ない）に、日頃雑談に付き合ってくれる同僚と友人に、そして遠方に住まう家族に、本訳書は捧げたい。

二〇二三年一月十日

灰が降る火山の地、鹿児島で訳者しるす

## 註

1 Jussi Parikka, *Digital Contagions: a media archaeology of computer viruses* (New York: Peter Lang, 2007). Jussi Parikka, *Digital Contagions: a media archaeology of computer viruses*, 2nd ed (New York: Peter Lang, 2016). Jussi Parikka, *Insect Media: An Archaeology of Animals and Technology* (Minneapolis: University of Minnesota Press, 2010). 前者の著作は、初版と第二版で異なる点がある。

2 ミネソタ大学出版局のウェブで書影等が公開されている。https://www.upress.umn.edu/book-division/books/operational-images.（二〇二二年十二月二十一日閲覧）

3 エルキ・フータモ＋ユッシ・パリッカ「メディア考古学の考古学」、エルキ・フータモ『メディア考古学――過去・現在・未来の対話のために』太田純貴編訳、NTT出版、二〇一五年、五-二七頁。ユッシ・パリッカ＋ガーネット・ヘルツ「メディアアートの考古学――ユッシ・パリッカとガーネット・ヘルツによる対話」太田純貴訳、鹿児島大学法文学部紀要『人文学科論集』86、二〇一九年、一-一五頁。また、大久保遼がパリッカを取り上げた論考を発表している。大久保遼「物質と環境――ユッシ・パリッカの物質主義的メディア理論」、日本メディア学会編『メディア研究』（101）、二〇二二年、一五七-一七三頁。

4 Jussi Parikka, *What is Media Archaeology?* (Cambridge: Polity Press, 2012).

5 メディア考古学という学問自体の整理やその射程についての問い直しが始まっていることも指摘しておきたい。フータモとドロン・ガリリは、メディア考古学という「領域」の展開と特性を整理し、展望について述べている。その特性の一つとして、メディアの〈非言説性〉に注目し、テキスト分析よりもメディアの物質的・テクノロジー的・操作的な特性を取り上げるアプローチが挙げられている。本書の議論はここに関連する。以下を参照。Erkki Huhtamo & Doron Galili, "The pasts and prospects of media archaeology," *Early Popular Visual Culture*, 18:4 (2020), 333–339, DOI: 10.1080/17460654.2021.2016195.（二〇二二年にオンライン公開）同号はメディア考古学についての特集である。

6 フータモの議論については以下を参照。エルキ・フータモ、『メディア考古学』。メディア文化をめぐる認識論的切断については、周知のように、ミシェル・フーコーの影響がある。例えば以下を参照。ジョナサン・クレーリー『観察者の系譜』遠藤知巳訳、以文社、二〇〇五年。

7 ここで個人的に思い出されるのが、二〇一九年十一月二七-二九日にストックホルム大学で開催されたメディア考古学をテーマとした国際学会（Media Matter: Media-Archaeological Research and Artistic Practice）での、フータモとヴォルフガング・エルンストの応酬である。訳者の理解した範囲では、エルンストの議論は実際に装置を使用することにかかわる歴史的文脈を欠いていること、技術的特性を強調しすぎる点などをフータモは批判していた。一方、フータモの議論は従来の視覚文化論や美術史と方法論的に変わらない、それゆえにメディア考古学という理論的・方法論的枠組みを新たに導入する必要はない、というのがエルンストによるフータモへの批判であった。エルンストとフータモは三名のキーノートスピーカーのうちの二人であった（もう一名はトリン・T・ミンハ）。

8　パリッカのスタンスは、言うまでもなくエルンストと軌を一にする。一方で、例えばワンダ・ストローヴェンはエルンストからは距離をとり、フータモのトポス概念に依拠して歴史を書きたいと挑発的に主張している。Wanda Strauven, *Touchscreen Archaeology* (Lüneburg: meson press, 2021) 43.

9　パリッカは言及していないが、ブルース・スターリングのデビュー作である *Involution Ocean* (New York: Jove Publications, 1977)（邦訳は『塵クジラの海』小川隆訳、早川書房、二〇〇四年）の舞台は、邦訳タイトルが示すように「塵の海」である。訳者の小川はハーマン・メルヴィルなどとの文学的系譜に注目しているが、本書からすれば、やはり塵や海という「自然環境」とのかかわりが目に入ってくる。

10　ハットンやライエルと農業の関係については、例えば以下を参照。小林英夫『イギリス産業革命と近代地質学の成立』、築地書館、一九八八年。同書が指摘するように、ハットンは医者を志したことがあり、ライデン大学での学位論文が血液の循環にかんする研究であった。同上、七一―七二頁。

11　一つひとつ挙げることはしないが、例えばヨーロッパの錬金術と中国の錬金術（錬丹術）については、より慎重になっても良いかもしれない。ローレンス・M・プリンチペによれば「たとえば中国と西洋の歴史を無視した結合は、ヨーロッパの錬金術師たちが「不老不死のエリクシル」を探究したという間違った考えを生んでしまう。確かに西洋の実践家たちは寿命を伸ばすための医薬を研究したが、地上界での不老不死の獲得は中国だけに存在した目標だった。東洋と西洋の探究には類似点があるが、非常に異なる文化的・哲学的な文脈のなかで展開し」ていたのである。ローレンス・M・プリンチペ『錬金術の秘密――再現実験と歴史学から解きあかされる「高貴なる技」』ヒロ・ヒライ訳、勁草書房、二〇一三年、五―六頁。

12　ドゥルーズ＝ガタリの地図概念については、『千のプラトー（上）』の「序――リゾーム」などを参照。そこでは複写と地

13 図の関係が樹木（ツリー）と地下茎（リゾーム）の関係に重ね合わせながら説明されている。ジル・ドゥルーズ＋フェリックス・ガタリ『千のプラトー（上）』宇野邦一ほか訳、河出書房新社、二〇一〇年、一五一六一頁。杉村昌昭「はじめに──ガタリ氏の概念用語について」、フェリックス・ガタリ『三つのエコロジー』杉村昌昭訳、平凡社ライブラリー、二〇〇八年、一一〇─一一一頁。ガタリのこの著作および杉村によるガタリの用語解説は、『メディア地質学』を理解するための補助線として極めて有用である。

14 杉村昌昭「訳者あとがき」、フェリックス・ガタリ、『三つのエコロジー』、一六六頁。杉村によれば、引用文中の鉤括弧で括られている文章は、ガタリ自身による説明である。

15 例えば以下。Gilles Deleuze + Félix Guattari, *Milles Plateaux: Capitalisme et Schizophrénie 2* (Paris: Les Édition de Minuit, 1980) 10. Gilles Deleuze + Félix Guattari, *A Thousand Plateaus: Capitalism and Schizophrenia*, translated by Brian Massumi (Minneapolis: University of Minnesota Press, 1987) 4.

16 マヌエル・デランダ『社会の新たな哲学──集合体、潜在性、創発』篠原雅武訳、人文書院、二〇一五年、八頁。

17 ジョナサン・クレーリー、『観察者の系譜』二五頁。(Jonathan Crary, *Techniques of the Observer: On Vision and Modernity in the Nineteenth Century* (Cambridge, Mass.: MIT Press, 1992) 8.)

18 Jane Bennett, *Vibrant Matter: a political ecology of things* (Durham; London: Duke University Press, 2010) 23.

19 遠藤徹『溶解論──不定形のエロス』、水声社、一九九七年。遠藤徹『ポスト・ヒューマン・ボディーズ』、青弓社、一九九八年。遠藤徹『プラスチックの文化史』、水声社、二〇〇〇年。遠藤徹『ケミカル・メタモルフォーシス』、河出書房、二〇〇五年。

20 太田純貴「H・G・ウェルズ『タイムマシン』における時間概念──タイムトラヴェル＝タイムマシン考察のために」、『ゲーム化する世界──コンピュータゲームの記号論』（叢書セミオトポス8）、新曜社、二〇一三年、一八八─二〇一頁。

21 三輪茂雄『粉の文化史──石臼からハイテクノロジーまで』、新潮選書、一九八七年。四方田犬彦『摩滅の賦』、筑摩書房、二〇〇三年。

22 四方田犬彦、『摩滅の賦』、一一六頁。

23 吉田文和『ハイテク汚染』、岩波書店、一九八九年。吉田文和『IT汚染』、岩波書店、二〇〇一年。

24 *Medianatures: The Materiality of Information Technology and Electronic Watste*, ed. Jussi Parikka (Ann Arbor, Mich.: Open

Humanities Press, 2011), https://www.livingbooksaboutlife.org/books/Medianatures.（二〇二二年十二月二十六日閲覧）収録されている吉田の論考は『ハイテク汚染』の英訳だろう。

25 梅田拓也・近藤和都・新倉貴仁編著『技術と文化のメディア論』、ナカニシヤ出版、二〇二一年。

26 『メディウム』（今関裕太＋梅田拓也編）は二〇二二年十二月二十五日現在、第三号まで刊行されている。『メディウム』の書誌情報等については、以下を参照。https://mediensysteme2019.wordpress.com/about/.（二〇二二年十二月二十五日閲覧）

# 索引

＊原語と訳語は必ずしも一対一対応していない。また各見出し語について、指示された頁に該当することばが存在しない場合がある。

＊原著の索引が、厳密に見出し語そのものと一致する箇所だけでなく、その語句と関連する記述がある頁も挙げる形式であるため、日本語版もそれに倣うかたちで作成した。

＊原著同様、日本語版でも見出し語が登場するすべての箇所を拾っているわけではない。

＊原註、図版キャプションは以下の略号を用いる。原註＝n、図版キャプション＝c

# 事項

## 英字



## ア行

## カ行

## サ行

## ナ行



## ハ行

## マ行

## ヤ行



## ラ行



## ワ行

# 人名

## ア行



## カ行

## サ行

## タ行



## ナ行



## ハ行

## マ行



## ラ行



## ワ行

**ユッシ・パリッカ**　JUSSI PARIKKA

1976年生まれ。アールス大学教授（デンマーク）。サウサンプトン大学ウィンチェスター美術学校およびプラハ芸術アカデミー映像学部（FAMU）客員教授。編集者、キュレーターとしても活動。専門はメディア理論、メディア文化。著作として *Insect Media* (2010), *Digital Contagions* (2007/2016) など。共編著書として *The Lab Book: Situated Practices in Media Studies* (2022)。論文や著作は11ヶ国語に翻訳されている。http://jussiparikka.net.

**太田純貴**（おおた・よしたか）

1980年生まれ。鹿児島大学准教授。専門は美学芸術学・メディア文化論。執筆・翻訳・編集に、エルキ・フータモ『メディア考古学』（編訳、NTT出版、2015年）、『理論で読むメディア文化』（分担執筆、新曜社、2016年）、『美学の事典』（分担（項目）執筆、丸善出版、2020年）など。

# メディア地質学
## ごみ・鉱物・テクノロジーから人新世のメディア環境を考える

2023年2月5日　初版発行

著者　ユッシ・パリッカ
訳者　太田純貴

ブックデザイン　コバヤシタケシ（SURFACE）
DTP　白木隆士
日本語版編集　臼田桃子（フィルムアート社）

発行者　上原哲郎
発行所　株式会社フィルムアート社
〒150-0022
東京都渋谷区恵比寿南1-20-6　第21荒井ビル
tel 03-5725-2001
fax 03-5725-2626
http://www.filmart.co.jp/

印刷・製本　シナノ印刷株式会社


ISBN978-4-8459-1929-1　C0010